21世纪高等学校社会学与公共管理系列教材

广州市残疾人联合会资助项目

残疾人社会工作

名誉顾问　陈　国

顾　　问　宋卓平　梁左宜

主　　编　卓彩琴

副 主 编　谢泽宪

参　　编　（按姓氏笔画顺序排列）

冯博雅　肖　海　肖小霞

吴伟东　周爱明　罗天莹

夏志红　唐晓容　谢　珺

华南理工大学出版社

·广州·

内容简介

开创性、前沿性、实用性和本土化是本书的四大特色。作者力图吸收国内外最新研究成果，并将西方理论与中国本土实践有机结合。本书首先对国内外残疾人社会工作理论和实务发展进行全面梳理和解析，思路清晰、观点明确、结构严谨；其次，对残疾人个案、小组及社区社会工作三大方法展开深入阐释，并收录了几个经典案例，方便理解和运用，增强了本书的生动性和可读性；再次，对残疾人康复、教育、就业及社会政策等具体领域进行深入探讨，并提出新颖观点和相关建议。

本书适合高等院校社会工作、社会学、康复、特殊教育等专业的师生作为教材或参考书，也适合从事残疾人工作的实务工作者作为培训教材和业务指导书。

图书在版编目（CIP）数据

残疾人社会工作/卓彩琴主编．—广州：华南理工大学出版社，2008.6（2023.1 重印）
（21 世纪高等学校社会学与公共管理系列教材）
ISBN 978-7-5623-2802-5

Ⅰ．残…　Ⅱ．卓…　Ⅲ．残疾人－社会工作－高等学校－教材　Ⅳ．C913.69

中国版本图书馆 CIP 数据核字（2008）第 045177 号

总 发 行：华南理工大学出版社（广州五山华南理工大学 17 号楼，邮编 510640）
营销部电话：020－87113487　87110964　87111048（传真）
E-mail：z2cb@scut.edu.cn　　http://www.scutpress.com.cn
责任编辑：孟宪忠
印 刷 者：广州小明数码快印有限公司
开　　本：787mm×960mm　1/16　**印张**：14.25　**字数**：321 千
版　　次：2008 年 6 月第 1 版　2023 年 1 月第 10 次印刷
定　　价：25.00 元

序

发扬人道主义精神，发展残疾人事业，是党的十七大提出的要求，是构建社会主义和谐社会不可忽视的组成部分。改革开放以来，尤其是1988年成立残疾人联合会以来，残疾人事业获得了飞速发展，残疾人康复、教育、就业、福利等方面都上了一个新的台阶，残疾人服务的理念、方法、技巧都发生了质的变化。随着残疾人工作的专业化程度越来越高，对残疾人社会工作者的专业素质要求也越来越高，迫切需要相关理论研究为实务工作者提供指导。

为适应广州地区经济社会发展和满足广大残疾人实际需求，2004年5月，广州市残疾人联合会与广州大学牵手合作，开设社会工作专业（残疾人工作方向）普通高校本科班。在课程设置上，“残疾人社会工作”和“中国手语”被列入专业课程和选修课程，而当时国内尚未出版适用的教科书，《残疾人社会工作》的编著也因此被提到实务工作者和理论工作者的面前。

要做好新时期残疾人工作，使残疾人工作向社会化、专业化、职业化、制度化的方向发展，推进专业残疾人工作者的训练和培养，加快残疾人社会工作的学科建设是社会发展的必然趋势。

《残疾人社会工作》正是在这种现实需求下的产物，对高校社会工作专业发展和现实残疾人事业发展都是非常及时和必要的。

这是一本以高等院校社会工作专业、社会学专业学生为对象的教材，同时也可供残疾人工作者、从事社会服务事业的实务工作者进行业务培训之用。该书涉及残疾人社会工作理论、方法、技巧及实践等多方面，内容全面、观点明确、条理清晰，具有很强的逻辑性。书中收集了大量的案例，并对案例展开分析，将理论与实践相结合，具有现实指导意义。

华南农业大学、中山大学、广东商学院、广东工业大学、广州大学五所高校的社会工作系一直重视残疾人社会工作领域的实践和理论研究，很多专业教师和学生也经常前往广州市残疾人联合会及下属服务机构进行调研和实习，学者与实务工作者之间的交流和争鸣是常有的，也时常使双方产生创新灵感。《残疾人社会工作》就是多年合作和创新成果的总结，相信它能给其他高校社会工作专业发展和其他地区残疾人事业发展注入新的元素和动力。

广州市残疾人联合会一直致力于推动残疾人工作的制度化、专业化，也努力学习国内外的先进经验，积极探索本土的残疾人服务模式，有些很好的经验值得总结与推广。该书对广州市残疾人事业发展中的一些典型模式和案例进行了理论总结与思考，这正是我们所期待的，我对该书的出版感到欣慰。

希望该书能起到抛砖引玉的作用，从而推动残疾人事业研究向更高层次发展。

广州市人民政府副市长
广州市人民政府残疾人工作委员会主任
广州市残疾人联合会主席团主席
陈　国
2008 年 5 月

前　言

本书力图吸收国内外最新研究成果，对国内外残疾人社会工作理论和实务发展进行全面梳理和解析，具有很强的开创性和前沿性。本书的编者由高校社会工作专业教师与实务工作者共同组成，学院派和实务派的交流碰撞使其增添了实用性和本土化的特色。本书收录了大量中国本土的实务案例，便于理论知识的理解和运用，不仅适合高等院校社会工作、社会学、康复、特殊教育等专业的师生作为教材或参考书，也适合从事残疾人实务工作者作为培训教材和业务指导书。

本教材的编写分工如下：

名誉顾问：陈国（广州市人民政府副市长、广州市人民政府残疾人工作委员会主任、广州市残疾人联合会主席团主席），对本书的编写和出版给予关心和支持，并亲自作序。

顾问：宋卓平（广东省残疾人联合会理事长）、梁左宜（广州市残疾人联合会理事长），对本书的逻辑结构、重要观念提供思路和建议。

主编：卓彩琴（华南农业大学社会工作系主任、副教授），负责总体策划、组织实施及统稿。

副主编：谢泽宪（广东商学院社会工作系主任、副教授），负责协助策划及部分章节的统稿。

参编人员（按章的顺序排列）：第一章：夏志红（中山大学社会学与社会工作学系讲师）；第二章：周爱明（广州市社区服务中心社区服务部部长）、肖海（广州市残疾人职业培训中心主任）；第三章：谢泽宪（广东商学院社会工作系副教授）；第四章：唐晓容（华南农业大学社会工作系讲师）；第五章：卓彩琴（华南农业大学社会工作系副教授）；第六章：罗天莹（华南农业大学社会工作系讲师）；第七章：谢珺（广东工业大学社会工作系讲师）；第八章：冯博雅（广东工业大学社会工作系讲师）；第九章：肖小霞（华南农业大学社会工作系讲师）；第十章：吴伟东（南开大学社会学系博士生）。

卓彩琴
2008 年 5 月
于华南农业大学

目　录

第一章 残疾人社会工作概述

教学重点

- 残疾与残疾人的概念界定
- 新旧两种残疾人观的内涵
- 残疾人社会工作的基本概念
- 残疾人社会工作的主要功能

第一节 残疾与残疾人

第二次全国残疾人抽样调查数据表明，截止到2006年4月1日，我国各类残疾人总数已达8 296万，占全国总人口的6.3%，涉及17.8%的家庭。这个数据同1987年第一次全国残疾人抽样调查结果相比，我国残疾人口规模有所增大，残疾人口进入快速增长时期，其中60岁以上的老年残疾人增加了2 365万人，占新增残疾人口数量的75.5%。残疾人群体是一个不容忽视的庞大而特殊的社会群体，残疾人的生存状况如何，不仅直接影响到数量庞大的家庭，且影响到国家政治、经济和社会安定的大局。残疾人问题已成为当今一个无法回避的社会问题。

一、残疾与残疾人的概念界定

由于各国、各民族、各地区的文化背景和社会经济发展程度不同，对于残疾与残疾人的概念界定标准也不同。

英国学者哈里斯在1971根据由人口统计调查局执行的残疾人调查，对残疾人的官能估价做了三重区别：一是损伤（impairment），缺少全部肢体、缺少某部分肢体、肢体有缺陷、器官有缺陷或身体某部分结构有缺陷；二是残疾（disablement），损失官能能力或者降低官能能力；三是障碍（handicap），即由于损失官能能力或降低官能能力而引起的对活动的限制或不利于活动的状况。

汤逊德认为哈里斯采用的残疾定义过于狭窄，因而大大低估了残疾人在人口中的数量。他在1979年的残疾人调查中提出，最好将残疾定义为“不能完成在社会中相同性别且年龄大致相同的人习惯上所能完成的活动，不能分担在各种关系中相应的人所能分担的份额，不能充当相应者所能充当的角色”。

世界卫生组织（World Health Organization，简称 WHO）于 1980 年出版了国际障碍分类，根据残疾对人生理、心理和社会功能影响程度的不同，把残疾划分为残损、残疾、残障三个层次，它其实就是在上述哈里斯关于残疾的官能定义的基础上演变而来的。与之相对应，欧美国家也通常以三个名称来界定“残疾”的意义。简言之，残疾即是指人的身体或心理方面的缺点或限制，但这些缺点或限制形成原因不一，对人各种功能发挥的影响程度也迥然有异，因而可区分为不同的层次。第一层次为残损，即功能、形态残疾，是指因后天致残而导致的身体功能丧失或减少，通常以损害（impairment）来表示；第二层次为残疾，即丧失功能残疾，是指因先天残疾而导致的身体功能丧失或减少，通常以失能（disability）来表示；第三层次为残障，即社会功能残疾，这是从社会功能障碍的角度而言的，上述损害或失能者倘若遭到社会歧视或环境限制，就会形成障碍，使其无法独立生活或发展潜能，通常称之为残障（handicap）。

联合国大会 1994 年通过的《残疾人机会均等标准规则》（以下简称《规则》）规定：“‘残疾’一词概括地泛指世界各国任何人口中出现的许许多多的各种功能上的限制。人们出现的残疾既可以是生理、智力或感官上的缺陷，也可以是医学上的状况或精神疾病。此种缺陷、状况或疾病有可能是长期的，也可能是过渡性质的。”《规则》还规定：“‘障碍’一词是指机会的丧失或受到限制，无法与其他人在同等基础上参与社会生活。它指的是患某种疾病的人与环境的冲突。使用此词的目的是着重强调环境中和社会上许多有组织活动诸如信息、交流和教育中的欠缺，使残疾人无法在平等基础上进行参与”。

通过对上述分类方法近 10 年的应用，世界卫生组织国际障碍分类的缺陷也愈益明显地显现出来。例如，对环境因素影响的不明确，对主观障碍重要性的忽视，以及关于儿童或精神障碍内容的缺乏等。

有鉴于此，世界卫生组织于 1990 年开始着手对国际障碍分类进行修改，直至 2001 世界卫生组织正式将国际障碍分类修改为国际功能、残疾和健康分类（international classification of functioning，disability and health，简称 ICF）。ICF 的建立经过了 10 多年的国际间合作，合作包括中国在内的 65 个成员国，通过广泛的测试和跨文化的比较研究，在术语和分类上达成了广泛一致。在 2001 年世界卫生大会上，中国与其他 190 个成员国一同签署了协议，同意广泛应用 ICF。

ICF 是世界卫生组织提出的国际通用的在个体和群体水平上描述和测量健康的框架，是由身体功能及结构、活动及参与、环境因素和个人因素 4 种成分组成的理论性结构。在 ICF 中，同样将残疾划分为三个层次，即身体功能和结构、活动及参与，不过在此引入了环境因素。因此，在 ICF 框架下，残疾是指如下内容的任何一种或全部：损伤、活动受限、参与受限、受环境因素限制。损伤是指身体功能和结构明显丧失和偏离；活动受限是指个体进行活动时遇到困难，根据完成活动的质量可有从轻微到严重的变化；参与受限是指个体投入到生活情景中遇到障碍，可通过比较个体参与和在社会中无残疾个体所期望的参与来决定是否出现参与受限；环境因素是指生活中的自然、社会和态度的环境。所有ICF的成分既独立且相互关联。一方面，个体从任何一种成分中的某个范围发生的相关消极经验被认为构成残疾；另一方面，残疾的经验是复杂和多维度的，个体的残疾被认为是健康条件和环境以及个人因素交互作用的结果。

ICF作为一种全新的国际分类系统，与1980年的国际障碍分类相比较，在设计理念上大大前进了一步，也为世界不同学科和领域关于健康及相关状况的广泛交流提供了一种更为有效的框架。主要表现为：其一，明确环境因素的重要性。ICF中引入了环境因素，明确了环境因素对活动和参与的影响，这一理念得到了国际社会的广泛共鸣。其二，用肯定语调表达。在ICF中，各类别及项目均用肯定的形式表示，避免了在国际障碍分类中使用的对残疾人带有贬义的消极词汇，如分别用身体功能和结构、活动及参与代替国际障碍分类中的功能障碍、能力障碍及社会性不利。功能障碍用身体功能和结构来替代，将功能、结构分开处理，更全面反映身体方面所有的缺损状态；能力障碍用活动来替代，由此导致的残疾状态用活动受限表示；社会性不利用参与来替代，由此导致的残疾状态用参与受限表示。其三，建立交互作用的立体模式。在国际障碍分类中，各项目间的关系是单向的平面模式；而在ICF中，各项目间的关系是双向的、相互作用和制约的立体模式。例如，参与受限，有可能导致生活孤独，直接影响到身心功能状态；又如，个人或环境因素不适合，可造成参与受限，由此可导致精神疾病或处理人际关系能力低下，从而导致活动受限等。

根据国际社会的提法，结合我国社会的实际，在1987年开展的第一次残疾人抽样调查中，我国首次确定了残疾人的定义，并将此定义写入了1990年12月颁布的《中华人民共和国残疾人保障法》中："残疾人是指在心理、生理、人体结构上，某种组织功能丧失或者不正常，全部或者部分丧失以正常方式从事某种活动能力的人。"这个定义改变了以前单纯从身体上着眼，而是以社会功能障碍和身体功能障碍为特征，不仅从器官上，也包括了精神和心智方面的残疾，这样就比较全面地概括了残疾人的基本特征。这一定义与联合国、世界卫生组织和其他国家有关残疾人的定义也是相吻合的。

二、残疾人的分类

目前世界各国对残疾人的定残标准不同，其划分类别也不完全一致。大体可根据如下不同标准划分为不同的类别。

（一）根据身心功能和身体结构分类

在ICF中，将身心功能分类如下：①精神功能；②感觉功能与疼痛；③发声、发音及言语功能；④循环系统、血液系统、免疫系统、呼吸系统功能；⑤消化系统、代谢系统、内分泌系统功能；⑥泌尿、性、生殖系统功能；⑦神经肌肉与运动相关联的功能；⑧皮肤与相关部位的功能。身体结构分类如下：①神经系统结构；②眼、耳与相关部位结构；③与发声、发音及言语相关的结构；④循环系统、免疫系统、呼吸系统结构；⑤消化系统、代谢系统、内分泌系统结构；⑥与泌尿、性、生殖系统相关的结构；⑦与运动相关的结构；⑧皮肤与相关部位的结构。

根据发生部位的不同，人的身心功能和身体结构障碍可划分为不同类别。我国2006年第二次全国残疾人抽样调查中，将残疾人分为7类，分别为视力残疾人、听力残疾人、言语残疾人、肢体残疾人、智力残疾人、精神残疾人、多重残疾人。这次调查结果表明，我国6～14岁246万学龄残疾儿童中，各种障碍残疾儿童分布如下：智力残疾儿童76万人，占残疾儿童总数的30.9%，在各种障碍残疾儿童中拥有最大份额；多重残疾儿童75万人，占残疾儿童总数的30.5%，居于第二；肢体残疾儿童48万人，占残疾儿童总数的19.5%；言语残疾儿童17万人，占残疾儿童总数的6.9%；视力残疾儿童13万人，占残疾儿童总数的5.3%；听力残疾儿童11万人，占残疾儿童总数的4.5%；精神残疾儿童6万人，占残疾儿童总数的2.4%。

而美国根据残疾人生理缺陷的具体部位和心智不健全的特征，将其分为11类，即智力落后、重听、聋、语言障碍、重度情感紊乱、畸形损害（包括肢体伤残、侏儒症）、又聋又盲、又聋又哑、其他健康损害、多重障碍和特殊学习困难。

在日本，则把残疾人分为8类，即视觉障碍（包括全盲和弱视）、听觉障碍（包括聋和重听）、智力落后、肢体缺陷、病弱、精神和情感障碍、语言障碍、多重障碍。

有着不同部位功能和结构障碍的残疾人，其康复训练的需求和目的也截然不同。

（二）根据生命周期不同阶段分类

人成长的生命周期是个体由生到死，依次通过几个成长阶段而完成人生的过程。美国发展心理学家艾利克森提出生命周期理论，他按照个体发展的综合特征，把人生分为八个阶段，即婴儿期、幼儿期、游戏期、学龄初期、少年期、青年期、中年期和老年期。根据人口学理论，我们通常将个体成长生命周期分为婴幼儿期、少年期、青年期、中壮年期、老年期。与之相对应，可将残疾人划分为婴幼残疾人、少年残疾人、青年残疾人、中壮年残疾人、老年残疾人。

人成长的生命周期是个体生理上由弱小到强壮再到衰退，心理上由不成熟到成熟，社会方面由逐步开始承担责任到承担众多社会责任再到减少社会责任，个人发展不断变化的过程。残疾人同健全人一样，在人生的每一个成长阶段，都有不同的生理、心理需求及社会发展任务。因此，处于生命周期不同阶段的残疾人，其面临的困难和危机也各不相同。

（三）根据障碍影响程度分类

根据各种障碍对各类活动能力影响程度的轻重，人的身心功能和身体结构障碍可分为一级、二级、三级等残疾等级。与之相对应，可将残疾人划分为轻度残疾人、中度残疾人和重度残疾人，通常残疾等级为一、二级的被视为重度残疾人，残疾等级为三的分别被视为中度和轻度残疾人。而测量障碍的程度，通常可依据障碍者照料自己能力的高低来衡量。如按照自理无困难、自理有困难或不能自理需要帮助三种情况进行分级。根据第二次全国残疾人抽样调查数据，我国残疾人口中，重度残疾人为2 457万人，占29.6%，中度和轻度残疾人为5 839万人，占70.4%。有着不同程度功能和结构障碍的残疾人，其康复训练的需求和目的也不一样。

（四）根据 ICF 分类

ICF 将功能和残疾分类作为一种交互作用和演进的过程，提供了一种多角度方法。个体在特定领域的功能是健康状况（障碍或疾病）和背景性因素（环境和个人因素）间交互作用和复杂联系的结果。这种交互作用是双向的，残疾人的存在可能改变健康状况本身。如正因为有小儿麻痹的残疾人，才研究出预防骨髓灰质炎的糖丸，使以后的儿童不患小儿麻痹症，使人类健康水平有所提高。ICF 可帮助确定残疾人的主要问题在哪里，是由于环境中存在障碍因素或是没有有利因素，是他们的能力有限，还是这些因素综合作用的结果。

根据 ICF 的理念，可将残疾人划分为如下类别：①有损伤而没有活动和参与受限的残疾人；②有损伤和活动受限但没有参与受限的残疾人；③有活动或参与受限但没有显著损伤的残疾人；④有活动受限但没有显著损伤和参与受限的残疾人。

三、残疾人观的内涵

残疾人观是人们对残疾人和残疾人问题的总的看法和基本观点。从古到今，社会一直面临着如何看待和对待残疾人的问题。用什么样的观点看待残疾人，关系到以什么样的态度对待残疾人，也关系到以什么样的方法开展残疾人工作，从而直接关系到一个国家残疾人事业的兴衰。

（一）残疾是人类发展进程中不可避免要付出的一种社会代价

江泽民同志在为《自强之歌》一书撰写的序言中，历史地、全面地、深刻地阐述了现代文明社会的残疾人观。他指出："自有人类，就有残疾人。残疾，是人类发展进程中不可避免要付出的一种社会代价。"

人类社会从一开始就有残疾人，人类在自身繁衍以及征服和改造自然的漫长历史过程中，由于基因遗传、自然灾害、意外事故、疾病传播、人为公害以及战争、贫困、犯罪等种种自然和社会因素，残疾的发生总是不可避免。在人类历史的各个阶段、在地球的每个角落、在一个社会的各个阶层，均有残疾人的存在。残疾人虽有某种缺陷，但并非异类，而与其他人一样同是人类社会的组成部分。虽然随着社会发展和科技进步，人类可在一定范围和一定程度上控制残疾的发生，但不可能完全消灭它，人类不可能找到一劳永逸解决这一问题的办法。因此，残疾人的残疾，客观上成为人类发展和社会进步所必然要付出的一种代价。

人类繁衍及社会发展的过程自始至终都不是完美无缺的，总是要有一部分人以自身代价来唤醒社会，从而推动社会的发展和文明的进步。在以人的能力、作用、奉献为主要价值标准的社会，残疾被看做是整个人类进步过程中支付的代价，许许多多的残疾人，正是为健全生存下来的人们做出了他们的牺牲。中国残联主席邓朴方同志在《探索有中国特色的残疾人事业理论》一文中精辟地指出："没有先天弱智、先天畸形，人类就不懂得优生和近亲何以不能婚配；没有骨髓灰质炎后遗症，就没有预防这种病毒的

'糖丸'；没有药物致盲、致聋，就没有那么详细的药物应用和管理制度；没有交通事故引起的死亡和肢体残疾，就没有交通安全规则、安全作用规程和科学的救护方法。"事实证明，正是一部分人的残疾，换来了社会大多数成员的健康与安全，换来了人类科学的发展与文明的进步。

（二）如何对待残疾人是衡量一个社会文明进步的重要标志

一个社会如何看待和对待残疾人，不仅关系到残疾人的命运，而且关系到人的权利、人的价值、人的潜能在一个社会中的实际位置。从这个意义上讲，保障残疾人的权利、尊重残疾人的价值、发挥残疾人的潜能，乃是人类文明与社会进步的一个重要标志。

随着社会发展与文化进步，科学认识残疾现象、正确看待残疾人、帮助残疾人回归主流社会已日益成为全社会共识。在当今社会，人道主义是处理人与人之间关系的基本道德规范，既然残疾现象无法避免，任何社会成员都无法回避，因而用人道主义的态度善待残疾人就是善待人类自身。一个国家或社会对残疾人的生活、医疗、教育、就业等社会服务水平如何，已成为衡量其政治、社会、经济、文化发展程度高低的重要标准。

自20世纪80年代以来，我国对残疾和残疾人的认识不断得到提升。党和国家从人权保障和人类解放的高度上阐明了残疾人事业的意义，为全面科学认识残疾人问题提供了理论指南。江泽民同志在《自强之歌》序言中指出："对残疾人这个社会弱势群体给予帮助，是社会文明进步的标志。我们共产党人是以人类解放为最高宗旨，我们的社会主义国家是以实现全体人民的富裕幸福为建设的根本目的，更应尊重残疾人的公民权利和人格尊严，保护其不受侵害。同时，对这个特殊而困难的群体还应给予特别扶助，通过发展残疾人事业使他们的权利得到更好的实现，使他们以平等的地位和均等的机会，参与社会生活和国家建设，共享社会物质文化的成果。"江泽民同志在致康复国际第十一届亚太区大会的贺词中也指出："残疾人这个社会最困难群体的解放，是人类文明发展和社会进步的一个重要标志。"

（三）两种截然不同的残疾人观

对残疾人和残疾人问题的看法，有着两种根本对立的观念：一种是以歧视、偏见、异样的观念去看待和对待残疾人；另一种是以尊重、文明、平等的观念去看待和对待残疾人。这是两种截然不同的残疾人观。前者是对残疾人错误的认识、看法和态度，属于旧残疾人观；后者是对残疾人正确的认识、看法和态度，属于新残疾人观。

1. 残疾人观的沿革

视残疾人为"残废人"阶段：从原始社会、奴隶社会、封建社会，一直到新中国成立之前的漫长岁月中，残疾人始终处于社会的最底层，被认为是"残废人"，是家庭和社会的包袱。"残"与"废"总是如影随形，因残而废的观念根深蒂固于人们脑海中长达几千年。从根本上讲，这种对残疾人的歧视和偏见是当时落后的生产力状况下的必然结果。在一个依靠体力劳动来维持生存的社会中，健壮的体魄是最有价值的"资本"，残疾人由于其生理缺陷或特定方面的劣势而不可能成为这场竞争的胜者，残=废

=无能的思维定势长期以来严重地损害和歪曲了残疾人的形象，残疾人也因此而被排斥在主流社会之外，被当作了家庭和社会的累赘。在这个漫长的历史时期内，残疾人处于一个自生自灭的集体无意识阶段。

视残疾人为“救济对象”阶段：新中国成立后，残疾人的整体生存状况得到了改善，由沿街乞讨、流离失所进入了由政府收养救济的阶段。残疾人由政府收容救济或组织起来从事农业生产劳动或自救性手工劳动。农村的残疾人分到了土地和生产工具，参加了互助组和合作社；城市的残疾人在政府的支持下组织起了生产自救，举办了小型多样的手工业合作社和合作组，后来发展成为福利工厂。一些无依无靠的残疾人、残疾孤儿和残疾老人分别被安置在陆续建立的社会福利院、儿童福利院和敬老院。虽然这一时期残疾人的境遇有了很大转机，但社会上却没有形成对残疾人的正确认识，即没有完整地把残疾人作为具有宪法赋予的公民权利的人提出来。而是在认识上有所偏差，即人们对残疾人抱着同情和怜悯的态度，更多地把残疾人事业看成是慈善事业。在一定程度上，残疾人仍是社会中的“边缘群体”。

视残疾人为“参与主体”阶段：自改革开放至今30年来，伴随着社会经济的快速发展，人们的许多观念得到更新，残疾人观也有了深刻改变。一方面，国际社会残疾人事业的蓬勃发展对残疾人观的改变产生了重大影响。其中，联合国颁布的一系列纲领性文件的影响和推动作用尤为明显。这些文件包括：1969年颁布的《禁止一切无视残疾人的社会条例的决议》、1975年颁布的《残疾人权利宣言》、1982年颁布的《残疾人的世界行动纲领》、1993年颁布的《残疾人机会均等标准规则》等。联合国大会宣布1981年为“国际残疾人年”，确定1983—1992年为“联合国残疾人十年”。另一方面，我国残疾人事业也进入新的发展阶段。1987年，我国进行了第一次全国残疾人状况抽样调查；1988年，在原聋哑协会和残疾人福利基金会合并基础上成立了中国残疾人联合会；1988年，国务院颁布实施了《中国残疾人事业五年工作纲要（1988—1992年）》；1990年，颁布并实施了第一部旨在保障残疾人这一特殊群体合法权益的法律——《中华人民共和国残疾人保障法》。所有这些政府举措均是对残疾人观改变的有力推动。正是在这样的国际和国内背景下，“平等、参与、共享”的思维和理念被引入残疾人观的视野并成为其核心内涵。残疾人被视为主流社会的一员，享有全面参与社会生活的权利，并共享劳动和社会经济发展所带来的各种成果。

2. 旧残疾人观的表现

一般而言，旧残疾人观是在社会生产力发展水平和文化水平较落后的情况下形成的。旧残疾人观在现实生活中的表现主要有如下几个方面。

一是宿命论的观点。将残疾狭隘地归结为残疾人自身的悲剧或灾难，是命中注定和不可违抗的。在以宗教迷信为主要价值标准的社会，残疾往往被解释为恶魔诱惑、对罪恶的惩罚或被上帝选中的证明。例如，在英国文化中，明显地把残疾视为个人灾难或个人悲剧。不仅在英国，这种观点几乎是工业社会的普遍观点。珂维曾把人类社会分为“神的时代”、“英雄的时代”、“人的时代”三个阶段。前两个阶段可谓是无知和迷信的时代。人们往往从宿命论出发，认为残疾是上天（神明）对一个人的惩罚。因为在那样的时代，人们无法解释为什么有人天生聋哑弱智，他们不知道缺碘会引起智力低下，骨髓灰质炎会导致小儿麻痹症和肢体残疾。如今，这种狭隘落后的残疾人观，依然残留在许多人的脑海里。

二是无用的观点。残疾人往往被视为“废人”，是家庭和社会的累赘。广大残疾人备受压迫和歧视，过着低人一等的生活。在英文中，disability 就是“无能”的意思；在中文中，长期以来“残”总是和“废”相连，残疾人一直为社会所抛弃和遗忘。将残疾人看作“残废人”，只着眼于他们不能做什么，而没有着眼于他们能做什么。事实上，残疾人由于其特殊的境遇和心态，往往更懂得珍惜自身的价值和生活的意义，强烈要求与健全人一样在社会上发挥作用、贡献力量、履行义务和享受权利。

三是恩赐的观点。不将残疾人看作同其他社会成员一样平等的公民，而将实现残疾人正当的权利看作对他们的“恩赐”和“施舍”。残疾人事业一直被视为慈善事业，残疾人也因此而成为好心的人们怜悯、同情和救济的对象。这种看法和做法建立在漠视残疾人人权和尊严的基础上，忽略，甚至是剥夺了残疾人平等参与社会生活的权利。

3. 新残疾人观的内涵

新残疾人观是现代文明社会的残疾人观，它以“平等、参与、共享”为核心内容，是经济发展和社会进步的产物。它的出现需要一定的社会条件，它要求这个社会是一个开放的、追求民主的、承认并保障人权的社会，是一个多业并举、生产力高度发达的社会，是一个科技进步、成就斐然的社会。这样的条件孕育出来的新残疾人观，具有鲜明的时代特色和时代精神，也必定具有十分丰富的内涵。

其一，社会模式的解释视角。近年来，国际上用社会模式代替医疗模式解释残疾问题，认为对残疾人的排斥和隔离不是残疾本身导致的，而是由于社会没有提供足够条件才使残疾人被排斥在社会生活之外。残疾并不是造成残疾人问题的根本原因，社会的“失职”才是主要原因，由于社会为残疾人提供的条件不够，才使残疾成为一个问题。新残疾人观在解释残疾的时候，否定了残疾的医疗模式，采取的是社会生态学模式，即充分肯定残疾的社会学意义。运用残疾的社会模式有助于揭示残疾人在全面参与社会生活时所面临的障碍，其目标是人们能够在社会生活的各个领域中获得均等的机会，实现公平。残疾人是社会结构的一部分，为残疾人提供各种补偿条件，使残疾人无障碍地接受教育、参加生产劳动、参与社会生活，在事实上享有公民权利，是政府和社会的责任，是社会文明进步的标志。

其二，权利为本的处理方法。残疾人与健全人一样，具有与生俱来的公民权利，包括生存的权利、发展的权利、康复的权利、受教育的权利、劳动的权利、娱乐的权利、爱与被爱的权利、得到各种社会补偿的权利，同时尽自己应尽的义务。以权利为本的残疾人问题的处理方法，就是要承认残疾人是权利享有者，能够而且应当像其他社会成员一样决定自己的生活；要确认残疾人在充分参与个人发展或社会发展中所遇到的障碍是对其人权的侵犯。在现代社会中，残疾人是人权的主体而非客体；残疾人应享有与健全人均等的机会；残疾人应平等和有效地享有人权，包括生存和发展权。

其三，社会财富创造者的地位确立。从历史的角度看，残疾人曾为人类社会的文明和进步作出了巨大贡献。古今中外，自强不息、成就斐然的残疾人比比皆是，如美国总统罗斯福、音乐家贝多芬、科学家爱迪生、作家海伦，还有我国史学家司马迁、数学家华罗庚、作家张海迪等。从现实的角度看，残疾人仍能为社会创造财富。只要给他们提供适当的条件和空间，残疾人一样可以成为参与社会财富创造的生力军，一样可以成为推动社会进步的力量。如今，在现代社会提供的各种条件下，残疾人不再是社会负担，而是社会物质和精神财富创造者。残疾人当中蕴藏着巨大的人力资源，他们当中有各行各业所需的能人和奇才，只要为他们创造合适的工作环境和发展条件，每个残疾人的生理缺陷都可以得到不同程度的补偿，他们同样是现代社会文明进步不竭的动力和源泉。残疾并不构成人性和奋斗精神的差异，相反，由于残疾的磨炼，残疾人往往具有更坚强的意志和更宽容的心态。同一般健全人相比，他们具有许多难能可贵的优秀品质，因而作为社会财富创造者，他们也具有自己独特的优势。将残疾人看成是能够参与社会财富创造的人，强调其对社会的贡献，是新残疾人观的重要内涵，也是其区别于旧残疾人观的亮点。

其四，平等基础上的参与和共享。首先，要真正将残疾人当成平等的社会成员来对待，这样才能真正给予残疾人参与社会生活的机会和空间。要使残疾人实现同健全人一样平等的人权，关键是要避免人为地将残疾人特殊化。不仅要关注残疾人的权利保障，而且要强调权利与义务的统一。强调残疾人要具有自尊、自信、自强、自立精神，避免成为心态上的残疾人；要充分发挥自身的主观能动性，大力挖掘自身的潜能，从思想到行动上，都以一个合格公民的标准严格要求自己。随着外部环境的改善，残疾人参与社会生活的广度和深度越来越取决于自身的素质和奋斗精神。残疾人应有求生存、图发展的志气，要热爱生活，乐观进取，不断学习知识，增强技能，积极投身现代化建设，努力贡献自身力量。其次，在社会给残疾人以平等待遇及残疾人自身积极参与社会活动的前提下，共享才成为可能。这里的共享是指残疾人以劳动者的身份来享受社会发展成果，而不仅仅是作为一个“分享者”来分一杯羹。

第二节　残疾人社会工作的基本概念

随着经济的发展和社会的进步，残疾人问题越来越受到社会的广泛关注。在现代文明社会新残疾人观的理念下，残疾人工作也正发生着可喜的变化。然而，在原有陈旧的工作模式和工作作风的惯性影响下，解决残疾人问题的举措与残疾人新的需求之间仍存在明显差距。因此，做好新时期的残疾人工作，迫切需要社会工作理念和方法的介入。

一、什么是残疾人社会工作

顾名思义，残疾人社会工作就是借鉴、采用社会工作的理念和方法来开展残疾人工作。

“社会工作”这一专业名称进入国人的视野还历时较短，许多人对之较为陌生或似懂非懂。简言之，社会工作是一门助人的学科和艺术，是一种帮助人和解决社会问题的工作。通过运用一定的专业方法和技巧开展社会服务，帮助社会上的贫困者、老弱者、身心残障者或其他不幸者，预防和解决部分因经济困难或生活方式不良而造成的社会问题，以实现个人与社会的和谐一致，促进社会的稳定与发展。

残疾人是一个特殊的社会群体。他们通常只能以自己特定的概念、方法、手段介入和参与社会生活。例如，在交往中辅以盲文、手语和其他工具，在教育中辅以特殊教育手段，在生产中使用必要的辅助工具，在体育中采用专门的方法和规则，在艺术中具有独特的表演方式，等等。残疾人更是一个困难的社会群体，由于残疾影响和外界障碍，残疾人在社会生活中处于某种不利地位，正常作用的发挥受到限制。而且他们不像老人、儿童、贫困者那样主要是由于社会或自然环境等外在条件的限制而使自己的生活处于困境之中，而是由于生物器官缺陷或损伤等自在条件而使其难以像正常人那样生活，他们通常承受着比其他社会工作对象双重的痛苦与不幸。

残疾人作为当今社会客观存在的庞大而特殊的社会群体，显然是社会工作的主要服务对象之一。运用专业化的社会工作理念和方法来开展残疾人工作，对促进残疾人工作的改革、完善和发展具有十分重要的意义。

社会工作之所以适宜于介入到残疾人工作之中，主要是由于其许多工作理念和方法与现代文明社会新残疾人观的理念不谋而合，从而也与新时期残疾人工作的发展趋向相一致。主要表现在如下两个方面。

其一，助人自助原则。社会工作是一种不以赢利为目的的专业性社会服务工作，是由一批经过专门训练的人，本着人道主义精神和助人自助原则，利用哲学、心理学、生理学以及政治、经济、历史等学科知识，运用社会工作的科学方法和技巧而进行的助人活动。它基于“人的权利和尊严应该受到尊重”的原则，视受助者为积极能动的主体，而不是消极被动的客体。它根据“案主自决”的原则，尊重受助者的意愿，不越俎代庖，不搞一厢情愿的服务，注重平等相待、启发互动，提供必要的条件，运用专业方法使受助者发挥潜能，自己解决自己的问题。这种方式与新残疾人观的理念相一致，也是残疾人最乐于接受的工作方式。

其二，情感态度和技巧。社会工作者[①]注重以同受助者较为贴近的方式开展活动，注重同受助者之间的情感交流，这一点在残疾人工作开展中尤为重要。因为残疾人大多容易产生自卑感和挫折感，所以通常戒备心较强，甚至对社会表现出漠视态度，让人难以接近。尤其难以对外人真正敞开心扉。社会工作者只有通过发自内心地和他们进行情

① 国家劳动保障部于2004年6月15日颁布的《社会工作者国家职业标准》中对社会工作者的定义是：遵循助人自助的价值理念，运用个案、小组、社区、行政等专业方法，以帮助机构和他人发挥自身潜能，协调社会关系，解决和预防社会问题，促进社会公正为职业的专业工作者。

感交流，才可能为他们所接受和认同。而一名专业和称职的社会工作者通常都具有较好的品德修养和人格品质，他们愿意密切联系残疾人，愿意深入到残疾人当中去，愿意和残疾人做朋友，对残疾人动真情、办实事，漠视虚名，因而能在残疾人中拥有广泛的人缘和良好的口碑。

残疾人社会工作是一种特殊的社会工作。其特殊性不仅来自前文所述残疾人自身的特殊性，更重要的是源于残疾人社会工作这一工作过程的特殊性。在其他社会工作中，社会工作者具有与受助对象相同或相似的生活经验是可能的，因而社会工作者的“感同身受”也相对容易。但绝大多数社会工作者很难具有与残疾人相似的生活经历，因此对这类工作的理解就困难得多，残疾人社会工作也因此更具重要性和艰巨性。

残疾人社会工作是以残疾人为对象所做的社会工作。它不同于一般的残疾人服务，而是社会工作者运用社会工作方法帮助残疾人补偿自身缺陷和克服环境障碍，从而使他们平等参与社会生活和分享社会发展成果的专业活动。

残疾人社会工作是对残疾人个人、家庭或残疾人群体进行的有目的的专业性活动，是以残疾人为主体对象而提供的各种有效服务和帮助。残疾人工作涉及康复医学、心理学、教育学、工程学、社会学、法学和伦理学等许多学科，它的开展需要各专业工作者和各部门的协同努力。社会工作者是这一工作群体中极其普通的成员，他们运用自己的专业方法直接为残疾人提供服务；社会工作者同时也是这一群体中更为重要的成员，他们协助这一工作群体中其他专业人员开展工作，是残疾人和其他专业人员之间沟通的桥梁和纽带。

综上所述，残疾人社会工作是指社会工作者采用专业化的理论和工作手法，充分调动和利用一切社会资源为残疾人服务，以促进残疾人平等参与社会生活和共享社会成果的活动。

二、残疾人社会工作的目标

在新残疾人观的理念下，残疾人的生活目标已不再仅仅是达到温饱水平，而是更加注重生活质量的全面改善。他们迫切需要同健全人平等地参与社会活动，通过自己的劳动分享社会成果和愉悦精神，从而真正体验到自身的价值。从这个意义上讲，残疾人社会工作的总体目标为：努力改善残疾人生存状态，全面提高残疾人生活质量，积极促进残疾人人生价值的实现。具体而言应包括以下几个方面：

一是生理功能的康复。应充分利用各种社会支持网络，促进创立各种途径的康复项目，大力拓展残疾人康复训练与服务覆盖面，切实提高残疾人生理功能的康复水平。

二是应对能力的增强。应通过多种途径，有效促进残疾人日常生活自理能力、解决困难和解决问题的能力、处理突发事件的能力、自我表达能力等的提高。

三是自主意识的塑造。应积极引导残疾人消除先前的失败主义、依赖心态和自卑心理，树立自主意识。

四是职业能力的提升。应通过丰富多样的教育和培训手段，促进残疾人知识结构的更新和职业技能的提升，从而提高其求职就业和应对职业岗位的能力。

五是社会事务的参与。应引导和鼓励残疾人积极参与各种社会活动，切实保障自身权益，自觉履行公民责任。

六是自身潜能的挖掘。应激励残疾人充分发掘自身潜能，促进自身人生价值的实现。

三、社会工作专业化是残疾人工作发展的必然趋势

所谓社会工作专业化，就是专业社会工作者利用社会工作专业理论、方法和技巧开展社会服务活动。在我国，随着社会经济的迅速发展和改革开放的深入推进，社会工作专业化将是残疾人工作改革、完善和发展的必然趋势。当前，处于社会转型期的中国面临各种各样的社会问题，就业、医疗、人口老龄化、社会保障、环境等诸多问题交织在一起，错综复杂。要应对这些问题，光靠政府的力量是远远不够的。

就残疾人问题而言，目前主要涉足的有民政部门、各级残联和社区组织。但这些部门和组织在残疾人工作领域职能不清、分工不明，大大影响了残疾人工作的质量和效率。民政部门由于工作太繁杂，很多时候无暇顾及残疾人工作；残联直接主动做了许多本应由其他部门或社会做的工作，大有越位之嫌和力不从心之叹；社区由于工作繁杂琐碎，加之编制经费紧张，也难以把残疾人工作做细做好。

残疾人工作要摆脱上述困境，实现新时期的工作目标，就必须走社会工作专业化的道路。必须动员最广泛的社会力量介入。社会工作这一职业将大有作为，社会工作者秉承其助人自助的专业理念和方法，成为联系残疾人和其他社会资源的中介和纽带。

残疾人社会工作是一门专门的职业。在欧美许多国家，当残疾人面临困惑迷茫或其他不良情绪体验时，主动寻求社会工作者的帮助已成为一种社会共识。在北美，当人们陷入困境时，有10%左右的人可能去找占卜师，有20%左右的人去求助心理医生，而有70%左右的人去找社会工作者。在英国，一个人口仅5 500万的国家竟有社会工作者2.5万人，他们90%以上为政府雇佣，并在其中扮演一种比政府更权威的维护公共秩序的角色。社会工作作为一种专业活动，具有严格的行业规则和工作模式，以科学规范的方法协助人们去预防和解决社会问题，因而也成为现代解决社会问题的一种制度化手段。而这是一般的志愿者所无可比拟的。多数志愿者毕竟只是在做纯义务的奉献，专业水准相对较低，队伍也不稳定，他们的服务只能是专业社会工作的补充。而专业社会工作者以自己的专业知识和技巧，通过个案工作、群体工作、社区工作、社会行政四个层次以及整合方法的运用，可以为残疾人提供更为到位、更为贴心的服务。

第三节 残疾人社会工作的主要功能

残疾人社会工作作为一种同社会和残疾人均贴近的全新模式，对我国残疾人工作的改革深化、持续发展以及同国际社会接轨等，都将产生极其深远的影响。残疾人社会工

作的独特功能优势也将日益显现。

一、残疾人社会工作的主要功能

（一）提供服务

残疾人社会工作者可倡导或直接组织开展各种“助残救残”服务活动。除了凭借自身的专业优势，残疾人社会工作者还可大力吸纳来自各行各业的志愿者，或充分利用和有效调动其他各种社会资源，以增强提供服务的力量。可采用互助服务、包户服务、上门服务等灵活多样的形式，来开展扶弱助残的服务工作。可以给残疾人提供婚姻介绍、法律咨询、就业指导等多方位的服务。对一些残疾等级较高、经常留在家中的残疾人，可派志愿者定期走访，并对重度精神病患者协助做好监护工作等，从而消除不安全因素。

（二）利益代言

残疾人作为社会的弱势群体，其利益最容易受到损害。残疾人社会工作者要时刻将残疾人的疾苦和需求放在心头，真心实意地站在残疾人的立场，理直气壮地去维护残疾人的利益。一个对残疾人利益漠视和冷淡的人，永远也无法成为一个有良知的称职的残疾人社会工作者。残疾人社会工作者有责任为残疾人提供法律咨询，并切实成为其“护权卫士”。残疾人社会工作者在同基层残疾人的联系上有着直接的优势，他可以有效监督有关部门对残疾人法律法规的贯彻执行情况。当残疾人利益受到损害时，应积极联络残联及有关部门为残疾人的合法权益讨还公道。要深入宣传《中华人民共和国残疾人保障法》等法律法规，以积极促进政府和其他相关组织对各类残疾人优惠扶持措施的制定和落实，同时也促进所有社会成员保障残疾人合法权益法律意识的增强；帮助各种基层法律服务机构和民事调解组织及时了解残疾人权益保障状况，听取残疾人的意见，为残疾人提供优先、优质、优惠的法律服务，调解有关纠纷，维护残疾人合法权益；帮助各类法律援助机构对符合法律援助条件的残疾人提供优先、高效的法律服务。

（三）精神激励

残疾人因种种原因致使身体的某一部分器官发生障碍，他们的心理防线极其脆弱，对挫折极易产生失落情绪，甚至失去生存的勇气而选择自杀。针对这些情况，残疾人社会工作者首先要主动帮助他们恢复生活勇气，弘扬残疾人自尊、自信、自强、自立的“四自”精神，鼓励他们克服困难，参加适当的社会劳动，排除自身的心理障碍。首先，要帮助残疾人通过体现自身价值，克服自卑心理；通过疏导积郁，培养乐观心态；通过参加群体活动，消除闭锁心理，切实做好残疾人的心理保健工作。其次，要在广大残疾人中开展学习残疾人自强模范先进事迹活动，激发残疾人与命运抗争、顽强拼搏的奋斗精神，帮助他们找到实现自身价值的工作岗位，让他们在工作岗位上体验到自身价值。残疾人社会工作可以社区或其他社会资源为依托，根据条件建立“残疾人之家”，并努力将“残疾人之家”建设成残疾人交流信息、倾吐心声、互相激励的场所。此外，还可组织残疾人参加多种多样的文体活动。例如，组织残疾人参加歌咏比赛、健身活动、技能展示等文化娱乐活动。在丰富残疾人生活的同时，也向社会展示残疾人健康向上的精神风貌，促进残疾人与社会的融合。

（四）环境创建

残疾人社会工作还有一项重要功能就是创建便于残疾人活动的无障碍环境。“无障碍”一词，原意是指为方便残疾人而专门设计的城市道路和建筑物等公共设施，本文的含义是广义的，即包括就业、教育、社交、康复和社会保障等残疾人事业的所有方面，意指为残疾人个人的和社会的活动提供无障碍的方式。环境无障碍化包括两方面内容：

首先是指物质环境无障碍。残疾人社会工作者应大力呼吁政府制定政策确保残疾人能够进出和享用所有新建的公共建筑和设施、公共住房、公共交通工具等。在可行的情况下，便利残疾人进出现有的公共建筑和设施、住房、交通工具，特别是要利用翻修改建工作的机会照顾到这一点。确保建筑设计师、工程师和参与物质环境设计和建造的其他专业人员充分了解残疾政策和实现无障碍的措施，从设计过程一开始便将无障碍的要求考虑在内。应促进针对残疾人用品用具设计和开发的科技创新，通过科技进步不断开发出更适合残疾人需要的用品用具。

其次是指获得交流和信息环境的无障碍。残疾人社会工作者应呼吁政府考虑盲人、聋人和患有其他交流障碍残疾人的需要，确保传播媒介以及提供一般公众使用的新的电脑化信息系统和服务系统无障碍。

（五）社会动员

向广大社会成员宣传残疾人问题和残疾人工作也是残疾人社会工作的重要功能之一。残疾人社会工作者要密切同国内外慈善机构和其他社会组织的联系，为更多的残疾人谋求福利。要通过动员国内外政府机构、社会组织、慈善团体和人士捐献善款，实施慈善行为，共同帮助残疾人解决生活中最迫切的问题。在国内，要充分调动各种社会资源，发挥自己的专业优势，加强与政府和社会各界的沟通，动员更多的实业界人士和其他人士为残疾人奉献爱心，努力将社会福利和社会保障覆盖范围扩大到所有残疾人，真正为残疾人尤其是贫困残疾人排忧解难。要动员、倡导、鼓励和促进现有社会服务设施、人力物力资源建设等，兴办为残疾人服务的福利机构，开展为残疾人服务的各类活动，营造为残疾人服务的社会氛围，逐步形成帮扶主体多元化、帮扶方式多样化、社会各界广泛参与和相互促进的良好局面。

二、残疾人社会工作的基本内容

在新残疾人观的理念下，残疾人社会工作的内容也有了全方位的拓展。残疾人社会工作涉及残疾人生活的方方面面，其内容已不再是过去单纯的收养救济，而是涉及多个领域，其范围相当广泛，包括残疾人的康复、生存、生活、发展等各方面内容。

（一）医疗康复

医疗康复，是指最大限度地恢复残疾人的生理机体功能或进行功能补偿，以增强他们参与社会生活的能力。残疾人社会工作者可以运用其专业知识对康复工作的计划、决策、行政、监督与咨询进行指导，协助康复专业人员掌握残疾人的心理和社会动力因素，帮助残疾人寻找必要的社会康复设施或社区资源，鼓励残疾人及其家属增强战胜困难的信心和寻找解决困难的有效途径。总之，在康复过程中残疾人社会工作者发挥着医学不能替代的作用。而在许多康复项目中，残疾人社会工作者不仅是项目的计划者和促进者，同时也扮演着调解者、管理者、协调者、教育者等多重角色。他们通过灵活运用个案工作、小组工作、社区工作等专业方法，使有限的资源发挥最大的效用。目前，我国的社会医疗保险制度正处于逐步完善过程中，多数工作不稳定、生活困难的残疾人还很难享受到这些制度。残疾人通常难以负担高额医疗费用，却又比普通人更需要医疗。某些家属想为家中的残疾人购买商业医疗保险，但保险公司担心承担过高费用而拒绝承保。因此，促进针对残疾人群的医疗保险制度的建立是残疾人社会工作的首要内容。

（二）扶贫解困

无论在城市还是在农村，贫困人口中残疾人均占很大比例。我国的8 000多万残疾人中，80%左右生活在农村，尤其在中西部贫困地区，许多残疾人还生活在极其贫穷的状态中。即使在城市，残疾人生活水准也远远低于健全人。因此，大力推动政府采取各种措施，加大对贫困残疾人群的扶贫力度，使他们尽快脱贫解困，也是残疾人社会工作的重要内容。社会工作者还应促进确保残疾人社会保障权益的实现，呼吁政府制定和改进社会保障及保险方案，以保证残疾人及其家庭保持适当的生活水准。促进政府及其他有关部门在为残疾人提供社会保障和收入方面尽责，以确保社会保险或其他社会福利制度不歧视残疾人，为负责照料残疾人的个人提供收入支持和社会制度保护，从而使照料残疾人的个人和残疾人平等分享因社会经济发展而改善的生活条件，即使因重残不能自立的残疾人也能取得与其他公民相同的生活水平。

（三）教育与助学

残疾人教育是残疾人享受权利和挖掘潜能的重要措施。在残疾人教育方面，由于受客观条件及自身条件的限制，残疾人受教育的机会比健全人少，受教育程度比健全人低，整体素质相对较低。社会工作者应大力促进残疾人平等接受教育机会的实现，包括最严重残疾的儿童享受义务教育，并容许在入学年龄、教育内容、考试程序等方面增加灵活性。为了促进残疾人与健全人的融合，在教育形式上应多样化。凡可以接受普通教育的残疾人，尽量进入普通学校，接受融合教育；同时举办盲、聋、弱智学校等专门机构，对不具有接受普通教育能力的残疾人，进行特殊的教育和培训。与此同时，残疾人社会工作者还应促进社会为照顾残疾青年的家庭和学校提供必要的资助。总之，应倡导并推动政府和社会各界努力创造条件，帮助更多残疾人接受教育，特别是在盲、聋和弱智儿童的义务教育方面下大力气，以减少新残疾人文盲的产生，提高残疾人文化水平。

（四）就业与培训

劳动就业是残疾人得以自立并展现其能力的最重要环节和措施。社会工作者可以帮助残疾人寻求更适宜的劳动岗位，帮助他们适应劳动生活，维护他们的合法权益。由于生理或心理的缺陷，残疾人劳动能力受到一定的局限，残疾人就业难也因此成为历史沉淀下来的难题。在如今的市场经济体制下，残疾人就业难的问题更加突出。社会工作者应致力于促进残疾人工作权利和就业自由的实现。呼吁政府制定政策和措施并设立各种服务性机构，以保证城乡残疾人均有平等从事有酬工作的机会。通过制定法律，采取必要措施使残疾人得以学习和就业，可规定企业按比例雇佣残疾人、给残疾人创办企业和雇佣残疾人的企业减税或财政援助等办法。促进政府和其他相关部门根据残疾人的特点，推进高等以上特殊教育，拓宽残疾人接受培训的途径，加强对残疾人的职业培训和就业训练，以切实提高残疾人自身的职业能力。

（五）生活娱乐

残疾人社会工作者可以通过各种途径指导和促进残疾人的婚姻与家庭生活质量的提高，其具体内容如下：①促进残疾人充分参与家庭生活，享有人格完整的权利。②营造残疾人在性关系、婚姻和生育权利等方面不被歧视的社会氛围。③鼓励新闻媒体在消除社会对残疾人消极态度方面发挥积极作用，鼓励残疾人本人及其家庭采取措施防止性凌虐和其他侵害。④社会工作者还应促进保证残疾人能与其他公民有同等机会参与各种文化、娱乐和体育活动，以确保残疾人有机会发挥其创造能力以及艺术和智力潜能。⑤促使各种文化表演和服务场所对残疾人开放，包括电影院、剧院、图书馆、运动场、旅馆或其他娱乐休闲场所，应采取一定措施使残疾人可以无障碍地使用上述设施。

思考题：

1. 简要叙述新旧两种残疾人观的内涵。
2. 举例说明社会工作的哪些理念与新残疾人观相一致。
3. 试论残疾人社会工作的主要功能。

第二章 残疾人社会工作理论

教学重点

- 残疾人社会工作理论的范畴与维度
- 新时期残疾人事业的思想基石——社会主义人道主义思想
- 残疾观与残疾因应观
- 人本理论、人性理论、人权理论、木桶理论、需求层次理论

第一节 残疾人社会工作理论概述

一、残疾人社会工作理论的范畴与维度

现代社会工作是一项高度专业化的活动，它的基本特征之一就是其大部分的实践过程和工作技巧都是建立在一定的系统的理论知识基础之上，而非仅仅依赖于社会工作者个人的经验与悟性。作为社会工作中一个重要领域，残疾人社会工作也不例外，需要理论的指导，需要将实际工作经验、专业技巧和理论知识结合起来。

（一）残疾人社会工作理论的范畴

社会工作者在残疾人工作中使用的专业技巧与在其他领域的社会工作中所需要的专业技巧并无多大差异，同社会上其他人一样，残疾人也有婚姻家庭生活适应、教养子女的问题、创伤和痛苦的经历、人际关系的困难，等等。同时，由于工作对象受残疾现象影响的特殊性，残疾人社会工作有其特殊性：

（1）残疾人社会工作者常常需要面对案主双重性质的问题。与其他弱势者因为社会或者自然环境条件的限制而使自己的社会生活处于困境中不同，残疾人一般是由于生物器官（组织）的缺陷、损伤而使其难以像正常人那样生活，遑论公平地参与竞争。因此，如果说其他社会工作对象陷于痛苦和不幸的话，残疾人则是双重痛苦与不幸。

（2）作为健全人的残疾人社会工作者，由于缺乏具有与残疾人相似的生活经历，要做到“感同身受”就比较困难。

因此，社会工作的基础理论、其他实务领域社会工作者所需要的理论基础和知识体系，残疾人社会工作者也同样需要，并且在此基础上，他们还需要有针对性地进行专业

训练和理论知识的学习，以满足其工作的特殊需要。

从广义上说，残疾人社会工作理论是指残疾人社会工作者在社会工作过程中所运用的各种理论知识的总称；而从狭义上说，则是指其中针对残疾现象的特定部分。本章只对后者展开讨论。

（二）残疾人社会工作理论的维度

大卫·豪把社会工作理论分为"为社会工作的理论"（theory for social work）和"社会工作的理论"（theory of social work）两部分。前者主要是对人与社会的本质、人的行为与社会运行的机制进行说明，侧重于讨论"如何解释人与社会"的关系，在整个理论架构中处于前提的地位；后者则是对社会工作实践本身的性质、目的、过程与方法等进行说明，侧重于讨论"如何改变人与社会"，在整个理论架构中处于"结论"的地位。它们在逻辑上是相互依存、相互蕴含的关系。

马洪路、王思斌（1999）在理论层面上对"残疾人社会工作（或残疾人工作）的理论"和"残疾人社会工作的方法"进行了区分，前者是关于残疾人现象的看法和如何解决残疾人所遇问题的理论，后者则包括了相关工作方法和模式的基本假设和理论背景。

根据以上分析，我们认为残疾人社会工作理论的逻辑结构如下：

（1）残疾观。

（2）残疾因应观。

（3）残疾人社会工作实务理论。包括价值基础、方法技巧。

其中，残疾观和残疾因应观同属"为社会工作的理论"，而且残疾观是残疾因应观的理论基础；残疾人社会工作实务理论属于"社会工作的理论"，以前两个维度作为其理论基础或逻辑前提，同时根据理论的抽象程度分为价值基础和方法技巧两个层次，实务工作的价值取向决定所采用的具体实践技巧。

二、残疾人社会工作理论的历史与发展方向

有关残疾的正式研究始于"二战"后，以莱特（Beatrice Wright）于1960年发表的经典著作《躯体残疾：心理学视角》为代表。该书反映了她与同事在库特·勒温学校所做的心理学相关研究工作，强调社会脉络在理解残疾人经历中的重要性，1983年再版时更名为《躯体残疾：社会心理视角》，以突出个人与社会互动的焦点。

此后的20年里，残疾研究的焦点转移，研究内容从外在世界转向个人内在生活，以损伤为中心、个人因应框架为焦点，关注损伤对个人情绪状态的影响、对个人以及其他人生活的影响，个人功能缺失如何得到补偿及个人在其社会角色方面的表现等，主要集中在污名和适应两个概念上。研究方法从主观转向客观——从获取个体经验转向对概念（如适应）测量的操作化和标准化，研究多从大量主体收集客观资料以进行跨样本比较分析或得出综合结论，标准化的研究过程最大限度地消除了主观偏差的影响，残疾个体在研究中的角色从提供资料的关键人物变成研究样本，虽然也有例外，但其对自我

认知和生活质量方面的个人观点被完全忽略了。戈夫曼（Erving Goffman）对污名（stigma）及其对社会边缘团体影响的社会学分析经常被残疾研究作为基础文献，其影响之深远以至于20世纪80年代末Journal of Social Issues期刊以“超越‘污名’”为题专门推出了一期残疾研究特刊。同时期影响较大的还有，戴维斯（Fred Davis）以偏差（deviance）概念，司各特（Robert Scott）以社会角色学习（social role learning）理论解读残疾现象。

残疾人类学家墨菲（Robert Murphy）于1990年出版《沉默的身体》，以自己的亲身经历阐述残疾体验。他把人类学的中界（liminality）概念与残疾人的社会体验联系起来，墨菲的中界指的是个人尚未获得完全资格进入文化中的边缘状态，这些人在没能证明其成员资格之前是被屏蔽在正式社会系统之外，处于社会孤立和社会存在的夹缝之间，他们在社会学意义上被判定死亡，因而被视为对社会构成危险，社会通过例行仪式使他们退隐到并受限于“社会非定义的昏暗地带”。墨菲认为“中界”是一个比“偏差”或“污名”更好的概念，它可描述残疾体验，污名化现象是一个静态的行为或物理标志，无法分辨不同的被污名化群体之间的差异，中界不仅意味着未能符合某个文化标准（如正常化），更是在生活世界中弥漫的不确定之边缘状态——“日常生活的无声部”，这种弥漫在日常生活中的排斥和对完整人性的否认，在墨菲看来，才能描绘残疾人的社会体验。

随着残疾人权利运动的深入发展，“使能主义”（able-ism）逐渐成为残疾工作和研究的主流价值观。另一个重大的理论突破则是出现了统合残疾的医学模式和社会模式的新型残疾观——生物心理社会模式，WHO于1997年出版的《国际损伤、残疾、障碍分类标准》（第二版）（*International Classification of Impairments, Disabilities, and Handicaps*，简称ICIDH－2）即采用此模式。ICIDH－2认为，不同程度的残疾需要不同的介入，医学介入适用于与损伤相联系的特定需要，社会政治行动适用于解决相关环境障碍。1999年修订的ICIDH－2 Beta－2版及其后的Quebec Classification更强调环境因素及个人与环境的交互作用在残疾的社会建构中的作用。

残疾研究的一个新方向是参与式行动研究（Participatory Action Research，简称PAR）。通过参与研究使残疾人得到增能（empowerment）是PAR的一个重要元素。PAR的目标是通过增加研究的相关性和利益相关者的参与，改善状况并达成实际的成果。

三、我国新时期残疾人事业的思想基石——社会主义人道主义思想

“人道主义”的概念源于拉丁文humanistas。从狭义上讲，是人性、人的本质、人道精神的意思；从广义上说，是指关怀人和尊重人的各种思想和主张。

在西方历史上首先由资产阶级思想家提出的人道主义或人本主义思潮，反映了三种不同层次的社会关系，由此构成了它的三层含义：

（1）作为人道思想和人道原则的人道主义，研究人的本质和人在世界中所处的地

位，提倡关心人、爱护人，重视人的价值，维护人的尊严，遵循人的本性而生活，在一定程度上反映了人类社会最基本的人道关系和人道理想。

（2）作为现代市民社会意识形式的人道主义，论证人的主体性，主张以商品所有者的自由、平等，反对封建专制主义和等级秩序，在一定程度上反映了社会化大生产的普遍发展规律和现代市民社会的一般运行机制，为市场经济和民主政治摇旗呐喊。

（3）作为资产阶级意识形态的人道主义，提倡人性论的世界观和历史观、社会契约论、天赋人权论和个人主义的伦理道德，从根本上反映了资产阶级的思想观念和权利要求。

以上三层含义相互联系、相互渗透，共同构成了西方人道主义错综复杂的思想体系。就表现形式而言，西方人道主义是普遍的、抽象的，在一定程度上反映了无产者和资产者作为市民社会的成员所共有的普遍利益和发展要求；就阶级实质来说，人道主义是特殊的、具体的，主要表达了资产阶级的特权私利和资本主义社会特有的生产关系和意识形态。

社会主义人道主义是我们在辩证唯物主义和历史唯物主义的世界观和方法论的指导下，对西方历史上的人道主义或人本主义进行科学分析，摒弃以唯心主义的人性论世界观、历史观为基础，以维护资本主义制度为前提，以个人主义为核心的资产阶级意态形态，继承和改造其中包含的人道思想、人道原则和现代市民社会普遍适用的意识形式等优秀成果，并与社会主义制度、理想相结合而形成的当代人道主义新形态。它至少包括以下三方面的含义：

（1）社会主义的人道思想和人道原则。社会主义革命和建设的根本目的，是为了从根本上消除“一些人统治，另一些人受苦难”的不人道现象，改善人民生产和生活条件。社会主义人道主义之所以高于资产阶级人道主义，就在于它反映了解放生产力，发展生产力，消灭剥削，消除两极分化，最终达到共同富裕的本质要求。

（2）与社会主义市场经济相适应的意识形态。确立人的主体地位，实现人的自由、平等和人权是近现代人类不断追求的崇高理想，更是我们发展社会主义市场经济，实现社会主义现代化的重要目标。2004 年 3 月 14 日，第十届全国人民代表大会第二次会议通过的《中华人民共和国宪法修正案》，将“国家尊重和保障人权”庄严地写进了宪法，这在中国人道主义发展史上具有里程碑的意义。

（3）社会主义的基本道德规范。社会主义人道主义在处理个人与国家、社会的关系问题上，强调国家、社会应尊重广大人民的意愿，关心人民的疾苦，维护其合法权利和人格尊严，为其才能的发挥和自由全面发展逐步创造必要的条件。在处理人与人之间的关系问题上，社会主义人道主义不但反对按出身和门第的高低，把人划分为上等人和下等人的奴隶制或封建制的等级观念，而且否定资产阶级按金钱、财富的多少，来确定人的社会地位的价值观念，提倡在全国各族人民之间建立平等、团结、友爱、互助的社会主义新型关系。

作为当代人道主义的新形态，社会主义人道主义是社会主义本质及其优越性的重要体现，是社会主义精神文明建设的重要内容，是社会主义思想体系中不可缺少的一个理论基石。党的十二届六中全会通过的《中共中央关于社会主义精神文明建设指导方针的决议》指出："在社会公共生活中，要大力发扬社会主义人道主义精神，尊重人，关心人，特别要注意保护儿童，尊重妇女，尊敬老人，尊敬烈军属和荣誉军人，关心帮助鳏寡孤独和残疾人。"

残疾人事业是弘扬人道主义的崇高事业，是全面建设小康社会和实现现代化的重要内容，是社会主义事业的重要组成部分，是人类社会文明进步的重要标志。新时期人道主义思想是新时期残疾人事业的思想基石、行为准则和理论旗帜，对残疾人事业实现"平等·参与·共享"的崇高目标具有极其重要的指导作用。

第二节 社会学视角下残疾人社会工作的理论基础

一、残疾观

为什么会出现残疾现象？如何看待残疾现象？把残疾人看成是哪种类型的人？人们对残疾的理解是如何对待残疾人的前提条件，残疾人社会工作者的残疾观是其工作的核心价值和根本出发点。

（一）关于残疾现象产生原因的理论

1. 个人责任论

残疾的个人责任论是将残疾现象的出现归因于个人（或家庭），在看待残疾现象时，将它同广泛存在的非残疾现象相比较，而认为残疾是一种个别的、特殊的现象，是由个人（或其家庭）原因造成的。残疾的个人责任论认为，在"同样的"生活条件下，其他大量的人是正常的，而少数人致残，其责任应该在个人或其家庭。它忽视了社会因素对致残过程的复杂影响，把残疾归结为个人或家庭的悲剧或不幸。

2. 社会责任论

残疾的社会责任论认为，无论是先天性残疾还是后天残疾都主要是由社会因素造成的。残疾的社会责任论是人们对造成致残的多种原因有了较多了解，对个人权利和社会的责任有较深刻认识的产物。虽然把残疾的责任完全归结为社会因素并不一定恰当，但它把人当作社会的人，认为社会负有改善人的生存条件的观点有益于人的健康发展，这无疑是一种进步。

3. 个人与环境交互作用论

个人与环境交互作用论认为，单纯强调生物医学因素和单纯强调障碍的环境因素都无法完全解释残疾现象，而是由于两者在互动中凸现的裂缺导致了残疾。如果没有功能或器质上的缺陷，就不存在损伤及其在社会参与方面造成的障碍，器质或功能差异的存在是客观事实，否认或弱化其影响无助于问题的解决。关键是要调整社会经济的组织方式，改变公众的态度，隔断社会排斥的生成，使环境对有缺陷者更加友好，提供资源和补偿以帮助有需要者进行调适，协助其与环境的良性互动。

（二）关于如何看待残疾现象的理论

1. 标签理论

标签理论是解释某些偏差行为何以产生的理论，也是反对那些不正确地制造偏差行为的理论。这一由美国社会学家提出的理论认为，在美国社会，某些人的行为被认为是偏差行为，是社会上有权势的人给弱势者加标签的结果。本来，这些弱势群体的行为站在自己的立场上看是无可指责的，但是在那些有权势的人看来这些行为则不合规范，从而给这些行为加上“偏差”、“不正常”的标签。又由于这些人具有权势，经过宣传或某些社会程序，这些加在弱势群体头上的“偏差”、“不正常”的标签逐渐被广大社会所接受。然而对于提出标签理论的社会学家来说，有些弱势者的“偏差”或“不正常”，与其说是真正的偏差，倒不如说是有权势者给弱势群体妄加标签的结果。有权势者的妄加标签使那些可能并不属于偏差的行为成为“偏差行为”，而且这种妄加标签可能真的会产生促成弱势者出现偏差行为的后果。

这一理论应用到残疾现象上就是，哪些人被认为是残疾人？他们为什么会被认定是残疾人？当他们被认定为残疾人之后受到了哪些不公正的待遇？这种不公正的待遇对残疾人的行为与生活又有何种影响，等等。总之，用于残疾现象的标签理论，反对轻率、不负责任地给某些人加上“残疾人”的标签，以避免这种妄加给这些人带来不利的影响。

2. 正常化理论

正常化理论（normalisation）是与帮助某些特殊的社会群体（特别是精神病患者及其他伤残人员）相关的理论。当代著名法国学者福柯（M. Foucault）曾分析某些精神病院对“患者”治疗中的权力因素，指出精神病医生对患者的治疗（使其“正常化”）是一个强加权力的过程，从而对某些精神病的治疗提出质疑。在社会工作领域，以工作对象为本的价值理念认为，以往把某些工作对象（如残疾人）的行为视为异常并用某些所谓“正常”的方法去治疗，实际上是有偏颇的，因为被社会工作者视为不正常的行为在工作对象群体看来是完全正常的，因此问题出在社会工作者的标定（加标签）上。另一种对正常化的理解是关注为受助者提供与平常人相似的生活环境，包括使他们回归平常社会，在常人社会中生活。英国的社区照顾就包含了这种意义。由此我们可以看到，正常化理论是多元的：有的从文化价值角度分析问题，有的从工作模式上探求合理的方法；但有一点又是共同的，即它们都认为应该从工作对象本人（本群体）的角度看待和处理面对的问题。

二、残疾因应观

（一）社会福利理论

社会福利理论是一种以完善社会福利为手段，以改善弱势群体的状况、实现社会公正为目标的社会学理论。社会福利理论包括社会福利理念、社会福利状态和社会福利制度三个层面的内容。

从理念上看，社会福利理论认为，老人、孤儿、残疾人、非自愿失业者等都应得到食品、衣服、住房、工作等各方面的救济和扶助。这一理念在现代“福利国家”中占有重要地位，被用来缓解在资本和财富分配领域里占统治地位的资本和私人财产神圣不可侵犯的观念引起的冲突。

从状态上讲，社会福利理论认为，社会福利状态是指人类社会，包括个人、家庭和社区的一种正常和幸福的状态。它涉及人类社会生活的各个方面，主要包括社会问题的调控、社会需要的满足、实现人的发展潜能等。它努力消除贫困、疾病和犯罪等社会病态，鼓励促进人类幸福、疗救社会病态的慈善活动或政府行为。

从制度上说，社会福利理论认为，社会福利制度是指国家和社会为实现社会福利状态所做的各种制度安排，一般包括社会福利的目标体系、社会福利的对象、社会福利的项目体系、社会福利的资金和服务提供体系四个方面。从这四个方面出发，狭义的社会福利制度指为帮助特殊的社会群体、疗救社会病态而提供的服务，又称福利服务（welfare services）。它在社会生活中是补缺性的，涉及的是传统社会工作的内容，宗教和慈善机构、邻里和社区等在其中起着重要作用，政府介入较少。广义的社会福利制度强调社会福利制度在促进和实现人类共同福利中的作用，主要包括以下几个方面：

（1）非正式的社会福利制度，包括个人、家庭、邻里和社区为增进社会福利、履行文化和道德责任所进行的各种活动，如个人帮助和照料家庭成员的活动、帮助周围需要帮助的人的活动、社区为帮助需要帮助的人所作的集体努力等。

（2）正式的社会福利制度，主要包括宗教的慈善活动、非宗教的慈善活动（即非营利组织的社会福利活动）。其中，有组织的宗教慈善活动是最重要的内容。但非宗教的慈善活动组成了社会福利活动的志愿部门，有时又被称为“第三部门”。

（3）国家的社会福利制度，一般认为主要有六大服务项目：①社会保障或收入保障服务，包括社会保险和社会救助；②医疗服务；③教育；④住房；⑤社会工作服务和对个人的社会服务；⑥就业保障。除此以外，政府还通过税收制度影响社会福利状态，如对有儿童的家庭和残疾人提供税收减免等。

社会福利理论是“二战”以来由欧洲左翼政党主导的民主社会主义国家的理论旗帜。“二战”后苏美两大阵营对立时期，欧洲一些国家的社会党、工党等，为了兼顾效率与公平，开始奉行不同于苏联“集权社会主义”和美国“放任资本主义”的“社会福利主义”。其基本内容是：通过实行社会的经济民主，消除阶级差别和一切社会、经济不平等现象；让平等、关心、互助精神贯穿于整个社会，实现社会的普遍和谐。简单地说，就是国家为每个人提供最低的生活保障，保证在全国范围内福利的统一性及平等的获得性。“全面社会保障”服务对象覆盖全体公民，甚至包括旅居当地的外国人，个人享受的福利和公共服务不与收入相联系。贯彻社会福利理论比较典型的是北欧国家。半世纪前，北欧国家堪称欧洲最贫穷的农业国，实行变革的结果举世瞩目。联合国开发计划署编纂的2004年度《人类发展报告》，分别以人均收入、教育水平、医疗保健和人均寿命等方面为评判指标，评选世界上最适于居住的国家，北欧国家挪威、瑞典分别为第一、二位。现今北欧以最富裕的福利天堂举世闻名。北欧诸国社会结构突出的特色是，90%的公民都属于中产阶级，连扫马路的清洁工等蓝领工人，亦可以自豪地声称自己是中产阶级的一员。典型的北欧模式主要体现在，国民的收入差距小，经济状况相当均衡，人民得以安居乐业，从而成为世界上社会治安状况最好的地区。当然，社会福利主义思想指导下建设起来的“福利国家”，在促进资本主义国家的经济增长、社会和谐与政治稳定的同时，也带来了一些“副作用”，如财政负担过重、低效率、公民的福利依赖、对民间自助行动的抑制，等等。20世纪70年代中期的石油危机中，西方世界启动了一场规模空前、持续至今的反对“福利国家”的运动。20世纪80年代初，经济合作与发展组织提出了“福利社会”构想，希望用它来取代陷入危机之中的“福利国家”。与“福利国家”不同，“福利社会论”主张，政府不必大包大揽、事必躬亲，而要充分发挥民间组织的作用；政府与民间组织的关系不是此消彼长的“零和”关系，而是平等的合作关系；政府没有能力也没有必要独自承担全部社会保障的责任，全体公民的社会保障应该由政府、民间组织、家庭和个人共同承担。

西方的社会福利理论本质上是资产阶级改良主义思想在新的历史条件下的进一步发展，资本主义社会不管如何推行社会福利主义，只要资本主义的本质存在，就必然造成世界和资本主义社会的种种不和谐、不公正现象。但社会福利理论在西方走向社会和谐过程中发挥了极其重要的作用，它表明资本主义社会在社会全面协调发展的实践中已经积累了成功的经验。马克思主义是发展的科学，我们要承认自己的成果，也要承认人家的业绩；我们应该认真地借鉴西方的社会福利理论，创立并不断完善中国特色的社会主义社会福利理论，促进建立健全残疾人社会保障体系，为实现共同富裕、维护社会公正、弘扬人道主义、促进社会和谐提供新的理论支撑，其对发展新时期残疾人事业，无疑具有重要的指导意义。

（二）社会政策时代理论

社会政策是指一个国家的政府、政党以及其他社会组织为了实现其社会目标，而在各种社会公共事务方面所制定的各种政策的总和。具体而言，社会政策包括就业、社会保障、教育、医疗卫生、住房、个人服务以及其他各种公益事业方面的政策。所谓社会政策时代理论，这里指的是由北京大学社会学系主任、中国社会工作教育协会会长王思斌教授在《社会政策时代与残疾人事业的发展》一文中所提出的理论。这一理论被认为对建立具有中国特色的社会主义社会福利制度，对当代中国新时期残疾人事业的发展，均具有重要的理论价值。

该理论的现实前提是，近年来我国的经济获得了持续快速的发展，但也带来了一些消极影响。例如，贫富差距加大，弱势群体被边缘化而且边缘化程度加深。至于残疾人的贫困状况，更令人担忧，无论在农村还是在城市，残疾人的贫困发生率都大大高于一般人群。这就是说，我国城乡居民共享经济发展成果的程度并不乐观。在此背景下，新一届国家领导人已明确地推行“以人为本”和关心民众生活的执政理念，这不但表现在他们的政治宣言中，并且表现在一系列新出台的有利于维护弱势群体利益的政策之中。从大量社会政策相继出台的现象来看，我们可以猜测：中国是否会较快迎来社会政策时代。

社会政策时代是指社会福利政策作为一种现象而较为集中出现的时间段，是一个国家或地区，以改善弱势群体的生活状况为目的的社会政策普遍形成，并且作为一种制度被有效实施的社会发展阶段。不同领域弱势群体被普遍关注并得到政府政策上的支持，是社会政策时代的突出特征。社会政策是政府对弱势群体进行制度化支持的措施，社会政策时代不但表现为一系列福利政策和措施，而且表现为一定的社会价值。社会政策时代有如下一些基本特征：在社会中，社会公正的理念被普遍认可；针对弱势群体的社会福利政策被制定和实施；社会福利较为普遍地发展并覆盖与人的正常生活相关的诸多领域；社会上形成实施社会政策的制度化的组织体系；经济、政治与社会政策体系是整合的。

社会政策时代是各种社会政策比较齐备的状态，各国、各地区的社会政策水平可能有差异，但它们应该涵盖日常生活的主要领域，特别是对弱势群体的基本生活实施制度化的保障。我国正朝着社会政策时代的方向发展，目前处于前社会政策时代。

这一理论对新时期残疾人事业具有重要的指导意义。社会政策必然包括残疾人的福利政策，而且是被制度化地实施的、有效的政策，其中包括一定的政策支持和提供，有一定质量的服务。因此，社会政策时代必将是大大改善残疾人地位的时代。不但如此，社会政策时代还将以一种社会意识形态和社会价值影响着对残疾人的社会支持。当前，我国残疾人事业的发展正处于新的关键时期，关心残疾人事业的各方应该抓住机遇，努力促进残疾人事业的发展，改善残疾人的生存状况，迎接社会政策时代的到来。

（三）社会排斥理论

所谓“社会排斥”，原先是针对大民族完全或部分排斥少数民族的种族歧视和偏见的，这种偏见和歧视建立在一个社会有意达成的政策基础上。现在在社会学、社会工作、社会政策以及其他一些相关领域中这个词的含义已经被泛化，意指主导群体在社会意识和政策法规等不同层面上对边缘化的弱势群体的社会排斥。社会排斥是一个多元概念，指某些个人、家庭或社会群体缺乏机会参与一些社会普遍认同的社会活动，被边缘化或隔离的系统性过程，这个过程具有多维的特点，并表现为被排斥者在经济、政治、社会、文化及心理诸方面的长期匮乏。

社会排斥起源于对贫困问题和社会不平等的研究，社会排斥的概念首先流行于20世纪60年代的法国；在20世纪80年代末，社会排斥概念为欧洲委员会所采纳并作为其形成社会政策的核心；20世纪90年代以来，社会排斥成为欧洲社会政策研究领域使用频率最高的术语之一。欧洲国家制定了一些反社会排斥的政策和方案，包括劳动力市场介入、提升能力、收入支持和地域取向等。这种最初在欧洲形成的社会排斥概念和反社会排斥的政策，是否能够应用到其他国家和地区，尤其是发展中国家和地区，有学者对此有所质疑，但大量的文献也给出了肯定的回答。

社会排斥同贫困、剥夺等概念相比，具有以下特点：一是社会排斥是社会结构变迁的结果，是世界各国的社会政治制度和经济政策转型的产物。二是社会排斥既是一种既定的社会机制，又是一个排斥与被排斥的动态过程。它是造成某些群体丧失社会支持的根源。在这种社会机制中，那些处于劣势的社会群体及个人是客体，是被排挤的对象，而各种正式的和非正式的制度和政策（包括政治、经济、文化、社会心理等层面）则是社会排斥的主体，是排斥这一社会行为的支配者。社会排斥就是其主体与客体相互作用的过程。三是社会排斥不单纯指物质层面，而且拓展到精神心理层面和符号层面。

在某种意义上，社会排斥是社会分化过程研究的延伸。社会排斥理论的部分理论渊源植根于社会学关于社会分化的理论。社会分化研究的第一个阶段，是杜尔克姆关于社会分工、机械团结与有机团结的论述；第二个阶段是以帕森斯为代表的宏观社会结构和社会分化的理论；第三个阶段是社会排斥理论。社会排斥概念内涵强调了社会分化在经济之外的意义，包括社会连接的断裂、两种社会层级的危机、福利依赖层的重新组合等。

在一个社会中，解决社会排斥，是为了社会的整合。在这个意义上，参与不足的社会排斥和整合不足的社会排斥是不同的。法国学者卡斯托（Castel）提出社会孤立的假设，他认为非社会整合是社会结合中社会联系失散的特殊形式。在社会整合和非社会整合的轴线上，工作是达到社会整合的手段，个人的经济水平标识着他们的生存状态；另外，社会整合和非社会整合的轴线也可以透过社会和家庭网络来表示，在这个视野中，个人在社会的地位和感情的水平标识着他们的生存状态。他还认为，上述的研究要在工作组织（如企业）问题中来讨论社会整合到社会排斥的连续谱，在社会关系中讨论社会整合到社会孤立的连续谱。在整合的情况下，意味着一个人有稳定的工作保障，可以从社会关系中得到有力的支持；在脆弱的情况下，个人工作没有保障，社会关系也是脆弱的，因而个人不容易得到社会资源，此时，个人既没有工作又没有社会关系资源，陷入了社会孤立的状态。他提出了援助（assistance）的观点，即个人有工作的保障和能得到社会福利方面的援助。理惠特（Levitas）把有关社会排斥的论述分为三种：资源分配论、道德下层阶级论和社会整合论。资源分配论认为弱势群体面临的问题不是因为他们自己不努力，而是因为他们所处的社会是一个资源分配不公的社会；道德下层阶级论强调在社会排斥中个人的责任，弱势群体在面对社会排斥时，有时是他们自我排斥，不参与社会；社会整合论强调改变弱势群体的状况要通过教育、职业培训、就业服务等让弱势群体融入社会。卡斯托和理惠特的讨论对于我们分析、解决残疾人在观念（社会心理）、就业、教育、物质环境等诸多方面所面临的社会排斥，具有理论和实践的双重指导意义。

唐钧借用制度经济学的概念来分析社会排斥，认为它是游戏规则造成的。而社会政策研究的目标就是要修订游戏规则，使之尽可能地惠及每一个社会成员，从而趋于更合理、更公平。

社会排斥理论对新时期残疾人事业具有重要的指导意义。根据这一理论，我们应该高度关注对残疾人的社会排斥现象，寻找其根源，并从社会政策等多方面寻求消除社会排斥、实现社会公正的有效对策，以促进新时期残疾人事业的健康发展。

第三节 多重视角下残疾人社会工作的理论基础

一、哲学——人本理论

人本理论是以人为出发点和中心点的一种哲学理论，颂扬人的价值、尊严和力量，强调人的地位和作用。坚持以人为本，就是要以实现人的全面发展为目标，从人民群众的根本利益出发谋发展、促发展，不断满足人民群众日益增长的物质文化需要，切实保障人民群众的经济、政治和文化权益，让发展的成果惠及全体人民。

人本理论作为一种政治哲学理论，有其深厚的理论渊源。在中国，先秦时期就有“民本”思想，《尚书》有“民为邦本”之说；《左传》有“民，神之主也”；孟子说“民为贵，社稷次之，君为轻”，还说“保民而王，莫之能御也”。国的主体是民，民本思想无疑与人本思想内在相通。中国传统的儒家学说所强调的“仁者爱人”以及人们常说的“得人心者得天下，失人心者失天下”，则更是人本思想的直接体现。

在西方，“以人为本”的思想最早可以追溯到古希腊时期。普罗泰戈拉提出“人是万物的尺度”的命题，标志着智者把哲学研究的对象由自然转向了人。自文艺复兴时期开始，出现了一股强大的人本主义思潮，与中世纪的“神本主义”相对应，在人与上帝、人与自然的关系中，高扬人的意义和价值。文艺复兴从根本上讲，是在资本主义兴起的条件下对古希腊古罗马哲学中以人为中心的思想的复兴。在西方哲学史上，是费尔巴哈使人与人之间的社会关系变成了理论的基础原则。

费尔巴哈笔下的“人”，还仅仅是抽象的人；资产阶级的以人为本，实质上也是以资产阶级为本。但是，我们却不能因此而否定人本理论的价值。马克思主义继承了以往哲学关于人的思想的积极成果，科学地揭示了人的本质，为“以人为本”思想的确立奠定了科学的基础。在唯物史观的科学体系中，人的发展是其理论的核心，人的自由和全面发展是历史发展进步的标志。马克思主义人本理论所实现的从抽象的人到现实的人的转变，是历史唯物主义对历史唯心主义的代替，是人本理论发展史上发生的一次“哥白尼式的革命”。

马克思主义人本理论，对我国新时期残疾人事业（包括残疾人社会工作在内）具有重要的指导作用。首先，科学发展观是当代中国一切工作的根本指针，而以人为本又是科学发展观的核心理念。毫无疑问，马克思主义人本理论已成为中国新时期包括残疾人事业在内的各项事业的指导思想和理论武器。其次，人道主义思想和人本理论的思想根源、思想原则是相通的，但人道主义思想并不等于人本理论。人道主义主要是一种意识形态、社会思潮，它侧重于政治、道德、文化等方面的意义。而人本理论主要是指一种哲学理论、学术思想。人本理论可以说是人道主义的哲学基础，人道主义则是人本主义在人文社会科学及社会生活中的运用和体现。在新时期残疾人事业中，如果说人道主义思想是我们的理论旗帜，那么，马克思主义人本理论可以说是我们的哲学基础。再次，以人为本，是指以包括健全人和残疾人在内的所有的人为本。残疾人是人类群体中最困难和最需要关爱、支持的群体，努力关爱、支持残疾人当然应该是以人为本的题中应有之义。

二、伦理学——人性理论

人性，即人的本性或本质。人性理论源远流长。中国古代思想史上的人性理论，代表性的观点有两种，一是以儒家正统思想为代表的性善说，二是以法家为代表的性恶说。除此两种代表性观点外，中国古代思想史上还有性无善恶说或性兼善恶说。在西方，尤其是在欧洲，也有从善恶的角度来解说人性的。基督教的原罪说就是一种典型的性恶论，认为人类的祖先亚当和夏娃因违背了上帝的意愿犯了“原罪”，亚当和夏娃的子孙们，自从来到这个世界即负有深重的罪恶——“原罪”。因此，人要用忏悔和良好的工作以及服从某种禁忌、戒律等来获得全能全知上帝的救恕。否则，人的灵魂就不能进入天堂，而只能沦落于苦难的地狱。欧洲思想家奥古斯丁、马基雅弗利、霍布斯、叔本华等，皆持人性为恶的观点。性善论者，西方有古希腊的斯多葛学派和卢梭。古希腊斯多葛学派认为人虽然有自利要求，但人具有理性，能把自身利益与他人利益按照理性的原则进行协调，从而取得和谐。18 世纪法国思想家卢梭则认为人性原来都是善的，原始社会的人都是生活在自由平等之中，快乐、天真而自由，只是由于历史发展与社会制度等原因才变恶。此外，西方也有性无善恶说或性兼善恶说。

马克思、恩格斯批判了在“人的本质”和“人的本质异化”问题上的唯心主义观点，科学地阐述了现实的人及其物质运动，人与自然、人与社会的关系，人性、个性与阶级性，从而科学地解决了人的本质问题。马克思主义认为，人的本质是历史的具体的，人的本性是人的对象性的物质创造和精神道德创造的结果；人的本质是其社会关系的总和；现实的人的社会存在方式的多重性，决定了人的本质的相对性和多层次性；人的本质是在社会实践活动中形成的，也是在社会实践中表现出来的，并且是在社会实践中改变和完善的。对人们所固有的仁爱和善良之心，马克思主义历来提倡启蒙、教育和发扬光大。为使工人阶级解脱资本的枷锁，获得生活和劳动的自由，马克思在《共产党宣言》中向全世界宣布“全世界无产者，联合起来！”列宁强调发扬国际主义精神，毛泽东则倡导富国帮穷国、穷国互帮的国际主义原则，尤其是号召大家学习白求恩同志毫不利己，专门利人的精神。根据马克思主义的人性理论，近年来，学术界在人性理论方面形成了三种有代表性的学说：一是社会属性说，认为人性就是人的本质，而人的本质就是一切社会关系的总和。二是两性说，认为人性既有社会属性，也有自然属性，自然性是人性的基础，社会性是人性的核心，社会性高于自然性而居主导地位。三是追求生存优越说，认为人性善恶的界说、人性社会属性说、两性说等都是不合理的，人性形而上的界说可为：追求生存优越并在生存生活中附有一定的道德属性。

马克思主义人性理论，对新时期残疾人事业（包括残疾人社会工作）具有重要的指导作用。首先，马克思主义人性理论主张惩恶扬善，这对在新时期残疾人事业中消除歧视、弘扬中华民族助人为乐的传统美德、弘扬人道主义等具有极其重要的意义。其次，马克思主义人性理论主张人的社会属性高于人的自然属性，在文明进步的新时期，必须反对弱肉强食的生物性竞争，善于从社会进步的角度来扶残助残，推动社会的文明、和谐程度的提升和全面协调持续发展。再次，马克思主义理论主张实现人的全面自由的发展。残疾人在社会发展中同样具有主观能动性，我们一方面应该努力关心残疾人，另一方面应该大力倡导尊重残疾人，为他们追求生存以及全面自由发展提供广阔的社会空间和历史舞台。

三、政治学——人权理论

所谓人权，简单地说，就是指人的权利。人权理论认为，人人生而平等，人人都有自己神圣的、不可剥夺的、不被侵犯的权利，如生存权、人身自由权，等等。1948 年 12 月 10 日联合国大会通过并公布了《世界人权宣言》，指出人人生而自由，在尊严和权利上一律平等；他们赋有理性和良心，并应以兄弟的情谊相互对待；人人有资格享受本宣言所载的一切权利和自由，不分种族、肤色、性别、语言、宗教、政治或其他见解、国籍或社会出身、财产、出生或其他身份等任何区别；人人对社会负有义务，因为只有在社会中他的个性才可能得到自由和充分的发展；人人在行使他的权利和自由时，只受法律所确定的限制，确定此种限制的惟一目的在于保证对旁人的权利和自由给予应有的承认和尊重，并在一个民主的社会中适应道德、公共秩序和普遍福利的正当需要。

人权理论起源于西方。西方人权学说的代表人物有 17 世纪的格老秀斯、霍布斯、斯宾诺莎、洛克，18 世纪的孟德斯鸠、伏尔泰、卢梭、爱尔维修、狄德罗、霍尔巴赫、大卫·休谟、亚当·斯密、康德，19 世纪的边沁、葛德文、黑格尔、费尔巴哈、施蒂纳、托克维尔、林肯、马志尼、密尔、格林、教皇利奥十三世，20 世纪的索列尔、恩斯特·巴克、麦基奇尼、杜威、罗素、悉尼·胡克、卡尔·波普、詹姆斯·伯恩哈姆、雅克·马利坦，等等。西方资产阶级高举人权学说的旗帜摧毁了封建特权制度，建立了自由平等的资产阶级国家，以人权形式承认和批准了现代资本主义社会。

马克思主义认为，资产阶级使国家摆脱宗教而获得政治解放，从社会发展来看，这是一大进步；资产阶级人权学说中的“自由”、“平等”、“民主”等思想，相对于封建特权学说来说，也是具有世界历史意义的进步。但是，资产阶级理想化王国不论较之旧制度如何合理，却没有能够超出时代的限制。权利的公平和平等是资本主义社会的基石，但公平偏在资产阶级一边，平等是以金钱特权代替个人特权和世袭特权。资产阶级人权理论说到底是维护资产阶级的权利的理论。马克思主义同时认为，公民权对工人非常重要，资产阶级没有它也能过得去，工人没有它却永远不能为自己争得解放；只有争取政治自由才能进行反对资产阶级的斗争；工人阶级的解放不是要争取阶级特权，而是要争取平等的权利和义务，并消灭任何阶级和阶级统治；政治自由、集会结社自由和出版自由是工人阶级反对资本主义制度的武器，无产阶级不应拒绝利用资产阶级民主制度，必须把用来欺骗的工具变为解放工具；无产阶级应当利用资产阶级民主，但不能忘记其资产阶级性质，无产阶级必须在战场上争得自身解放的权利；工人阶级的解放包含着全人类的解放，只有工人阶级才能领导人民为争取充分的自由而斗争。在马克思主义人权理论指导下，社会主义制度得以建立，无产阶级争取人权的斗争取得了重大的胜利。

中国的人权理论研究虽然起步较晚，但近年来取得了长足进展，已初步形成了具有中国特色社会主义的人权理论和人权观点。中国的人权理论和人权观点主要包括：关于独立权、生存权、发展权是首要人权的观点；关于人权的普遍性必须与特殊性相结合的观点；关于经济、社会、文化权利与公民政治权利相互依存、相互促进的观点；关于个人人权与集体人权不可分割、同等重要的观点；关于没有无权利的义务、没有无义务的权利的观点；关于促进普遍人权必须考虑各国不同的社会制度、发展水平和不同历史、宗教、文化背景的观点；关于考察一个国家的人权状况不能割断历史、脱离该国国情的观点；主张在国际人权领域坚持对话、反对对抗和利用人权干涉别国内政等。这些观点和主张，不仅反映了中国在人权问题上的立场，而且得到了世界各国，特别是广大发展中国家和人民的越来越多的认同和支持。生存权、发展权等的提出和强调，是中国人权理论工作者对当代世界人权理论和实践的重大贡献。

马克思主义人权理论，对新时期残疾人事业及残疾人社会工作具有重要的指导作用。根据这一理论，维护广大人民群众包括广大残疾人的基本权利，是社会主义国家的神圣职责和任务。在社会生活中，残疾人作为特殊弱势群体，由于自身的缺陷往往会处于劣势地位，他们的权利经常受到忽视，被无故侵犯，没法得到保障。这就要求我们运用国家机构、社会等各方面的力量去争取、去维护残疾人的基本权利。我们应该尽力扶贫助残，努力实现包括残疾人在内的全体社会成员的共同富裕；应该尊重残疾人的尊严和权利，保护其不受侵害，为残疾人提供应有的法律援助；应该发扬革命的人道主义，使残疾人不仅真正成为物质财富的创造者和享受者，而且真正成为精神财富的创造者和享受者；应该积极建立健全社会保障制度，努力实现包括残疾人在内的全体社会成员的人际和谐。

四、经济学——木桶理论

木桶理论，又称为“水桶效应”，是经济学领域中一种经常被引用的大众化理论。它的基本内涵是：一个由许多块长短不同的木板箍成的木桶，决定其容水量大小的并非是其中最长的那块木板或全部木板长度的平均值，而是取决于其中最短的那块木板。要想提高木桶整体效应，不是增加最长的那块木板的长度，而是要下工夫补齐最短的那块木板的长度。这个理论应用范围十分广泛，目前已从经济学领域渗透到企业管理学、人力资源学以及人才学、社会学等诸多领域。

木桶理论在广泛运用于各个领域的同时，又有了新的发展。人们不仅注意到最短木板是“阿基里斯的脚踵”，注意改进这一最薄弱环节，而且又有了一系列新的理论发现。一种观点认为，木桶除了最短那块木板最重要以外，还有两个要素：①这个木桶是否有坚实的底板。一个完整的木桶，除了木桶中长板、短板，还有底板。正是这底板，决定这只木桶能不能容水，能容多少水。②木板之间是否有缝隙。木桶能否有效地容水，除了需要坚实的底板外，还取决于木板之间的缝隙，这个却是大多数人不易看见的。根据这种观点，木桶理论可以被重新表述为：木桶的底板是基础，桶箍是关键，而最短木板决定了能容水的最大容量。另一种观点认为，木桶除了最短那块木板最重要以外，还有三个要素：①木桶的容水量取决于木桶直径的大小。②在每块木板都相同的情况下，木桶的容水量取决于木桶的形状。③木桶的最终容水量，取决于木桶的使用状态（竖立或横放）。根据这种观点，木桶理论可以被重新表述为：木桶中最短的那块木板，与木桶的直径、形状和使用状态，共同决定木桶能容水的最大容量。

木桶理论，对新时期残疾人事业及残疾人社会工作具有重要的指导作用。根据这一理论，水流的外溢取决于水桶上最短的一块木板，社会风险最容易在承受力最低的社会群体身上爆发，从而构成危及社会稳定、影响社会发展的一个巨大社会隐患。因此，帮助残疾人这一社会弱势群体减轻来自经济、社会和心理的巨大压力，不仅是各级政府部门的责任，而且也是全社会的义务，其中社会强者应尽更多的义务。根据这一理论的新发展，一方面，容水量还取决于木桶底板和桶箍，这就说明对残疾人的特别关爱非常重要（因为残疾人不仅是社会这个大木桶中的最短板，同时也是处于底层的底板），维系健全人与残疾人之间稳定、和谐、融洽的关系非常重要。另一方面，容水量还取决于木桶的直径、形状和使用状态，这就进一步说明拓展新时期残疾人事业（包括残疾人社会工作）的发展空间非常重要，建立健全新时期残疾人事业（包括残疾人社会工作）的管理体制和运行机制非常重要。

五、心理学——需求层次理论

需求层次理论是由美国著名的社会心理学家、人格理论家和比较心理学家马斯洛提出来的。他提出，人有一系列复杂的需要，按其优先次序可以排成梯式的层次，其中包括四点基本假设：已经满足的需求，不再是激励因素；人们总是在力图满足某种需求，一旦一种需求得到满足，就会有另一种需要取而代之；大多数人的需求结构很复杂，无论何时都有许多需求影响行为；一般来说，只有在较低层次的需求得到满足之后，较高层次的需求才会有足够的活力驱动行为。满足较高层次需求的途径多于满足较低层次需求的途径。

需求层次理论的主要内容是：人的需求由较低层次到较高层次依次分成生理需求、安全需求、社交需求、尊重需求和自我实现需求五类。①生理需求：对食物、水、空气和住房等需求都是生理需求，这类需求的级别最低，人们在转向较高层次的需求之前，总是尽力满足这类需求。一个人在饥饿时不会对其他任何事物感兴趣，他的主要动力是得到食物。②安全需求：安全需求包括对人身安全、生活稳定以及免遭痛苦、威胁或疾病等的需求。和生理需求一样，在安全需求没有得到满足之前，人们惟一关心的就是这种需求。③社交需求：社交需求包括对友谊、爱情以及隶属关系的需求。当生理需求和安全需求得到满足后，社交需求就会突显出来，进而产生激励作用。在马斯洛需求层次中，这一层次是与前两层次截然不同的另一层次。这些需求如果得不到满足，就会影响人的精神，导致高缺勤率、低生产率、对工作不满及情绪低落。④尊重需求：尊重需求既包括对成就或自我价值的个人感觉，也包括他人对自己的认可与尊重。有尊重需求的人希望别人按照他们的实际形象来接受他们，并认为他们有能力，能胜任工作。他们关心的是成就、名声、地位和晋升机会。这是由于别人认识到他们的才能而得到的。当他们得到这些时，不仅赢得了人们的尊重，同时其内心因对自己价值的满足而充满自信。不能满足这类需求，就会使他们感到沮丧。如果别人给予的荣誉不是根据其真才实学，而是徒有虚名，也会对他们的心理构成威胁。⑤自我实现需求：自我实现需求的目标是自我实现，或是发挥潜能。达到自我实现境界的人，接受自己也接受他人，解决问题能力增强，自觉性提高，善于独立处事，要求不受打扰地独处。要满足这种尽量发挥自己才能的需求，他应该已在某个时刻部分地满足了其他的需求。当然自我实现的人可能过分关注这种最高层次的需求的满足，以至于自觉或不自觉地放弃满足较低层次的需求。

需求层次理论，是社会工作进行专业助人实践的重要理论基础，同时也对新时期残疾人事业具有重要的借鉴意义。一方面，由于自身的缺陷及其在经济上的低收入和社会生活中的贫困，残疾人群体在社会中的心理压力高于一般社会弱势群体。他们的职业技能大多缺乏市场竞争力，没有职业安全感，收入低且不稳定，“常有衣食之忧”，这些使他们可能产生不满、苦闷、焦虑、急躁情绪，难以进行心理上的自我调适，从而容易对生活失去信心，产生严重的逆反心理，出现过激行为。另一方面，在特定时间内，人可能受到各种需求的激励。任何人的需求层次都会受到个人差异的影响，并且会随着时间的推移而发生变化。尊重是对一个人价值的承认，每一个社会成员都希望自己在社会生活中发挥应有的作用，希望能够凭借自己的知识与能力获得他人和社会的承认。这一点对残疾人来说尤为重要。所以，单纯地给予残疾人人道主义的同情是不够的，更重要的是解除残疾人自身及其家庭的心理压力，调整其因残疾而产生的社会心理失衡。这种失衡得到调整，必然会给残疾人及其家庭带来自强不息的动力。这就表明，新时期残疾人事业不仅要努力满足残疾人基本的物质需要，还要给他们以安全感和尊重感，有利于残疾人实现其自身的价值。

思考题：

1. 简述残疾人社会工作理论的历史与发展方向。
2. 请用社会排斥理论解释残疾人受排斥的原因。
3. 简述社会学视角下残疾人社会工作的理论基础。

第三章 残疾人社会工作发展历程

教学重点

- 残疾人社会工作专业和社会工作道路的争论
- 联合国纲领性文件的基本观点
- 中国残疾人联合会的主要功能
- 中国社会工作专业介入残疾人服务的背景与实践
- “家——麻风康复志愿者工作营”案例分析

第一节 西方残疾人社会工作的发展阶段

西方国家残疾人社会工作起源于文艺复兴时期社会对人态度的改变。而工业革命带来的经济、政治、文化、社会剧烈变迁，以及在此基础上的对给予有需要帮助的人提供救助和社会服务的道德认同，导致了民间残疾人服务项目的开展、服务机构的建立、专职服务者的出现，并导致了对残疾人权利的立法。所有这些共同推动了残疾人社会工作的发展。随着时代变化，人们对残疾人的态度在不断变化，残疾人救援和服务逐渐发展成为一项残疾人自己广泛参与的、国际性的残疾人人权运动。其中，残疾人社会工作开始了专业化旅程，残疾人社会工作理念、方式、介入的宽度和深度都在不断变化。

一、残疾人救援与社会工作职业兴起：19 世纪末—20 世纪上半叶

残疾人社会工作是工业社会人类对残疾现象采取的集体应对措施。残疾人社会工作发展的路径是：人们对残疾和残疾人的态度改变、民间残疾人救援项目出现、民间残疾人服务机构和专职的残疾人社会工作者出现、国家介入残疾人救援。

早期残疾，特别是精神残疾是一个与魔鬼相关的概念，照料精神病患者的尝试是没有人性的。直到 19 世纪后半期，那些不能独立照料自己或一些被定义为越轨的人通常会受到肉体上的惩罚。养育院、疯人院是为照料关押且终身囚禁被称为疯子的精神病人而建立的，这类设施条件极其恶劣。

受工业革命引起的社会变革影响，19 世纪后半期，治疗和康复的观念在西方社会兴起，精神病院取代了关押精神病人的疯人院。在社会观念的改变中，民间自发出现了

残疾人慈善救援活动和慈善救援组织。随着慈善救援需要的扩大，慈善组织开始考虑如何提高助人的质量和扩大助人的规模。这些问题的提出，导致了慈善组织开始雇佣受薪人员并对他们进行培训，而慈善组织之间的联盟又加强了慈善救援的效果。在这个过程中，慈善救援活动开始向职业社会工作演变。作为社会工作的一个领域，残疾人社会工作正是伴随着这一过程开始出现并逐渐发展起来的。

从职业的角度看，医院是残疾人社会工作者最初的工作场所。1906 年社会工作成为纽约曼哈顿州立医院的一项服务。1919 年第一次世界大战后美国红十字会在联邦医院建立社会工作机构照顾和治疗战争伤员。1920 年第一个残疾人服务的国际组织“康复国际”的成立标志着残疾人服务组织开始国际性结盟。这个过程经历了几十年，但是，国家在此过程中几乎没有扮演什么角色，残疾人社会工作主要是由民间推动并在民间发展的。

20 世纪上半叶，欧美国家逐步建立了社会福利制度体系，残疾人救援和社会工作逐步纳入国家社会政策框架内发展。1935 年美国颁布紧急救济法。第二次世界大战后，美国对制订老兵治疗方案极为关注。这些老兵由于精神疾病导致残疾，部分社会工作者被派往军队为其服务。20 世纪 50 年代，英国少数地区的保健部门建立了专业社会服务工作，配备了医务社会工作者和职业治疗师。福利部门也配备了人员为残疾人提供服务，但是，这些人员没有经过社会工作训练。其工作主要是物质帮助，提供咨询和一些膳食住宿服务等。

二、残疾人社会工作专业的发展历程：20 世纪 60—70 年代

残疾人社会工作发展的一个重要标志，是国家立法和联合国立法保障残疾人权益，以及在此背景下残疾人社会工作逐步走向专业发展的过程，即残疾人社会服务逐步由受过专业训练的人担任，并按照专业标准来发展社会工作职业的过程。1964 年美国颁布《精神病健康法案》促进了精神病学、社会工作、心理学和护理学人才的发展和培训，后来扩展成为一支精神健康专家团队。1968 年英国保健和社会保障服务部发表《西鲍姆报告》，为发展残疾人服务提出 7 条建议，在此基础上，1970 年英国颁发《慢性病和残疾人法案》。1975 年英国社会工作教育和训练中央理事会要求应该使用受过职业训练的人担任社会工作，并对如何开展工作提出具体意见。在国际社会，联合国也一直推动国际立法保护残疾人权益。1948 年《世界人权宣言》规定“残疾人有接受社会保障的权利”。1970 年联合国颁布《弱智人权利宣言》。1975 年联合国颁布《残疾人权利宣言》，提出残疾人享有基本生活的权利、政治权利、康复权利、劳动权利、受教育权利、人格尊严权利、平等待遇权利。残疾人社会工作被认为进入了专业发展新时期。

尽管如此，在这个阶段残疾人社会工作作用并不明显。这与当时人们对残疾的认识以及在此基础上形成的主流残疾观念有很大关系。当时的主流观念认为残疾问题是个人问题。受这种观念影响，残疾人社会工作的目标主要是协助残疾人适应残疾。与此相反，残疾人组织却旗帜鲜明地提出与主流观念不一致的残疾观。站在残疾人和残疾人组

织的立场上，1983年迈克尔·奥利弗出版了《残疾人社会工作》一书，全面评价英国政府《西鲍姆报告》和《慢性病和残疾人法案》，向人们展示了10多年以来英国残疾人社会工作的状况。奥利弗指出，这个时期残疾人服务是得到了某种程度的发展，但是，“社会工作涉及残疾人的部分成绩记录是不好的，社会工作人员忽略了残疾人及其需要；当他们参与干预时，对残疾的性质在不适当的基础上做出假设”。奥利弗认为，这些问题是个体型残疾观影响所致。所谓个体型残疾观，指的是残疾被认为是个人灾难。在这种观念指导下，社会工作的内容和目标就是“使残疾人适应残疾后特殊条件”。其工作包含了两方面内容：“第一是身体调适，即通过康复计划，使身体尽可能康复到接近正常状况；第二是心理调适，即帮助残疾人适应残疾的身体心智的事实。”奥利弗认为，这种职业活动既忽略了残疾人的社会工作，又偏离了正确方向。为了使得残疾人社会工作回归正确轨道，奥利弗提出社会型残疾观，强调社会工作要把关注在个人身上的限制，转变到关注自然环境和社会环境对残疾人的限制。由此，奥利弗特别引用身体损伤者反隔离联合会1976年提出的著名的残疾定义：“由于现今社会组织不顾及或者很少顾及身体有损伤者的情况而把他们排除在社会活动的主流之外，从而使他们不便于活动，或者是活动受到限制。所以，身体残疾是一种特殊形式的社会压迫。”基于残疾人面对的是一种特殊形式的社会压迫问题，奥利弗一针见血地指出：“调整是一个对社会进行调整的问题，而不是对残疾人个人进行调整的问题。”从社会工作发展的角度来看，“社会型残疾的含义在于改变工作重点，从法定的个人目标、法定的补偿制度转变到改变环境，使之不能够不合适地限制功能受损的人”。

残疾人社会工作的这一段历史证明，残疾人观念和残疾人平等参与对于残疾人社会工作专业发展的重要性。

三、联合国纲领性文件与残疾人社会工作转型：1980—2000年

残疾人问题是一个世界性问题。联合国支持社会型残疾的观点，强调残疾现象与环境的关系，强调社会工作专业人员在残疾人事业中的重要性，残疾人社会工作从物质救援和被动适应转入协助残疾人实现“充分参与和平等”目标的新阶段。

1982年联合国发表《关于残疾人的世界行动纲领》（以下简称《纲领》），旗帜鲜明地支持“身体残疾是一种特殊形式的社会压迫的社会型残疾观”，并深刻地指出，残疾人社会压迫的根源来自人们对残疾的无知以及由无知造成的偏见，进而由偏见造成了对残疾人的社会、经济、文化和政治的多方面排斥。为了反对和消除残疾人在社会、经济、文化和政治的多方面排斥，扩展残疾人服务人群，提高残疾人服务质量，联合国十分重视社会工作专业的作用，明确倡导残疾人服务的专业路线。《纲领》强调：“有关残疾人的服务工作若要普及到日益增多的尚未得到服务的人，就必须由当地社区的各医疗卫生人员和社会工作人员来提供。”在《纲领》精神影响下，各国残疾人事业开始走上追求参与、平等、共享的轨道，而社会工作专业也越来越积极地进入残疾人事业发展之中，并发挥越来越重要的作用。1993年联合国大会通过的《残疾人机会均等标准规

则》再次强调《纲领》提出的基本观点并细化了措施。进入21世纪，人权被认为是普世的基本价值观，消除社会偏见和排斥，协助残疾人获得“平等、参与、分享”的权利成为各国残疾人事业的主旋律。故此，当代残疾人社会工作可以做如下定义：在当代世界经济一体化和政治、社会、文化多元化发展背景下，社会工作者与残疾人及其他社会力量一道致力于消除社会环境对残疾人的偏见和排斥，协助残疾人实现“平等、参与、分享”梦想的职业活动和过程的总称。残疾人社会工作的发展远远超越了初级阶段的物质“救援”和社会“适应”目标，不仅关注残疾人物质层面的需要，更开始关注残疾人心理层面、人际关系层面和精神层面的需要，并试图在助人过程中关注残疾人的全面需要。社会工作的方法也从起步时的补救发展到把更多精力放在预防残疾和社会问题，发展健康人生和和谐社会关系的角度上。社会工作的专业介入的范围和领域也随之不断扩大，不但提供个人服务，更为家庭和各类组织提供各类服务；不但致力于解决和减少已经存在的问题，更致力于防范问题变迁。在这个不断发展的过程中，社会工作在现代社会中发挥越来越大的功效。下面是“香港残疾人社会服务项目一览”，希望能够帮助读者观察到当代残疾人社会工作专业领域发展的深度和广度。

香港残疾人社会服务一览

1. 早期教育及训练中心

主要为出生至2岁的残疾儿童提供早期介入服务，并特别着重儿童家庭成员的角色。年龄介于2～6岁的残疾儿童，若没有在同一时间内接受其他康复服务，也可以接受早期教育及训练中心的服务，以协助他们日后融入主流教育。

2. 特殊幼儿中心

提供特别的训练和照顾中度及严重残疾儿童，以协助他们发展及成长，让他们为小学教育做好准备。

3. 展能中心

为15岁及以下中度或严重弱智少年提供日常生活技巧及简单的工作技能训练，让他们学习自我照顾和基本的社交技巧，以满足身心和社交需要，继而在能力许可的情况下接受庇护工作或其他照顾服务。

4. 家居训练及支援服务

透过集中和整合康复服务，运用社区资源，为残疾人及其家人提供家居训练及建立支援网络。

5. 精神病康复者训练及活动中心

为改善精神病康复者的社会适应能力，帮助他们充分发挥社交技巧及职业技能，预防因精神病复发而需再入院治疗。

活动中心则让康复者有机会参加康复活动及善用暇余，掌握与人相处的技巧，为他们提供社交生活。

6. 庇护工场

为精神或肢体上有残疾的人士提供特别设计的工作环境，目的是训练他们从事有一定收入的工作，让他们学习如何适应一般的工作要求、发展社交技巧和人际关系，以及尽可能为以后投身辅助就业或公开就业做好准备。

7. 辅助就业

为残疾人士提供就业上的辅助，并以在职辅导、训练及辅导提供持续的支援，使他们可以在市场觅得工作来谋生。

8. 为中度/严重弱智人士提供宿舍服务和训练

为缺乏自我照顾能力而需要特别照料和训练的中度/严重弱智人士提供住宿、个人护理服务和训练。

9. 综合职业康复服务中心

透过特别设计的训练环境，以顾及残疾人士因残疾而引致的限制，为他们提供综合和连贯的一站式服务，其中包括庇护工场和辅助就业服务，让他们从事有一定收入的工作，并学习适应一般工作的要求、发展社交技巧和人际关系，以及为日后投身公开就业做好准备。

10. 中度弱智人士宿舍

为可以自我照顾，但缺乏日常生活技能，而未能在社区中独立生活的中度弱智人士，提供家居式住宿服务。

11. 严重肢体伤残人士宿舍

为缺乏基本自我照顾能力，不论是否兼有弱智而需要起居照顾及护理服务的严重肢体伤残人士提供家居式住宿服务。

12. 严重残疾人士护理院

为不适合接受一般日间训练的严重弱智/肢体伤残人士，提供家居式住宿照顾。他们需要接受护理和深入起居照顾，但无需疗养程度的服务。

13. 中途宿舍

为精神病康复者提供过渡时期的住宿照顾，帮助他们提升自己独立生活的能力，得以重新融入社会。

14. 长期护理院

为精神状况稳定，但仍需护理服务的长期精神病患者提供住宿照顾。

15. 盲人护理安老院

为那些无法独自在社区生活但又无需依赖别人提供护理服务的失明长

者，提供住宿和在日常生活中有限度的协助。

16. 残疾人士家长/亲属资源中心

为残疾人士的家长及亲属提供精神上的支持和实际的意见，以促进他们对其残疾亲属的接纳和增强他们为残疾亲属进行适当训练和给予妥善家居照顾的能力。

17. 残疾人士社交康乐中心

为残疾人士及健全人士提供社交康乐及体育活动，以发展他们的体能、社交、兴趣以及建立友谊。

18. 社区精神健康网络

网络为精神病康复者及其家属提供的服务，包括探访、外展服务、就业咨询、辅导、介绍福利服务、社交、康乐及教育活动、支持家属照顾康复者的活动、社区教育，其他服务如饮食、洗衣、沐浴设施等。

19. 社区康复网络

为长期病患者提供教育、训练及支援性的服务，同时协助他们建立互助网络，使他们能正常地在社区生活。

20. 弱智成人社区支援服务

为弱智成人提供各项的社区支援服务，包括：

(1) 短暂住宿服务及日间暂住服务。

(2) 紧急住宿服务。

(3) 家居训练服务。

(4) 家居职业治疗服务。

(5) 家务助理服务及家居照顾服务。

(6) 残疾人士家长/亲属资源中心。

(7) 残疾人士社交康乐中心。

(8) 弱智成人教育。

(9) 轮椅维修服务。

21. 视障人士康复及训练中心

为视障人士提供独立生活技能训练服务，以协助他们重拾自信、重投社会。

22. 听觉受损人士综合服务中心

为听觉受损人士提供全面性社会康复服务，服务范围包括个案工作及辅导服务、手语翻译服务及训练、听觉矫正、技术及语言治疗服务等。

第二节　中国残疾人社会工作的发展阶段

中国工业化发展比较晚，受其影响，20 世纪 80 年代以来，中国残疾人事业才刚刚起步，而专业社会工作介入残疾人事业还是近几年的事。尽管如此，在中国社会、经济、政治、文化剧烈变迁，社会问题增多，社会矛盾加剧和构建和谐社会的宏大背景下，社会工作职业和专业作为解决社会问题，建构新型社会福利制度和和谐社会的重要措施提到了国家议事日程。社会工作专业智慧和方法，在协助残疾人消除社会偏见和排斥的独特功能方面日益显现和重要。

一、旧式残疾人救济：1979 年以前

中国古代大同思想中，已经提出了“废疾者皆有所养”的思想。但是，在长期的封建社会和农业社会形态下，残疾人的命运一直苦难深重，家庭是残疾人的主要依靠。

14 世纪以来，中国社会出现了一些扶贫、济困、安老、助幼性质的民间慈善机构。据《上海民政志》记载，明洪武七年（1374 年）上海就出现了养济院慈善机构。上海开埠后民间慈善团体发展较快，尤其是在民国期间数量大增，1949 年，在国民党市政府社会局登记备案的公益慈善团体有 126 个。1956 年以后，市人民政府对私办公助的慈善机构接管，上海的民间公益慈善团体全部消失。

新中国成立后，毛泽东有过“解放”残疾人的决心。但是在自我封闭的计划经济体制和各种政治运动的折腾中，政府和社会无暇顾及残疾人的需要，也无力触动几千年的封建社会和农业社会遗留下来的对残疾人的无知、偏见、忽视和恐惧的传统。故此，那个时代，残疾人仍被称为残废人。残疾程度，残疾部位和社会政治身份不同的残疾人，在不同的处境下，遭受不同程度、不同类别的歧视和排斥。少数重残军人被安置在有政治地位的光荣修养院，受到生活照顾和医疗服务；绝大部分有家庭的残疾人在家庭庇护下，作为家庭包袱，畏畏缩缩地躲藏在家庭角落，过着缺少自尊，隐身无言的日子；部分无家，无劳动能力，无收入来源的老弱病残收容到生活条件较差的老残收容院；而精神病患者，则有可能被强制收容在精神病院或公安机关收容所；少数幸运的城市残疾人被安置在福利工厂，获得“生产自救”机会，但是这种机会很少，且生产一直不景气。由于这个时期资源都由国家系统控制，这个时期的救济可称为国家救济。这个时期值得关注的残疾人工作有以下几项：

首先是政府出面组织的残疾人自己的组织。20 世纪 40 年代中国就有盲民福利会。朝鲜战争结束后，鉴于很多志愿军双目失明，1953 年成立了中国盲人协会。1960 年盲人协会并入中国盲聋哑协会，并在大部分省市自治区、直辖市建立起地方协会和基层组织。这是新中国建立以后最早出现的两个由官方出面组织的残疾人自己的全国性组织。遗憾的是，好景不长，1966 年文化大革命开始，中国盲聋哑协会就陷入瘫痪了，最后完全停顿。一直到 1979 年盲聋哑协会才开始恢复工作。

其次是借助基层力量，政府支持残疾人生产自救。这是这个时期最重要的残疾人工作。这种形式的支持主要体现在主管救济内务部的政府部门给予了安置残疾人生产单位一些优惠政策。比如，产供销计划支持，税收支持等。尽管如此，这类单位一直处在经济体制的边缘地带，无法摆脱规模小，技术落后，人才不足，产供销状况不良，安置残疾人能力弱的状况。从现有资料看，1957 年有一部分福利生产单位已经发生了原料供应不足，严重的处于停工待料情况。当时，国家内务部、经济委员会等部门曾连续发文，要求各地民政机构、计划委员会、商业厅、工业厅、手工业管理局等部门对社会救济福利性质和互助合作性质的生产单位给予税收减免和贷款扶助，以及必要的原材料支持和生产计划支持。免得这些人依靠政府救济或者流落街头，在政治上产生不好影响。随着计划经济体制的建立，民政部门也办了一些地方国营社会福利生产单位。1964 年和 1965 年国家计划委员会和内务部等单位连续发文，要求将这些单位纳入地方计划，以便切实解决产供销问题，同时保障工厂管理人员和生产人员的口粮、日用品和劳动保护用品与当地同行业同工种的地方国营企业职工相同。而事实上，相当多的福利生产单位产供销没有纳入地方计划，造成一些单位经常处于停产、半停产状态。不少单位设备陈旧，长期得不到更新。一些盲人职工出于生计，甚至离开单位，以算命卖画为生。1979 年国家计划委员会、民政部等再次发文，要求切实安排好民政部门下属的社会福利生产单位的产供销计划，并加强领导。这些不同时期的政府文件证明，内务部对残疾人生产自救一直都是支持的。遗憾的是，这些支持似乎并没有获得应有的效果。1979 年之前的 20 多年，残疾人福利工厂并没有为多少残疾人带来福利。据民政部统计，1957 年全国有 282 个初具规模的工厂或者合作社，而截至 1980 年，民政部门管理的福利生产单位只有 876 个，职工 124 000 余人。其中，盲人 12 000 余人，聋哑人 17 000 人，残缺者 10 000 余人，约占全国残疾人口的千分之一。

其他服务项目，包括政府在内的一些机构办起了一些盲童学校和聋哑儿童学校。但是，残疾人缺少教育机会没有根本改变。江苏省 1983 年在十一个市开展的调查发现，盲聋哑残职工中文盲占 49.3%。

1979 年以前，受当时的经济、政治、文化和社会环境约束，中国尚未形成残疾人人权观。社会对残疾人的无知、偏见、忽视和恐惧无所不在，导致各类残疾人普遍遭遇经济、政治、文化和社会歧视。政府希望支持盲聋哑人生产自救，自食其力，也开展了少量其他类别的残疾人服务，但这些工作带有浓厚的恩赐色彩，效果不佳。

二、新式残疾人救济：1979—1990 年

在改革开放带来的思想大解放的背景下，在残疾人争取平等权利的国际思潮和国内行动推动下，中国政府和社会对残疾人态度开始改变，残疾人自身对自己的看法、对改变生存处境的方法都发生了极大改变。1982 年被联合国特别确定为残疾人年，同时颁布《关于残疾人的世界行动纲领》，提出残疾人“充分参与和平等”的目标，此后的联合国以“联合国残疾人十年项目”持续推动残疾人事业。1982 年《中华人民共和国宪

法》规定："中华人民共和国公民在年老、疾病或者丧失劳动能力的情况下，有从国家和社会获得物质帮助的权利。国家发展为公民享受这些权利所需要的社会保险、社会救济和医疗卫生事业。国家和社会保障残废军人的生活，抚恤烈士家属，优待军人家属。国家和社会帮助安排盲、聋、哑和其他有残疾的公民的劳动、生活和教育。"1984年中国残疾人福利基金会成立，1988年中国残疾人联合会成立，1990年国家正式颁布《中国残疾人权益保障法》以期维护残疾人的合法权益，发展残疾人事业，解决残疾人问题，改善残疾人状况，促进残疾人"平等、参与、共享"。1994年8月23日国务院第163号令发布的《残疾人教育条例》，更是根据残疾人身心特性和需要，为推动残疾人教育、全面提高残疾人素质提供坚实的法律保障。在此前后，残疾人的各项权利被纳入各种专门法律法规。在这种背景下，开展了残疾人社会服务事业，残疾人追求平等权利意识开始觉醒，残疾人命运开始发生巨大改变。

（一）用新的观念定义和开展社会救济

在全党工作重点转移的新形势下，政府救济思路发生重大改变。为了解决困难群体的疾苦，调动一切积极力量服务于现代化建设的中心任务。1979年11月23日至27日，民政部在北京召开全国城市社会救济福利工作会议。会议提出了"发展福利生产，兴办福利事业，做好社会救济，调动积极因素，为现代化服务"的城市救济福利工作方针。会议要求各地民政部门抓好社会福利工厂整顿工作，提高社会福利工厂生产经营管理水平，提高社会福利事业服务质量，改进收容遣送工作，切实解决社会救济户的困难，积极组织盲聋哑残人员参加生产。其具体措施主要有以下几点：

第一，依靠基层，广开门路，做好社会救济和生产自救。要求以劳动部门、民政部门、街道办事处和群众互助的方式，采取集中与分散相结合的方式安置盲聋哑残人员的生产，其中，街道办事处成为福利生产的主要组织者和责任者。

第二，要求福利生产单位坚持福利生产的方向，改革管理体制，提高管理水平，积极创造条件，安置盲聋哑残人员就业。

第三，努力提高公办福利事业单位服务质量，发展福利事业。

会议认为，福利事业单位应该是社会主义福利事业的一部分。故此，民政部要求民政部门主管的残老院一律改名为社会福利事业单位。同时，还要制定新的工作方针，改进管理，禁止虐待收养对象，端正服务态度，改变工作作风，树立全心全意为收养人员服务的思想。会议还要求福利事业单位要根据不同服务对象的特点，提供分类服务。比如，对智力健全而肢体残疾的婴儿，采取"收养、治疗和教育"相结合的服务方针，尽可能给予矫治和锻炼，并施以适当的文化和职业技能教育，为将来就业创造条件。对智力发育不全的呆傻婴幼儿，要尽可能训练他们自理生活和从事劳动的能力。对智能严重缺损的，也要本着人道主义精神把他们养起来。对于已经收养的无家可归、无依无靠、无生活来源的精神病患者的工作方针是"收养和治疗"，并提出劳动、药物、文娱和教育综合治疗的概念。与此同时，会议要求整顿福利事业单位的管理，建立岗位责任制，提高服务质量，严肃处理工作人员违法现象，适当提高收养人员生活标准等，同时还提出培养一支热爱本职工作、真心实意为人民服务的福利事业干部职工队伍的要求。这次会议表达了无歧视救济和服务的理念。

（二）协助残疾人建立自己的组织

1984年民政部部长崔乃夫出席中国盲聋哑人第四届全国代表大会，提出“盲聋哑人事业是一项崇高的事业，任重道远”，要求盲聋哑协会从盲聋哑人的需求出发，重点做好三项工作，一是劳动就业，二是学习文化和科学知识，三是康复。尽管当时的康复概念还局限在医疗康复中的听力和视力康复上。但是，康复概念的使用，说明政府和社会对残疾人需求的关注和残疾知识的快速增加。而政府主管高官用“崇高的事业”来形容残疾人工作，肯定其工作价值，大大鼓励了残疾人工作者。让人们感觉到，政府对残疾人态度的进一步改变和残疾人工作性质正在发生革命性转变。也是在这一年，一个新的全国性残疾人机构——残疾人福利基金会在北京成立。这个由残疾人自己主动组织起来的崭新机构对中国残疾人的命运改变产生了很大影响。

（三）推动福利生产的发展及理论研究

1985年在全国民政理论研讨会上，崔乃夫提出了“民政经济”的观点——“要以投入、产出、核算的观点为基础研究建立民政经济，争取少花钱，多办事，争取最好的社会效果和经济效果”。这说明，当时民政部门改革思维活跃和务实。这个时期，参与福利生产不仅仅是残疾人生产自救的手段，也是勤劳致富的方法，到1985年，享受免税待遇的民政部直接领导下的福利工厂已经发展到1 800多个，职工20多万人，年产值几亿元。而新发展的街道、乡镇福利工厂有1万多个。

（四）进一步确认残疾人权利观

1985年9月，民政部在大连召开全国社会福利生产改革工作经验交流会，部长崔乃夫到会，肯定了几年来社会福利生产的成绩，并提出“福利工厂一方面为残疾人提供了就业场所，帮助他们实现劳动权利，另外，提高了残疾人的社会地位，使其各得其所，各尽所能”。这是政府主管官员第一次明确用现代人权观念为残疾人参与社会劳动的价值定位。政府主管官员这种改革开放、解放思想、更新观念、迎接挑战的姿态，使人们看到中国政府改革开放进步的速度，说明政府推进残疾人事业发展的思路和方向已经明确。所有这些，无疑促进了残疾人追求平等权利和平等地位的意识，同时也推动了残疾人工作在实践层面的发展。残疾人劳动权利观念的提出，为5年后颁布的《中国残疾人权益保障法》，捍卫残疾人的各项权益做了有力宣传和政治铺垫。

（五）倡导残疾人社区服务

1985年底，民政部进一步明确提出其工作重点是农村“双扶”（即扶持贫困户，扶持优抚对象脱贫）和城市“双福”（即大力发展残疾人福利工厂和发展福利事业机构）。“双福”的发展推动了城市基层社区服务创新。

社区服务从20世纪80年代初街道和居委会开展的居民服务创新开始，到90年代初，经过十多年的发展，成为一项在政府倡导和支持下，为满足社区成员多种需求，依托街道办事处和居委会，发动社区力量开展的具有社会福利性质的居民服务业。政府为什么要支持社区服务？1989 年在上海市社会服务与社会工作理论研讨会上，上海市民政局副局长冯贵山具体描述了上海市 80 年代以来社区服务的经验，以及为什么民政局要支持社区服务的原因。“上海市民政局在 1985 年拨款 35 万元支持社区服务，当时用这笔钱办了许多伤残儿童寄托所、敬老院、残疾人工疗站等福利事业。统计显示，全市收养的 5 000 名对象中，国家收养只占 19%，经费却占 82%；社区收养占 71%，经费只占 18%。社区 50 个伤残儿童寄托所的容量相当于市儿童福利院。市儿童福利院每年花费 100 多万元，而社区基本没有花费国家经费。显然，国家办福利事业，其效果远不如社区办福利事业。”另外，根据 1989 年上海市社区服务调查组对全市的调查，当时上海市绝大部分街道办事处已经建立了福利工厂；在精神病人服务方面，74.6% 的街道设置了精神病人工厂。不过，这些福利工厂条件还很差，其中一家工厂在 50 平方米的旧厂房中竟挤了 100 多位工人，残疾人要求改善劳动条件的呼声很高。同时，福利工厂提供的职位还远远不能满足残疾人就业的需要。调查显示，98.5% 的街道认为应进一步加强对福利工厂的政策支持，使它能够经受商品经济竞争的冲击，82% 的街道认为应该加强残疾人劳动技能培训，92% 的街道反映想建福利工厂，但是场地困难，而 68% 的街道在不同程度上存在资金短缺。

受一些城市（特别是上海、武汉等地）社区服务实践创新以及用社区发展推动社会福利事业发展的国际思潮影响，加上政府面临无力出资投入社会福利事业的尴尬困境，1989 年以后，民政部开始提倡社会福利社会化，并具体在全国各地推动城市社区服务。1993 年民政部会同十三个部委提出《关于加快社区服务业的意见》，期望用社区福利服务网络，建构城市社会福利服务体系，逐步在社区实现“老有所养、幼有所托、孤有所助、残有所助、贫有所济、难有所帮”的理想局面。1994 年年底民政部在上海召开全国社会服务经验交流会，会议认为，全国城市已经形成了以社区服务中心为骨干，以老年人、残疾人、优抚对象服务和便民利民服务为主要内容，以设施服务和社会互助为重要形式的社区服务新格局。第八个五年计划（1991—1995 年）期间改革开放取得伟大成就，社区服务取得突破性进展，从单一、分散服务发展成为包括老年人，残疾人服务等有组织、有阵地、多层次、多方位的系列服务，范围覆盖了全国大中城市，并向小城市延伸。全国社区服务机构达到 9.5 万个，便民网点 20 万个，专兼职服务人员 75 万多人，志愿服务队伍 300 多万支。到 1994 年年底，全国福利企业总数达到 6 万个，就业职工 218 万人，其中，安置残疾职工 91 万人，县以上城镇有劳动能力的残疾人就业率已经超过 70%。在社区服务不断扩张时，社区服务已经存在很多困难，如资金不足、人才缺乏、设备简陋、场地狭小等。可以想象，发端于基层，并仅仅依靠社区资源支撑的社区服务难以承担“城市福利服务体系和网络”的重任。不过，在此 10 多年间，在社会服务开展得好的某些城市和某些社区，社区服务使城市残疾人的困难受到了比较大范围的社会关注和协助，残疾人的生活质量有了一定程度的提高，这也是不争的事实。

（六）尝试残疾人康复服务

在民政部门直接管理的福利院内，于1995年底开始了一项为期5年的“残疾孤儿康复工程”。其目标是旨在对生活在社会福利机构的2万多名急需医治的残疾孤儿实施康复治疗，以求最大限度改善残疾孤儿的自理能力，减轻他们的痛苦和社会负担。

（七）建立了残疾人救济制度

20世纪90年代以来，中国经济向市场经济模式转型，国有企业失业率从隐性发展为显性，下岗失业等词汇在全国普遍使用。1997年年底，国有企业分流下岗职工达到1 274万人，城市贫困人口剧增，城市贫困问题像传染病一样爆发流行。在这样的社会经济背景下，1997年经国务院颁发《关于在各地建立城市居民最低生活保障制度的通知》。1999年全国668个城市和1 638个县政府所在地的镇全部建立起最低生活保障制度。最低生活保障制度的建立把残疾人社会救济纳入了法定的框架。

三、政府与残疾人组织共同推进残疾人事业：1984年至今

在民政部的倡导下，20世纪80年代以来中国社会，特别是城市社会开展了各种形式残疾人的救援活动。但是，相对于庞大的残疾人数量和残疾人面临的诸多问题，特别是受制于社会文化对残疾和残疾人的无知、忽视、恐惧和排斥，政府和社会所做的种种协助和努力仍是非常有限的。

1984年，邓朴方第一次在法国接受康复治疗时，萌发建中国康复机构的想法。为了为康复中心筹款，邓朴方牵头成立了中国残疾人福利基金会。在国内国际大环境影响下，短短几年内，中国残疾人福利基金会发展成中国残疾人联合会（简称中国残联），提出了一套现代化的、完备的、明确的组织使命和组织目标。其表述是，高举人道主义旗帜，代表残疾人的共同利益，维护残疾人的合法权益；推动和发展残疾人事业，为残疾人服务。2005年，原中国残联理事长郭建模分析了从1984年的3月成立中国残疾人福利基金会到1988年成立中国残疾人联合会，中国残疾人事业的领导者们的思想和行动大转变的历史背景和原因，并认为是联合国《残疾人世界行动纲领》等文件对中国残联领袖的现代残疾人人权观念的形成产生了巨大的影响。

1990年《中国残疾人权益保障法》颁布实施。该法对残疾人下了一个与环境相关联的定义：残疾人是指在心理、生理、人体结构上，某种组织、功能丧失或者不正常，全部或者部分丧失以正常方式从事某种活动能力的人。这个定义暗含的逻辑是，残疾人只是失去了其他大多数人拥有的从事“某种活动能力”的人，残疾人的其他潜能还很多！通过协助残疾人进行医疗康复、教育康复、职业康复和社会康复，弥补残疾人某种丧失的能力，恢复、激发残疾人的长处和潜能是完全可能的。无数残疾人自强、自立、自尊的精神和通过顽强拼搏所取得的成就证明这个概念是正确的。但是，残疾人发挥潜能的前提是社会环境的支持，如果社会大众对残疾无知、忽视、恐惧，使残疾人被隔离、被排斥，进而可能造成残疾人的自卑和自我封闭的恶性循环。故此，消除社会对残疾人的偏见、无知和恐惧，是打破残疾人命运恶性循环、协助残疾人变成正常人、回归

社会的极其重要措施!

观念的力量是巨大的，1984年以后，中国残联勇敢地举起人道主义旗帜，在发展残疾人事业，保障残疾人的人权，促使残疾人以平等的地位、均等的机会充分参与社会生活，共享社会物质文化成果等领域，成为中国残疾人事业的中坚力量。而中国残联的领导人邓朴方也在争取残疾人权宜的过程中，成为中国残疾人人权和人道主义的积极倡导者，国际残疾人运动的知名活动家。

在1998年，中国残联发表了《中国残疾人事业发展回顾》一文，具体评价了改革开放以来，特别是中国残联成立近十多年来残疾人事业发展状况。文章指出："我国残疾人事业走过了不平凡的历程，取得了历史性的进展和举世瞩目的成就。"其中列举的重大事件包括：1987年进行首次全国残疾人抽样调查，摸清了残疾人基本状况；1990年颁布残疾人保障法和残疾人教育条例；制定实施残疾人事业的三个五年计划和残疾人扶贫攻坚计划；政府设立残疾人工作协调机构；建立新型、统一、覆盖全国的残疾人组织体系；开展残疾人自强活动；进行宣传和公众教育，倡导文明的社会风尚；发展残疾人领域的国际交往。这些成就是在党和政府的关怀、领导下，经过各地区、各部门、各界以及广大残疾人和残疾人工作者的共同努力取得的，而中国残联在其中扮演了至关重要的角色。其成效如下。

（一）促进社会改变残疾人的观念

在此以后，社会对残疾人的认识发生根本性变化，残疾人不再被称为"残废人"。人们尊重他们的权利，肯定他们的能力，歧视与偏见大为减少，全社会更加重视残疾人事业。普遍开展红领巾助残、青年志愿者助残、一助一送温暖等多种形式的活动。例如，在"全国助残日"里，各级领导和数以亿计的群众参加助残活动。残疾人参与社会生活的环境大为改善。

（二）改善残疾人生存状况

在此期间，416万残疾人得到不同程度的康复，其中211万白内障患者重见光明，9万聋哑儿童开口说话，60万小儿麻痹后遗症患者经矫治手术改善了功能，87万重症精神病患者经社会化、开放式、综合性治疗，解除关锁，融入社会，14万智力残疾儿童通过康复训练，增强了认知和自理能力。盲、聋、弱智儿童入学率由6%提高到64.3%，残疾人职业教育快速发展，150万残疾人得到职业技能培训，中等以上特殊教育起步，改革现行盲文，推广中国手语。就业方面实行集中与分散相结合，多渠道扶持残疾人就业，就业率由不足50%提高到73.3%，盲人按摩人员由4千人发展到2万余人。在扶贫方面普遍进行的扶贫以及残疾人专项扶贫，扶持800多万贫困残疾人解决温饱问题，通过社会保障制度的实施使600万残疾人得到温饱。公共文化场所为残疾人提供方便和服务，大众传媒开设残疾人专题（栏），残疾人艺术团出访20多个国家，残疾人在重大国际体育赛事中先后获得1 291枚金牌。在残疾预防方面，国家通过计划免疫消灭了脊髓灰质炎；控制遗传因素致残；全民食盐加碘，并为9千多万孕妇、2岁以内婴幼儿等特需人群补用碘油丸，减少了残疾发生。

（三）推动残疾人自强不息贡献社会

国家和地方各级政府都非常重视残疾人自身能力的提高，积极倡导残疾人自强不息的精神，大力宣传和表彰为社会做出特殊贡献的残疾人士。广大残疾人在政府政策的鼓励下和社会各界的关怀下，发扬“自尊、自信、自强、自立”精神，在各条战线上为祖国作出了杰出的贡献。如高位截瘫的女作家张海迪，高位截瘫的体操运动员、我国著名的社会活动家桑兰，双耳失聪的当代舞蹈艺术家邰丽华，弱智的音乐指挥家舟舟，著名的轮椅女画家秦百兰，等等。他们以惊人的毅力，顽强地斗争，忍受着常人难以忍受的痛苦，付出比常人多几十倍的心血和汗水，克服了心理和生理上的重重障碍，达到了常人难以达到的精神境界，做出了常人难以作出的成绩。他们的精神不仅鼓舞和带动了千百万残疾人与命运抗争，与环境抗争，积极投身到祖国的各行各业中，而且激励着社会上的健全人更加珍惜自己健康的身体，充分利用自己的优势为社会作贡献，这种精神本身就是残疾人为社会奉献的一笔巨大精神财富。

四、推进残疾人事业发展的建议

改革开放以来，我国残疾人事业有了长足发展，但与西方发达国家相比，尚存在一定差距，还有许多工作要做，为使我国残疾人社会工作上一个新台阶，笔者提出以下几方面建议。

（一）进一步完善法律法规，依法发展残疾人事业

截至目前，我们已建立起了一套较为完整的残疾人保障法，但有些地方还不够完善；有的还缺乏可操作性；有的虽有法，但不少地方存在着有法不依、执法不严的问题。随着社会的发展和进步，会出现很多新情况、新问题，这就要求法律法规不断地完善和更新。要以残疾人保障法为基础，辅以行政法规、地方法规，细化扶助规定，确认残疾人的权利和义务，规范公民行为，确定各级政府和企事业单位的责任，明确残疾人事业各领域的指导原则和工作方针，使残疾人事业走上法制轨道。通过法律宣传、执法检查、法律服务和法律援助，保障残疾人的权利在事实上得到实现。

（二）建立健全各级各类残疾人组织，推动残疾人事业发展

残疾人组织是代表残疾人的共同利益，表达残疾人的共同愿望，反映残疾人的共同需求，改善残疾人的生产、生活状况，协助政府、动员社会发展残疾人事业的重要组织，是社会组织机构的重要组成部分。应建立健全各级各类残疾人组织，推动残疾人事业健康快速发展。残疾人组织建设应以基层为重点，进一步完善组织体系，提高干部队伍素质，增强为残疾人服务的能力；活跃专门协会工作，密切联系广大残疾人；普遍深入开展志愿者助残，使残疾人得到实实在在的帮助；团结、教育残疾人，激励奋发进取精神，增强参与社会生活的能力。

（三）建立政府与社会各界协调运作的工作机制

残疾人事业是多学科、跨部门、业务广泛、综合性很强的社会事业，这就要求必须以政府为主导，社会各界积极参与，各方协调运作。十年来，中国政府将残疾人事业纳

入国民经济和社会发展计划，基本形成了统筹安排、同步实施和协调发展的基本格局。但在执行过程中还存在责任不清、相互推诿的现象。建议各级人民政府要加强对残疾人事业的领导，将残疾人工作纳入公共服务体系，充分发挥残疾人工作委员会的综合协调作用。各有关部门要将残疾人工作纳入职责范围，各司其职、加强配合、密切协作，形成新时期发展残疾人事业的长效工作机制。各级财政要将残疾人事业发展经费列入预算，加大投入，支持残疾人事业加快发展。

（四）创造条件，努力发掘残疾人的自身潜能

残疾人事业是全社会的事业，更是残疾人自己的事业，发挥残疾人的主观能动性，唤起参与意识，激励奋斗精神，发掘自身潜能，促进残疾人为社会创造财富，实现其人生价值，共建和谐社会，是我们发展残疾人事业的最终目的。为此，我们要为残疾人创造必要的条件。首先要满足其基本需求，如温饱问题，住房问题，婚姻家庭问题，等等。其次是康复工作，重点抓好抢救性的康复工作、社区和家庭训练。第三是残疾人儿童教育工作。第四是扶贫解困工作。第五是劳动就业工作。

（五）加强预防工作，降低残疾人口的比例

我国残疾人口数量庞大，占总人口的比例也很高，其中有很多残疾的发生是可以预防的（如孕期可检测到的先天残疾）。各级政府及组织应加强婚检和孕检的宣传工作，使人们提高对婚检和孕检重要性的认识；还应加强检查技术的研发和推广工作，提高检查质量，尽可能降低先天残疾的比例。另外，政府应加大对生产安全、交通安全的管理，重视公民的人身安全，尽可能避免意外事故的发生。

第三节　中国社会工作专业介入残疾人社会服务：2004 年以后

一、社会工作专业介入残疾人服务的背景

改革开放以来，社会工作作为一项为人类服务的知识体系被重新引入中国，但是，一直仅在教育界缓慢发展，没有机会发展成为一项助人自助的现代职业和专业。20 世纪 90 年代末以来，中国社会经济转型的加剧以及社会矛盾的增多，社会工作以人为本的专业价值观，致力于挖掘人和群体的潜能，协助个人或群体解决问题、预防问题的专业使命，以及个案、小组、社区等专业方法和技能开始受到决策层的重视。2004 年劳动和社会保障部颁发《社会工作者国家职业标准》，第一次承认社会工作是一门专业。2006 年 7 月，人事部、民政部颁发《社会工作者职业水平评价暂行规定》和《助理社会工作师、社会工作师职业水平考试实施办法》，进一步明确了社会工作者的专业技术人员地位，要求通过建立国家社会工作者职业水平评价制度来管理和评价其职业水平。2006 年 10 月建设一支宏大的社会工作人才队伍的观点已经被中央正式写入《关于建设和谐社会的若干重大问题的决定》。宏观政策层面标志性事件的不断出现，显示中国社会工作快速进入职业化和专业化发展阶段。而在这个阶段，残疾人社会工作注定会成为

社会工作的重要领域。

二、社会工作专业介入残疾人服务的实践

受国际残疾人社会工作理念和实践经验的启迪，在实践层面，社会工作专业介入残疾人事业首先表现在众多的行动主体的参与和大量的新的服务项目和服务机构的出现。比如，街道办事处层面的专职残疾人工作者队伍和服务项目出现，残疾人联合会层面的精神病职业康复和展能中心出现，残疾人家属层面的残疾儿童康复中心和家长自助组织出现，社会层面的志愿者活动的出现，麻风康复者志愿工作营出现，等等。这些服务项目或者服务机构使用新的专业的社会工作模式和方法，致力于向残疾人授权，带动了残疾人受益人口的扩大、推动了残疾人的平等参与程度的加深、促进了残疾人社会服务理念的改变和工作效能的提升。尽管专业社会工作介入残疾人社会服务的领域时间还不长，领域还比较窄，但是已经显示了蓬勃生机。这种从民间自发的、专业的自下而上努力配合着政府的从上至下的政策推动，共同推动着残疾人社会服务进入制度化、职业化和专业化的时代，而专业社会工作者介入残疾人事业并发挥独特的功能也成为时代的必然选择。

三、社会工作专业介入残疾人服务的案例

麻风病康复者是一类十分特殊的残疾人。由于社会对麻风病的恐惧、无知造成了对麻风康复者长达几十年的歧视和社会隔离。如何使更多的社会成员了解麻风病，减少由于对麻风病和麻风康复者的恐惧、无知而造成的对麻风康复者的歧视和隔离？如何协助长期被隔离的麻风康复者身心康复并使其回归社会？面对这样困难的题目，“家——麻风康复志愿者工作营”项目做了一个很好的示范。

（一）麻风康复者与“家——麻风康复志愿者工作营”项目起因

麻风病又名“汉森氏病”，1873 年挪威学者汉森最早发现麻风杆菌。麻风病是由麻风杆菌引起的一种慢性传染病，是古老的传染病之一。麻风病杆菌主要侵害神经末梢，皮肤和黏膜，带来诸如面容扭曲、四肢萎缩和视力丧失等后遗症。

在 20 世纪 80 年代以前，由于缺乏对麻风病的科学认识和医疗手段的落后，麻风病是一种让人闻之变色的疾病。新中国建立以后，国家为了统一管理治疗，就在一些远离人群的山区建立了康复医院，就地免费收容患者。可是由于缺乏医疗措施，患者在被收容以后也没有得到治愈。据调查了解，超过 50% 的留养院康复者带有不同程度的残疾。直到 1981 年世界卫生组织推荐了联合药物化疗后，麻风病的快速根治成为可能。许多康复者便回到家庭和社会当中。但是这个过程并不顺利，由于麻风病长期受到“妖魔化”描述，使得社会上存在严重的歧视，这对于康复者再次回归社会竖起最大的阻碍。

中国还有 600 多个麻风病康复村，村里住着 40 000 多人，这些被隔离的村子是 20 世纪 60 年代政府建立的。然而，由于对麻风病人的歧视，使得在医院周围建立新的隔离场所仍然存在。很多已经治愈的人仍然受歧视和不让回到故乡。他们已经居住在麻风

病村40多年，有的甚至时间更长，平均年龄在60岁以上。他们现在依靠极少的（每个月380元以下）政府补助金努力挣扎着生存。

2004年全世界共有现症病人45万多例，中国有现症病人3 261例，主要分布在云南、四川、贵州和西藏等省和自治区。目前全国有成千上万的治愈康复者生活在偏远的农村，过着与世隔绝、贫困和孤独的生活。从20世纪80年代起，我国新发现的病人不再收治入院，而在家治疗。下面为中国疾病预防控制中心关于麻风病的统计资料（1950—2002年）。

中国疾病预防控制中心关于麻风病的统计资料

被发现病例累计人数（1950—2002年）/人		500 000
麻风康复者人数/人	在社会上的/人	196 932
	在麻风病康复村的/人	40 000
	合计	236 932
其中残疾的人数/人		120 000
至2002年为止现症病例人数/人		3 510
在2002年的流行比率/人		0. 027/10 000
在2002年新发现病例人数/人		1 635
麻风病康复村数/人		625
政府补助金（人民币（元）/月）		0 ～ 380
麻风病康复村村民的平均年龄/岁		55 ～ 65

这意味着，麻风病人遭受着残疾、老龄化、缺乏药物治疗和心理寂寞。麻风病康复者处境不佳，不为主流社会甚至家人所接纳。长期的隔离和歧视使得他们处于无权处境中，负面的自我评价被内化，自我形象低落，造成了强烈的宿命感和无助感。这些感觉使康复者处于被动状态，而且阻碍了他们参与社会权力结构，减少了参与决策的机会。

实际上，麻风病与一般的疾病一样，是可以治愈的。只是人们由于长期缺乏对疾病的科学认识，以及长期的缺乏合适的医疗手段，而麻风病带来的后遗症（面容扭曲，肢体残缺等）也比较可怕，导致人们对麻风病及其患者乃至康复者都带有严重的误解。

（二）工作营项目的创立及其任务

1. 工作营的概念

工作营是一种义工活动，参加者不限年龄、性别、国籍、种族和身份地位，在麻风病康复村中，开展为期一至三个星期的工程建筑和联谊活动，例如，建造厕所、用水设备和房屋，开晚会、座谈会。通过工作营改善村民的生活状况，同时为村民与社会之间架起一道桥梁，让村民融入社会，被社会所接受。“家”显示了工作营的精神理念，即通过活动将工作营中的人们变成一家人。

2. 工作营的创立

最早的工作营创立于二次世界大战结束以后，德国的青年志愿者发起到法国参与战后重建工作。起初，法国人民抱着对战争的厌恶而对这些来自德国的志愿者表示反感。但这并没有改变志愿者的行动，最后双方在共同的劳动和相互交流之中，达成真正的理解。由于工作营的活动形式意义深远，所以这种活动很快就在世界各国开始推广，并且活动的领域扩展到环境保护、文化交流和助残等领域当中。

在2002年工作营第一次被一些国外志愿者引入中国，并在广东清远市的一个麻风病康复村中开展工作。到2004年8月，一个专门从事中国工作营工作的非盈利机构“家”在广州成立，并致力于工作营在中国扎根的工作。

3. 工作营的任务

工作营的志愿者要做的就是为康复者提供资讯，协助康复者就自己的处境做出分析；且通过经验分享及集体行动，协助其重建自信，改变负面态度，增强自我控制，明白所面对的问题的成因。通过志愿者的行动，我们希望改变社会和康复者本身对麻风病的“非正常化”对待。

（三）工作营的理念与行动的目标

工作营是一种志愿者活动，通常是20～40个志愿者住在村子里1～3个星期开展社区建设（比如，修建水管、厕所、房屋和开展未成年人的同伴教育，等等）。在工作营中，通过来自不同背景的志愿者与志愿者之间、志愿者与村民之间的密切合作，跨越文化差异，建立起一种持续的、和谐的和有意义的人与人之间的关系。工作营的志愿者行动的目标包括以下两大类。

（1）康复者赋权。物质生活条件的恶劣、长期地远离主流社会使得康复者普遍处于被动状态。工作营活动的目的之一是希望唤起康复者的本有能力，使其主动地面对问题。为此，工作营会安排以下的活动。

劳作工程：劳作工程是工作营的必备活动内容。工作营的策划者根据村落的需要和志愿者的能力选定合适的劳作，如参与耕作和道路铺设等。劳动中大家相互帮助，互补所短，在改善村落生活环境的同时，也是一种推进交流的有效方式。

生活护理：根据每个村民的需要对其进行日常护理，如房子打扫，按摩，洗晒被子等。有条件的情况下，志愿者甚至会协助村民一起做溃疡护理（四肢的溃疡是常见的麻风病后遗症之一，长期的溃疡会导致残疾甚至危害生命），密切的接触让志愿者和村民之间容易达成情感的交流。

儿童教育：部分康复村会有未成年人，他们大多是康复者的后代，相对一般家庭，他们接受教育的机会较少，往往受教育的质量也很有限。志愿者会准备一些舞蹈游戏等，让孩子认识到团结互相和理解的重要性。此外志愿者也希望协助未成年人建立正确的价值观、人生观。

法律援助：一些康复者（村）会由于地位的低下而受到各种各样的侵害。志愿者在了解事件后会为康复者提供一些法律知识和参考的意见，或者寻找一些合适的资源协助解决康复者与外界的纠纷。

（2）倡导正常化。麻风病以及麻风病康复者往往都被贴有“非正常”的标签，甚至把患病与“前世作恶”和“鬼怪附体”等迷信思想连接到一起。这样的观点甚至为患者和康复者所接受。科学证明，麻风病是由病菌的侵害所引起的疾病，也是众多困扰人类的疾病之一。工作营的目标之一就是让社会和康复者自身都改变对麻风病的“非正常”对待。为此，工作营中会安排以下的活动。

家庭访问：安排志愿者结伴到村民家中交流，了解康复者过去的经历，促进相互了解。虽然志愿者未必可以在充当聆听者之外扮演更多的角色，但是一个衷心的聆听者往往是康复者所企求很久的。

城市游览：组织康复者和志愿者一起到市区观光，让康复者了解外界的变迁。

社区宣传：在村落周边的社区宣传正确科学的麻风病知识，逐渐让周边的社区居民接纳康复者，让康复者回归社会。

村落回访：参加工作营的志愿者中有不少是在校大学生和外国人士，他们的行动容易引起他人的注意。这些被认为是社会上流的群体与康复者建立起友好的关系，既使得康复者重新提起对自己身心的关注，也引起社会各界对康复村的关注。志愿者的定期回访意味着志愿者与康复者之间建立起了稳固的关系，有助于康复者树立自信。

（四）专业社会工作者的角色

为了将工作营按照上述理念有成效地、持久地运作起来，工作营的组织机构“家”（见图3－1）承担着培训、信息网络管理和志愿者服务协调、管理三类功能，专业社会工作者正是在这三种功能的高效发挥上扮演着独特的角色。

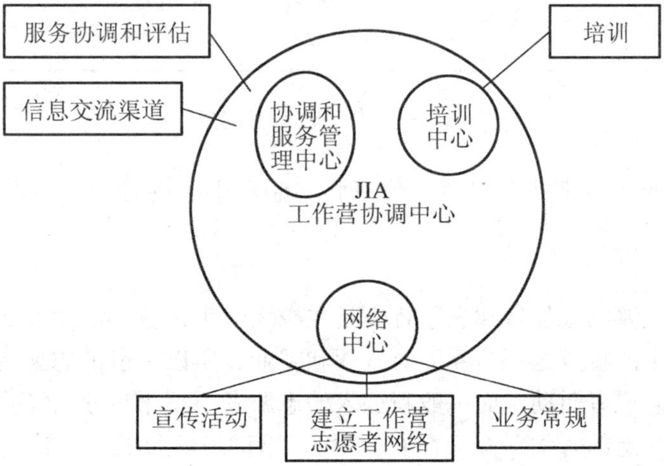

图3－1　“家”的作用示意图

1. 信息交流、志愿者服务协调和管理

（1）协调与志愿者服务管理。由于大部分活动由志愿者来完成，有效的协调与志愿者服务管理十分必要，其中包括活动的策划、实施和结项的评估。

（2）创造和管理信息交流的渠道。志愿者众多，活动的地理分布广泛，必须有一个统一的正式交流场所，如网站建设和管理等，同时，活动也作为一个整体形象对外。

2. 志愿者网络连接

（1）宣传。工作营作为一个新鲜的活动方式来到中国，需要更多的人士来了解和支持它的工作，社区宣传是目前最为常用的方式之一。宣传活动进入社区之前和之后都需要一个专门的机构来协调。

（2）建立工作营国际志愿者网络。图3－2是JIA目前的志愿者国际网络交流示意图，“家”作为网络中心，确保各个地区或个人之间的交流合作流畅。面对如此繁杂的机构来往，也需要一个专门的机构来协调。

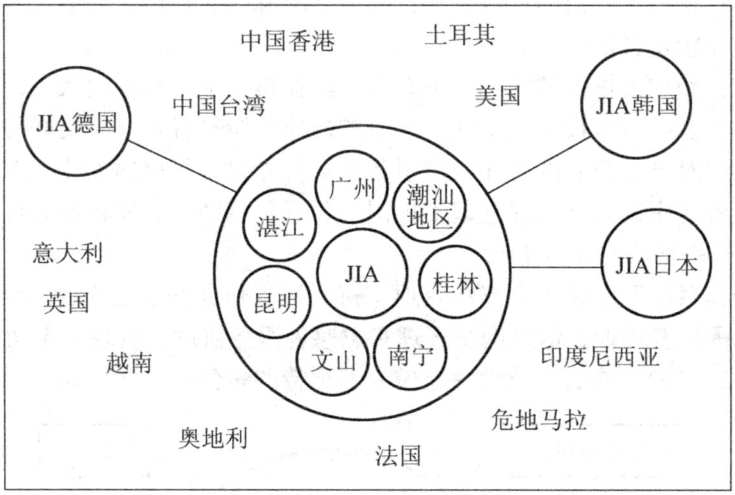

图3－2 国际志愿者网络

（3）日常业务。日常业务包括办公室和志愿者中心的管理，国内外的个人和基金的资助接受，等等。

3. 培训

目前工作营主要的参加者和志愿者都是在校大学生，很多活动策划都是依靠他们来完成。在校大学生的特点之一是要面对升学和就业，所以一般的志愿者都只能有2到3年的时间来参与志愿者活动。而一般新加入的志愿者要积累足够的经验，到可以策划和组织活动又需要一定的时间（一年左右）。所以培训班的目的在于让新加入的志愿者分享有经验的志愿者的经验，保持项目的理念和工作方法在新老志愿者手中传递而不会走样。

在国际社会工作创新精神和经验的影响下，中国的残疾人社会服务开始进入多元、自主和专业创新阶段。其显著标志是新的服务机构的不断出现、新的工作理念和工作方法的不断尝试和多层面的社会参与和社会融合景象的出现。第一个层面的参与及融合，是社会志愿者的社会参与和社会融合，特别是受过较好教育的青年大学生人群进入残疾人服务领域并与残疾人的社会融合。这种社会参与及融合，一方面有效地带动了残疾人社会服务资源的增加，扩大了残疾人服务受益人口，特别是传统上被忽略的残疾类别和人群；另一方面，通过大学生和残疾人的面对面接触，减少了大学生群体对残疾人的偏见与歧视，也促进了更多、更广层面的社会融合。第二个层面的参与及社会融合，是残疾人平等参与残疾人服务以及与“残疾人世界”之外的群体的社会融合。这种参与和融合有助于向残疾人授权，有助于唤醒残疾人自强的意识和改变生活状态的自我能量的释放。这个过程有助于外部世界重新认识残疾人，有助于社会服务质量的提升，使之不再可能成为伤害残疾人的力量，而有可能变成帮助残疾人树立自尊、自信、自强、自立的友善力量。由此，才能保证残疾人的服务效果，完美地表达残疾人事业的理念和目标。第三层面的参与及融合，是社会工作专业力量和专业工作者的参与以及他们与残疾人力量和社会志愿者力量的融合。社会工作专业人员参与的目的是连接和贯通上述两种参与力量，并使其自身力量与上述两种力量融合，而这三种力量的融合又能协助社会政策从社会歧视和排斥向残疾人友好、平等参与的社会政策转型。而只有这一切有机融合才能够推动残疾人事业的可持续发展。

（本案例资料由王志伟提供）

思考题：

1．分析中国残疾人联合会的现有功能及未来应担负的主要责任。

2．简述专业社会工作者在“家——麻风康复志愿者工作营”项目中的角色。

3．分小组对若干家设有社会工作专业人员服务岗位的残疾人服务机构进行调查，具体了解残疾人社会工作专业元素的介入，对该机构服务模式的影响以及残疾人社会工作模式创新需要解决的问题。

第四章 残疾人个案社会工作

教学重点

- 残疾人个案社会工作的理论基础
- 残疾人个案社会工作的基本程序
- 残疾人个案社会工作的服务模式

第一节 残疾人个案社会工作的界定

残疾人个案社会工作是针对残疾人所做的个案社会工作，是将个案社会工作知识、技巧、态度和价值观应用于残疾人个体或其家庭，是社会工作者以一对一、面对面的社会工作方法，协助他们寻找有效的途径来处理生理和心理失调问题，从而促进其健全人格的发展，增进其对社会适应的过程。

残疾人个案社会工作的服务对象是残疾人个体或其家庭，一般指因肢体、器官、功能方面的丧失或减少（disability）或身体、心理方面受到损害（impairment）而不能从事属于正常方式或正常能力范围内活动的人。

与其他个案社会工作相比，残疾人个案社会工作具有它的特殊性，这种特殊性主要表现在以下两个方面：

（1）对象的特殊性。弱势群体中的大部分都是由于社会或者自然环境条件的限制而使自己处于困境中，而残疾人是由于身体缺陷或身体功能损失而使自己难以像正常人那样独立生活或发展潜能，他们遭受的限制是双重的，既受到内在生理条件的限制，又受到外在社会条件的限制。残疾人生理上的特殊性导致了他们心理上的高度敏感性，他们觉得自己是社会竞争中的失败者，或者感到自己被社会所抛弃。在心理上容易产生不满、苦闷、焦虑、急躁等情绪，难以自我调适，进而容易对生活失去信心，在社会生活中的心理压力高于一般社会弱势群体。因此残疾人是社会中特殊的弱势群体，是社会工作传统的服务对象之一。

（2）工作过程的特殊性。在社会工作的诸多实务领域中，社会工作者都有可能与案主具有相同或相似的生活经验，比较容易表达同感和建立专业关系。而残疾是绝大多数社会工作者所不可能亲身经历的，因此社会工作者在具体工作中，对残疾人的同理心的表达以及服务需求适切性的考虑，远远比对其他群体的社会工作服务要困难得多。另外，残疾人一般有较严重的相对剥夺感和较为强烈的受挫情绪，在社会生活中缺乏社会支持感，而具有较低社会支持感的人对他人的评估比较消极，而对自己本身则产生人际交往无能、焦虑及社会抗拒感，因此在某种程度上社会工作者与残疾人建立良好关系的难度较大。如果社会工作者在工作中对一些问题处理不当，则社会中对残疾人这一特殊的弱势群体所造成的伤害更加严重。因此，这种特殊性的存在，对残疾人社会工作者的介入技巧提出了更高的要求。

残疾人个案社会工作的目标主要是使残疾人个体的生理功能丧失降低到最低程度，协助残疾人发展他们的潜能，实现他们在生活中的社会适应功能，增进残疾人对于困难情景的自我处理和自我照顾能力，提高残疾人的职业技能。社会工作的专业理念相信每个人都有生存的权利，每个人都可以发展其潜能的，残疾人也不例外。因此残疾人个案社会工作的意义在于满足残疾人作为一个人的需要，如结婚生子，工作等，同时满足残疾人由于残疾而造成的一些特殊需要，如康复服务，生活照料等。

残疾人个案社会工作者一般从属于不同的残疾人工作部门，如专门处理自闭症的个案社会工作者，则专做自闭症个案；而脑瘫儿童部门的社会工作者，则专门处理脑瘫儿童的个案；唐氏综合征儿童的机构，则专门服务于患有唐氏综合征的儿童；等等。通过这样专业的分工，社会工作者对其所负责的相关残疾症状原因、治疗方式等才会有深入的了解，在处理相应个案时才会得心应手。这也从另一个侧面说明残疾人个案社会工作者除要具备一般社会工作的技巧和知识外，还需要了解相应的残疾方面的医疗知识。而目前我国尚没有对残疾人社会工作的专门训练，就是在大学里也较少开展残疾人社会工作的专业和课程，理论和实践都相当的缺乏。

第二节　残疾人个案社会工作的理论基础

残疾人个案社会工作需要相应的理论做基础，不同的理论提供了不同的思维方式和工作方向，以下三种理论是指导残疾人个案社会工作的理论，简要阐述如下。

一、挫折理论

挫折理论认为如果一个个体的物质需求或精神需求得不到满足，他就会出现紧张、焦虑等情绪，从而失去心理平衡，产生失败的情绪体验。残疾人的很多需求由于身体功能的缺陷和社会客观条件的限制而无法实现，较容易产生挫折感。挫折感会使残疾人产生固执行为，如不配合康复治疗，对他人产生排斥、反抗的态度，或者表现出依赖心理，缺乏自信。残疾人在无法得到周围人的关心和帮助时，可能会产生厌世情绪，有的甚至会采取自杀或杀人等过激行为。

作为残疾人的个案社会工作者，应该运用各种技巧协助残疾人克服挫折感，减弱他们的消极情绪反应的强度。社会工作者应对残疾人的攻击行为采取宽容的态度，了解他们攻击行为背后的原因，帮助他们从抑郁、愤怒的情绪中解脱出来。社会工作者可以采用情绪发泄法，给残疾人一个发泄情绪的出口，达到安全阀效果，保持心理平衡；社会工作者要经常对残疾人采取心理咨询等措施帮助残疾人改善认知结构，指导残疾人实行心理卫生的自我监护和自我调节，把残疾人不健康的心理因素消灭在萌芽状态，保持健康的心理状态。

二、归因理论

归因理论认为个体把自己的失败归因于某种原因对于个体产生的重要影响。如果个体把自己的失败归因于外在原因，则会产生气愤和敌意，如果归因于内在原因，则会感到内疚和无助。残疾人如果把受到的挫折归因于自身的残疾，就容易产生自卑心理，如果归因于社会和他人，就会产生敌视周围环境的心理，不利于身心健康。

社会工作者在为残疾人提供个案辅导时应当帮助残疾人正确分析受挫的原因，使残疾人对自身有客观理性的认识，克服心理障碍。

三、正常化理论

正常化理论（normalization）认为人们对残疾人的许多看法和观点往往是一个强加权力的过程。以案主为中心的社会工作价值理念认为，被社会工作者视为不正常的残疾人的行为在残疾人群体自身看来是完全正常的，因此反对把残疾人的行为视为异常并用某些所谓“正常”的方法来治疗。这要求社会工作者在为残疾人服务的过程中学会运用“同理心”和“同感”，站在残疾人的角度看待他们的需求，学会倾听残疾人的心声，不应把自己对事件的态度以“正常”、“正确”的名义强加在残疾人身上。

第三节　残疾人个案社会工作的基本程序

残疾人个案社会工作是通过一连串的过程，以一对一的方式，有计划地协助残疾人个体调适心理，恢复身体功能，或解决家庭问题。这一连串的过程，包括接案（intake）、收集资料、社会诊断、制订计划、介入、结案等六个步骤。

一、接案

当有残疾人向社会工作者提出求助时，社会工作者首先要确定该求助者是否属于本机构的案主，如果申请人已在本机构备案了，则由原社会工作者继续跟进；如果申请者是第一次向机构求助，原则上应由相应的社会工作部门来接案。比如，属于职业康复的案主，应由职业康复部门的社会工作者来接案；如果是脑瘫儿童，则应由脑瘫部门的社会工作者负责与申请者会谈，以便决定是否属于该机构的工作范围。若残疾人的问题不属于社会工作范围，则社会工作者应向求助者解释并帮助联络相应的机构；若求助者的问题属于本机构和社会工作者范围，则应即时接案（或称开案）。

（一）接案初次会谈

社会工作者与残疾人或其家属初次会谈时应以纯熟的会谈技巧获得案主如下资料：

（1）残疾人的基本资料、残疾状况、问题史、个人史。

（2）残疾人及其家属对于该残疾的认识与态度。

（3）残疾人的家庭背景、家庭结构、经济状况与社会支持系统。

（4）目前最困扰残疾人或其家属的问题是什么，他们的期待是什么。

（5）残疾人及其家属为解决该问题曾尝试过哪些方法，效果如何。

（6）他们对社会工作者的期待和要求是什么。

接案最初的会谈是社会工作者与残疾人建立关系的开始，社会工作者应体现出专业人士的专业能力和职业水准，从而增强残疾人对社会工作者的信心，降低焦虑。

（二）接案记录

社会工作者在与案主经过初次会谈后应及时地将接案情况登记下来。具体包括如下内容：

（1）案主的来源：案主是转介来的还是主动申请的。

（2）案主的残疾状况：残疾人及其家人对残疾状况的陈述。

（3）主要问题：残疾人及其家属向社会工作者呈现的主要问题。

（4）心理社会诊断：社会工作者依据自己的专业判断对残疾人的性格、行为能力、智力水平、家庭状况、经济状况、心理承受能力及解决困难的潜能等加以分析和诊断。

（5）介入计划：根据社会工作者对残疾人的残疾状况的主观感受和康复师的专业判断制订康复计划。社会工作者对于此案的具体介入计划及每阶段的介入时间还应进一步细化，以便具体实施。

二、收集资料

社会工作者在这个阶段的工作就是通过各种途径收集案主的资料。具体工作方式应视残疾人问题的性质、问题的严重程度而具体选择。一般情况下社会工作者可以通过以下几种途径来达成此阶段的目标。

（一）与案主或相关人士会谈

与案主或相关人士会谈，是个案工作过程中最重要也是最常用的获得资料的方法，相关人士可以是残疾人的亲属、社区邻里，以及单位和学校的领导或同事等。通过案主或相关人士的直接描述可以对案主的致残原因或病因获得第一手资料，掌握案主的社会、家庭问题及其社会资源，进而对涉及的经济、法律、劳动条件和家庭伦理道德等问题进行专题或综合研究，从而帮助其解决困难。在与案主及相关人士的会谈过程中，社会工作者应密切观察案主或相关人士的非语言行为，以检验其语言行为与非语言行为的一致性。

(二) 家庭访视

为了进一步了解案主的家庭生活状况等重要的个人资料，社会工作者须与案主的家庭建立初步的关系，经常进行家庭访视，实地观察和了解案主的生活方式、家庭状况、经济条件、生活环境和家人对于残疾人的态度等。

(三) 电话、信件联络

社会工作者也可以采取电话和信件或网络等通信设备与案主保持及时联络，询问其康复进展状况。

三、社会诊断

“社会诊断”一词是里士满在《社会诊断》一书中首先提出的。所谓“社会诊断”就是把会谈、访视或其他方式所得的有关案主的人格特质，家庭、社会情况以及案主对于问题的看法等资料，以客观的态度，经过综合的分析与比较研究，评估案主的生理、心理和生活环境中的有利因素和不利因素，对案主问题的性质、原因和影响做一个周密的分析，从而诊断案主问题的症结所在。社会工作者对于残疾人的社会诊断可以从以下两方面着手。

(一) 案主的个人因素

如从案主的年龄、婚姻状况、智力水平、教育背景、就业状况、残疾等级、心理健康程度等方面来评估、诊断案主在社会生活中遇到的和可能遇到的问题。

(二) 案主的社会环境因素

案主所属的社会阶层、人际交往能力、社会角色履行状况等。

四、制订计划

社会工作者根据分析诊断的结果与案主共同研究、共同商量，制订出一个具体计划书。这个计划书的内容主要是关于解决问题的途径、方法、步骤，包括近期目标和远期目标及计划完成的方式与时间。近期目标主要是为解决目前面临的问题（属问题取向的），如协助案主解决因残疾带来的婚姻解体的问题等；远期目标大多是主要关注案主潜能的发挥（属功能取向的），如协助案主改善工作关系、建立自信心等。

社会工作者在制订计划过程中应遵循尊重案主的意见这一基本原则，即以案主为中心。

五、介入

介入（intervention）即社会工作者协助案主正式解决问题的实施过程。社会工作者的介入分两种方式，一种是给予直接服务，称为直接介入，或称直接干预；一种是给予间接协助，称间接介入，或间接干预。

(一) 直接介入

直接介入包括为残疾人提供实际帮助，如物资支援，以及提供保护和给予心理辅导。所谓提供保护是指社会工作者为了避免残疾人受到伤害而提供保护，比如在迫不得已的情况下送残疾人至康复中心接受照顾，以及在一般情况下安排亲友、家务助理及健康护士护理和照顾病弱的残疾人。

当残疾人遭遇致残事件时，社会工作者应给予短期或紧急介入。但更多时候，残疾人需要社会工作者给予间接的长期服务，比如焦虑的父母可能会寻求社会工作者对其残疾子女在儿童时期的教育予以协助以至成人。在这期间，社会工作者要不断地给予残疾人以鼓励和支持，使其从中获得经验和能力去面对困难。当案主表现出他的长处或进步时，社会工作者应给予案主适当的鼓励，以增强其自信心；当案主情绪低落或进退两难时，社会工作者应对案主表达一些同理心，提出切实可行的意见和方案，供案主选择；当案主因为某些观念的原因而产生苦恼时，社会工作者要及时澄清其错误的观点，改变其认知结构。

当残疾现象发生之后，残疾人及其家人、医疗工作者和社会工作者对残疾的评估可能存在差异。残疾人及其家人常常会把残疾程度评价好些，即期望不会太坏，尤其是残疾人自己对残疾状况的期望更好一些，而医疗工作者和社会工作者则能面对现实，客观地评估残疾事实。社会工作者首先面对的就是要设法弥合这种差异以帮助当事人及其家人理智地对待现实。在这种情况下，社会工作者常常采取渐进沟通模式，即不但在关于残疾程度的沟通渠道方面是由当事人的家人再到当事人，而且在残疾真实状况的告知过程中也是渐进的，以利于当事人及其家人有思想准备，更易于接受现实。

（二）间接协助

间接协助是指社会工作者帮助残疾人认识自己所处的环境里可以运用的资源及其途径，然后根据残疾人的困难安排援助服务。例如，为残疾人安排家务助理或短期照顾等；帮助残疾人取得家庭、单位、社区等各方面的支持，解决生活困难问题；在社会联系方面，社会工作者还可协助残疾人取得家人、同学或同事、邻居的支持，建立社区网络，协助残疾人解决生活困难。

社会工作者尽量从残疾人中及其周围去了解残疾人自己已有的能力和可以利用的资源。在大多数情况下，仅凭社会工作机构提供的资源较单一，无法满足残疾人的需要，这就需要社会工作者为残疾人发掘、调动和协调更多的社会资源，即协助残疾人辨认社区内一些潜在而有帮助的人际网络及服务资源，如家人、邻居、志愿服务人士等，让这些人际网络发挥作用。当残疾人表现出不适应时，社会工作者应给予行为上的纠正和改变；当残疾人因为社会资源的缺乏而出现困难时，社会工作者应及时地调动残疾人周围的社会资源，协助其改善他的物资资源和人文社会环境；当残疾人在求助过程中因为周围的人事和环境的许多阻碍和误解而得不到足够支援时（如残疾人的家庭成员对其应接受怎样的服务有不同意见、机构人员对残疾人情况并不了解等），社会工作者要设法调解这些矛盾和澄清误会，使残疾人获得应有的支援和帮助。

六、结案

（一）结案前，社会工作者应针对残疾人的情况作详细的评估，当发生以下情况

时，社会工作者可以结束其个案服务

（1）残疾人主要问题已基本解决，介入目标已完成。

（2）当问题进展到一定阶段，残疾人及其家人已具备自行解决问题的能力。

（3）残疾人剩下的问题不属于社会工作者的服务范围，应由其他机构给予协助，并且社会工作者已帮助安排妥当。

（二）当社会工作者决定结案时，需事先与残疾人及其家属讨论，使其有一个心理准备

社会工作者应该提前告诉案主大约还有多长时间就要结案了，一般是在倒数第三次会谈时告知案主具体结案的时间。相应地，最后三次会谈的内容主要围绕结案来展开，具体来说主要处理以下两项内容。

1. 回顾过去

协助案主回顾自接案以来案主在能力上的增强，讨论每次在遇到困难时案主都是如何克服的，是如何战胜自我的，从这些回顾中让案主增强日后处理类似困难的信心。同时，社会工作者也要实事求是地与案主一起讨论案主在哪些方面还做得不太好和今后努力的目标。

2. 展望未来

社会工作者可以让案主畅谈一下结案后的打算和安排，如何把在个案中学到的东西运用到现实生活中去。

第四节　残疾人个案社会工作的服务模式

一、个人模式

残疾人个案社会工作主要采取个人模式。个人模式基本上是将残疾人所遭受的问题视为个人因失能所产生的直接结果，从而认为社会工作者的主要任务就是将残疾人个体调整到最佳状态，与残疾共存。

个人模式的前提是残疾事件发生后，残疾人及其家人无法接受残疾这种异常状况。很多学者认为残疾人面对的这个哀伤期包括一连串必经的过程，纽约大学社会工作人员对下半身瘫痪的身心障碍者的研究，界定了四个阶段：

第一个阶段是震惊，突然遭受到残疾的人，第一反应就是哭泣，歇斯底里的反应，偶尔还会有心神的幻觉。

第二个阶段是否认，拒绝接受不能完全复原的事实。

第三个阶段是生气，残疾人通常会将怒气发泄在周围行动自如的正常人身上，认为他们似乎是在提醒自己已经残疾的事实。

第四个阶段是沮丧，这是残疾人对残疾这个伤害比较实际且适当的反应，如果调适得当，残疾人的心理在不久的将来也就能够再度康复。

在这种模式的指导下，残疾人个案社会工作的重点为两方面。

（一）临床诊治

社会工作者可以凭借自己对医疗科技的基本认识，帮助残疾人取得合适的医疗康复服务，协助康复医师正确地诊断、有效地医治，使残疾人得到妥善护理；协助残疾人进行生活自理能力的训练，最大限度地恢复残疾人的生物机体的功能或进行功能补偿，以增强他们参与社会生活的能力，通过康复治疗让残疾人的身体恢复到最佳状态。

（二）个人调适

生理问题很容易导致心理问题，残疾状况一般情况下很难消除，所以适应残疾及残疾带来的不便是残疾人必须面对的一个现实，只有调适好自己的心理适应能力，才能更好地适应生活。社会工作者应采用心理咨询等方法从侧面协助残疾人及其家人接纳残疾人残缺不全的现实，并使其重新适应环境，以及从心理方面接受残疾的现实。

虽然个人模式一直是残疾人社会工作的主流模式和典范，但是此模式也日益凸现其缺陷。个人模式认为，残疾人遇到残疾事件后，必须渐进地进入这些心理阶段，才可能真正康复，由此导致了社会工作实务操作过程中的机械化。例如，社会工作者可能认为后天致残的残疾人的沮丧程度不够，而使他将来无法接受残疾这个事实，因此接下来社会工作者的介入重点可能是如何解决这位残疾人的沮丧问题，事实上极度沮丧这个阶段并不必然存在于每位残疾人身上，他可能最关心的是他能否继续他的工作，将来如何独立生活等。这个模式的缺陷来自于论者一开始就把残疾想象得非常可怕，想象正常人变成残疾人会如何，并假设那肯定是悲剧，从而忽视了人性中的尊严。事实上，许多残疾人都能在残疾的困境中生存下来，并不必然地经历那四个阶段中的每一个阶段。

二、社会诊断模式

社会诊断模式的理论基础是社会系统论和“人在情景中”理论。该模式强调社会工作者对残疾人进行个别分析，对残疾状况进行重点分析，以及对于残疾与其社会环境的相互影响进行分析，进而从社会因素着眼，通过建立有利于残疾人康复的社会条件来促使残疾人康复的活动。其架构如下。

（一）对残疾人和残疾状况的重点分析

1. 残疾状况方面

社会工作者对残疾人的致残原因或病因进行调查和分析，康复人员和治疗师对残疾人生理功能的诊断，从而预测此残疾可能对其生理、心理造成的损伤和影响。

2. 文化方面

残疾人家庭经济状况、所处的社会阶层等文化背景对其残疾事实所持态度的影响。

3. 社会方面

社会工作者应注意残疾人的残疾事实在某种程度上的危急性、长期性。

整合以上方面的因素，社会工作者了解残疾人在面对压力时表现出的内在反应和外在反应，并和有关康复人员密切配合，协助他们解决残疾人的非医学问题。例如，对残疾人做心理辅导，通过谈话减缓残疾人的心理负担。

（二）对残疾人与其社会环境影响的分析

在对残疾人与其社会环境影响的分析方面，一般采取的是“4R”(4R 即 roles、reactions、relations、resources 的简称，其是指角色因素、反应因素、关系因素、资源因素）分析。

1. 角色因素（roles）

角色因素包括残疾人的年龄、过去的职业、教育和婚姻状况及生活方式、过去应付生活压力的能力及应付此残疾事件的表现。

2. 反应因素（reactions）

社会工作者应该关注残疾人对于残疾事件的情绪和态度反应，包括残疾人对此残疾事件影响自己社会角色的感觉、残疾人对于残疾事件的发生阶段反应（如震惊、否认等）。

3. 关系因素（relations）

社会工作者应考虑那些足以影响残疾人生活态度的重要社会关系人物。关系因素是残疾人治疗康复的重要资源之一，会给予正反两方面的影响。

4. 资源因素（resources）

资源因素既包括物质资源（如残疾人康复费用等），环境资源（如残疾人的居住状况、社区康复设施等），也包括制度资源（如相关机构可以给予的职业、康复、教育的机会）和关系资源（如残疾人亲属和社交团体能给予残疾人信心的相关人士）。

第五节　个案实例——脑瘫儿童家长个案工作

一、服务对象背景资料

姓名：N 太太（案主）　性别：女　现居地：广东　职业：教师

案主家人资料：见表 4－1

表 4－1　案主家人资料

与案主关系	姓　名	职　业	与案主关系	备　注
丈夫	××	画家	密切	
女儿	Y		密切	脑瘫

二、初次会谈过程记录

时间：2005 年 6 月 27 日上午

地点：××康复机构的一课室

参与面谈者：案主及案主女儿 Y（5 岁）

面谈目的：

（1）澄清双方感受。

（2）缓解案主与女儿的冲突。

（一）呈现的状况

当工作员从课室外经过时，看到 Y 独自一人坐在桌子旁含泪低泣，身边放着平日带东西回家的包包，平时寸步不离的妈妈此时不在身边。这显然是她们刚从家里回到康复机构。

当工作员上前与 Y 打招呼时，她只抬头望了一眼，并没做声，依旧低声哭泣。工作员轻握她的手、轻拍她的肩膀（表示支持）问她发生了什么事、为什么哭时，她还是泪如泉涌，并用力地握住工作员的手（情绪激动）。工作员轻声安慰她，讲了一些有趣的话逗她开心，待她情绪稍微稳定后才问她妈妈在哪里，她转头用眼神指示她妈妈（案主）的位置，而刚好这时案主正端着配餐中心配给的早餐走过来。工作员与案主相互打过招呼后，就向案主询问 Y 的情况。原来与往常不同的是，今天是由 Y 父亲开车送她们母女来康复中心的，Y 不舍得父亲离开，大哭着拼命抓住车门不放，案主费了九牛二虎之力才把她带到康复中心。在康复中心 Y 还是哭个不停，案主哄过后还是不行，无奈、气愤之下不禁发起脾气来，用力地打了女儿的屁股两下，所以 Y 想哭又不敢哭，只能低声啜泣。

当案主与工作员说话时，Y 的手紧紧地抓住蛋糕，扁着嘴又想哭了（听到工作员与其母亲谈及她的伤心事，勾起伤感）。

（二）会谈记录及分析

具体会谈记录及分析见表 4－2。表中 C 为案主，W 为工作员，D 为案主女儿 Y。

表 4－2　初次会谈记录及分析

谈话内容	情况分析及介入技巧
W：（轻拍 Y 的肩膀）哦，原来 Y 不舍得爸爸走才哭的，Y 很懂事，会想爸爸，爸爸肯定很疼你。	用演绎道出 Y 的心声，表达同感，安抚她的情绪。
C：哪里懂事啊，懂事的话就不会哭！哭得人都心烦了！	表达对女儿的不满。
D：（低头，停止吃蛋糕，眼望别处）	伤心，不想听。
W：（微笑）很多小朋友都是这样的，离开父母难免会伤心。不过以前 Y 星期一来时好像不会哭得这么厉害的。	引导案主以平常心看待。
C：平常她不会这样的，只是在家不肯出门，不想来而已，来了之后还是很乖的。但今天一直哭个不停，怎样哄都不行，气死我了！可能是因为这次是她爸爸送到楼下的关系吧。	为女儿的表现生闷气。
W：难怪了，爸爸送到楼下又要走了，Y 更加舍不得了，所以哭得比较厉害些，毕竟她还只是个 5 岁的孩子，况且 Y 平时都很乖的。	引导案主站在女儿的位置，安抚案主情绪，提醒案主一些客观事实。

续表4－2

谈话内容	情况分析及介入技巧
C：我也知道啊，在家里吃好睡好，不用整天做运动，要是我我也不想来！但不来的话她什么时候才会走路啊？不过刚才真的气死我了。看，哭了这么久，早餐还未吃完，什么运动都没做，今天又做不完运动了！（叹气）转向女儿说："还不快吃蛋糕，吃完还要做运动啊！"	为没有抓住时间做运动而懊恼。宣泄后，怒气稍消，语气和缓了些。
W：姐姐（指工作员W）知道Y好乖的，很想快点学会走路给爸爸妈妈看。你不是跟姐姐约好以后不要爸爸接，下车后自己走回家的吗？	让案主明白女儿也很努力的，体会女儿的感受。
D：扑哧（笑）	想象情景，破涕为笑。
W：哦，看，Y一笑多漂亮，笑得这么好看，应该常常笑才对的嘛。如果哭的话，就浪费了这么甜美的笑容了。	及时回应，进一步安抚她的情绪。
D：（嘴角上扬，低头偷笑）	被赞美而开心。
W：Y，其实妈妈陪你做运动也和你一样辛苦，但为什么每个星期妈妈还是要和你一起来呢？因为爸爸妈妈想你快点学会走路。Y可以自己走路的话，就可以上学读书、一家人一起快快乐乐地出去玩了。如果你努力做运动，那就可以快点学会走路，那时就可以常在爸爸妈妈身边了。其实妈妈跟爸爸一样疼你，关心你。不信你问问妈妈。	演绎道出案主心中的感受及想法，引导案主女儿体会案主的苦心，将"做运动"这一行动和"跟爸爸呆在一起"这一愿望有机联系起来，激励Y努力做运动，提示案主直接与女儿沟通此疼爱之情。
C：是啊！刚才妈妈打你都是为你好，想你快点会走路。你听话的话，妈妈怎么会打你呢？	
W：对啊！看看，其实妈妈真的很疼你。Y不是想有一天可以自己走回家而不用爸爸来接吗？爸爸知道了肯定很开心，会表扬Y的，要想爸爸表扬的话，Y就要加油。首先就要赶快吃完早餐，这样才有力气做运动！	发挥"约定"的作用，激励其努力，转移到目前应关注的问题。
D：（笑）	
C：是啊！Y好乖，快点吃。	
D：（笑，吃蛋糕的速度加快）	开心。
W：嗯，不如Y跟妈妈比赛，看谁吃得快好不好？Y要加油，快过妈妈好不好？	由于Y吃东西的速度一向很慢的，所以提议以比赛的形式激励她。
C：好啊！姐姐在旁边当裁判呢，Y要加油啊！呵呵（笑）	
D：（微笑、点头）好！（大口大口地吃）	Y终于开口回应了。

接下来是运用各种技巧，如微笑、鼓励的眼神、点头、鼓掌等身体语言与口头称赞等正增强手法来激励Y。在这一过程中，工作员与案主一起鼓励Y回忆上一周家里发生的趣事，引导她积极表达自己。此次谈话因Y要做按摩而结束。

（三）目标

工作员通过多次与案主及其女儿接触后，发现案主教育女儿总体说来张弛有道，但有时对女儿的康复进度会过于心急，情绪控制和处理能力有待加强；案主女儿沉静寡言，很少开口说话，但性格并不内向。因此工作员决定采取角色扮演的方法，帮助案主学会从多方面多角度看待问题，学会同理心，设定恰当的目标，逐渐形成理性思维，减少母女间的冲突，从而提高案主的危机处理能力及情绪自控能力。

（四）介入方法及技巧

（1）在介入过程中，工作员着重通过演绎、设问、反映感受等技巧来引导案主与女儿站在对方的位置，体会对方的感受，从而缓解冲突。

（2）工作员透过眼神、点头、手势、微笑等肢体语言技巧来回应，表达对案主及其女儿的关怀与支持。

（3）在介入的过程中，工作员注意观察案主及其女儿的表现，关注双方感受，避免案主或其女儿抗拒工作员的介入。

（五）预计困难及解决方法

（1）由于此次谈话是由突发事件引起的，工作员事前并不知道案主和其女儿之间发生了冲突，所以属突发事件的应变，工作员凭借自己对案主及其女儿的了解来临场处理双方冲突。

（2）案主的女儿较少用语言表达自己的感受，所以工作员会根据实际情况，有意识地通过演绎协助她表达，澄清双方意思以安抚案主的情绪，缓解冲突。

三、第二次会谈记录

时间：2005年7月7日（星期四）

地点：××康复机构的站立架旁

参与面谈者：W（工作员），C（案主），D（案主女儿Y）。

面谈目的：

（1）了解案主女儿在家和在中心的情况；

（2）了解案主所处的环境，包括其家庭、朋友、社区等环境对她的影响，从中找出有利其改变的因素，探讨问题的成因。

（一）面谈过程记录及分析

具体面谈过程记录及分析见表4－3。

表4－3 第二次面谈过程记录及分析（节选）

面谈内容	谈话内容分析及介入技巧
W：Y、阿姨，早上好！（微笑）	
D：（对着工作员微笑）	表示开心。
C：姐姐早上好！我说姐姐今天肯定会来的，妈妈没骗你吧（对女儿）。她今早老是问你今天来不来。	
W：Y想姐姐了？好开心哦！（微笑）哇，Y今天的衣服好漂亮哦！裤子上还有朵漂亮的花，像Y这么漂亮的花！	从身边的细节发现亮点，用赞美的语言来消除对方的拘束，表达对她的关注。
D：（望望裤子，微笑）	
C：是啊！看，姐姐夸你啊，快说谢谢了！	注重孩子的教养（由于女儿不爱讲话，代女儿回应）。
D：（面带羞涩，嘴角上扬，但仍不出声）	开心但羞于表达。
W：嗯，Y穿了这身衣服，显得好醒目，更漂亮了！喜不喜欢这套衣服啊？讲给姐姐听吧。	鼓励她用语言表达自己的感受。
C：喜不喜欢，告诉姐姐啦！	
D：（微笑，依旧不说话）	
W：嗯，那如果你喜欢就点点头，不喜欢就摇摇头，好吗？告诉姐姐，喜欢这衣服吗？	换种方式引导她表达自己的感受。
D：（点头，微笑）	表达意见。
W：嗯，Y好乖！今天这么漂亮，如果做运动时腰挺直些，头抬高点就更醒目了。	用案主女儿容易接受的理由，引导她积极做运动，为与案主作进一步交流创造条件。
D：（腰挺直，头抬高）	受鼓励，积极性上升，动作到位。
W：（拍掌，竖起大拇指）对，做得很好！记住，挺直腰，抬起头，人才会醒目的。加油啊！	对她的努力及时给予关注与回应，以增强理想行为出现的频率。
C：（微笑）对了，听姐姐的话，现在做得很好，要坚持住！	适时配合工作员。
W：（转向案主）Y好可爱！不过好像话比较少。	试探性询问，引导案主关注女儿的这一事实。
C：（笑了笑）是的，她是这样的，甚至很多时候人家问她，她都没反应，不理睬人家。	案主早已留意到这一问题。
W：她对每个人都是这样的吗？还是对着不太熟悉的人才会这样？	进一步询问，引导案主分析。

续表 4－3

面 谈 内 容	谈话内容分析及介入技巧
C：她在家里好多话讲的，叽叽喳喳，但在外面就很少讲话了。	女儿在不同环境会有不同的表现。
W：哦？在家里是指和爸妈及家族里的人相处时很多话讲，是吗？与周围的邻居呢？	细节询问，进一步分析。
C：她跟家族里的人有很多话讲的，如跟她表哥、表姐等，跟几个熟悉的邻居她也会打招呼，但对其他人她都是不理睬的。	
W：（点头）哦，看来真的是要跟她熟悉了，她才会主动讲话的。但我觉得其实你很健谈，为什么 Y 会这样呢？是不是她爸爸比较内向，有遗传？或是有其他因素影响？	因案主未能说出女儿不爱说话的原因，故以开放性的问题引导案主思考探讨其背后的原因。
C：不会。她爸爸也很开朗的。唉！她的脑部受到了损伤，怎样都比不上正常的小朋友。	叹气，表示案主对此感到失落，并根据自己的推断，给了一个自己能接受的理由。
W：嗯，也不排除有这个可能，脑部受损，对孩子的表达能力或多或少有些影响吧。	表达同感。
D：（眼睛四处张望，动作不到位，速度减慢，情绪较之前低落）	可能因为听到工作员与案主的对话，情绪低落，心不在焉。
C：（皱眉头）Y，挺直腰，抬起头来，收起小屁股。	注意到女儿的表现不如之前理想，注意力转移到督促她做运动上。
W：（微笑）Y 很聪明的。姐姐以前只要稍微告诉一下 Y 如何用力挺腰，收起小屁股，Y 马上就学会了。现在还记不记得该怎样做啊？做给姐姐看，看你忘了没有。	及时关注案主所关注的问题，以便继续沟通，并启发 Y 自己思考如何做才正确。
D：哈哈！（动作到位）	重新得到关注与鼓励，开心起来。
W：（鼓掌）嗯！做得很好，Y 很棒，没有忘记！要能一直保持这么好，就更棒了！刚才 Y 笑得好好听，像小鸟唱歌一样好听，Y 平时应该多点笑，多讲话，那姐姐就能常听到小鸟唱歌了。	点名称赞，适时鼓励，增强她自我表达的自信心。
D：（笑得更大声、开心）哈哈哈！	
W：不过，现在那位声音很好听的小朋友，忘了把小屁股收起来，成了翘尾巴的小鸟了，没有那么漂亮了，要怎样才会变漂亮一点呢？	以活泼的方式指明做得不够好的地方，启发她的独立思考能力。
C：（微笑）是啊！这里有一只翘屁股的小鸟，大家快来看啊！呵呵！	与工作员配合，体现对工作员介入的肯定与支持。

续表 4－3

面谈内容	谈话内容分析及介入技巧
D：（嘴角一直上扬，卖力做运动，动作到位）	被逗乐了。
W：（鼓掌）哇，好棒，尾巴收起来了，很漂亮！加油！	关注她的改变，及时给予肯定，增强理想行为的维持。
C：（笑）没错，做得很好。Y！加油！	
W：（转向案主）Y 好可爱！你们是什么时候发现她在熟人和陌生人之间的表现反差会这么大的？	适时回应，再次引起话题。
C：当她一岁多会讲话时。通常人家问她话，她都不爱搭理，但在家里的情况会好些。	
W：看来你们也很早就留意到这个问题了。当时你们是怎样想的？	设问，引导案主描述宣泄。
C：一开始时我和我先生都想不通：我们小区里的孩子都是健健康康的，为什么唯独我们的女儿不会走路也不爱说话？	开始时案主处于难以接受现实的阶段。
W：我明白。周围的小朋友都健康活泼，只有自己的孩子情况比较特殊，难免会伤心难过，觉得难以接受。那后来呢？这个疑问会一直困扰到现在吗？	同感，反映内容，引导案主进一步表述。
C：唉！时间久了，我们都已接受现实了，她就是这样，你也没办法！	无奈地接受现实。
W：（点头）她在家里会讲很多话，说明她的表达能力还是可以的，只是在不熟悉的人面前羞于表达。那你们有没有针对这一问题，尝试过一些方法让她在陌生人面前也变得活跃些？	提醒案主一些须注意的事实，引导案主反思。
C：我们都不懂，也没有什么特别的方法，只是会多带她出去玩，让她多接触一些人，希望这样她会变活泼点。	案主对问题的处理方法。
W：那效果怎样？会好点吗？	
C：没什么很大的改变。他爸爸经常带她去见他的朋友，但她经常是十问九不应，害得我们常要跟人解释她就是这样子的，烦死了！他爸爸的朋友很多都是些有身份有地位的人，所以说实话，我们有时真的不愿带她出去。	案主存在焦虑、沮丧、不安、痛苦、自卑情绪，担心女儿因社会的异样眼光而受到伤害。
W：（点头）可以理解，你和你先生在各方面都是比较成功的，只有女儿的情况比较特殊，所以想尽力改变，但当面对一些在各方面都比较成功的人时，难免会觉得面子上过不去，两种心理的较量煎熬，让人很烦躁。	诠释，表达同感，积极回馈，站在案主的角度设身处地为其着想，无条件地、完全地接纳案主，避免案主的心理负担过重。

续表 4-3

面谈内容	谈话内容分析及介入技巧
C：（点头）是啊！真的很矛盾。	表示理解正确。
W：那总体来说，带她出去与不带她出去你们的内心很矛盾，结果通常会是怎样？	启发案主更开放地表达自己。
C：（笑）通常是下定决心带她去，去了之后就后悔，但下次还是会带她去。	案主矛盾的心理与行为，承受双避式冲突。
W：看来真的是父爱母爱战胜一切。（微笑）那在康复中心里有没有 Y 愿意主动沟通或比较熟悉的人呢？	转换角度，了解案主现在所处的环境可能存在的助力或阻力。
C：有。婷婷（中心里的另一个小朋友）的妈妈啊，我们同宿舍的（康复中心为脑瘫儿童的家长备有宿舍），开始时 Y 也不理她，熟悉后，Y 会经常对她说："阿姨，我会走路了。"或者说一些平常发生的事。可能是因为同住，像一家人吧。（笑）	案主为孩子的转变而欣喜。
W：嗯？有可能。我听这里的医生说脑部受过创伤的儿童，一般依赖感较强，而且缺乏安全感，所以自我保护意识较强。而家人给人以安全、可依赖的感觉，所以面对家人时，防卫心理会放松。可能 Y 觉得婷婷妈妈像家人一样，所以会跟她有很多话讲。如果真是这样，我们可以增强 Y 的有能感，让她觉得自己是有能力的，这样可以增强她的自信心和安全感，慢慢她会较易与人沟通。	与案主讨论，分析问题成因，提供各种可能的解决方案，让案主感到工作员的真诚与关心。

（二）目标计划

（1）从案主女儿的行为表现入手，引起案主对女儿较少开口讲话这一现象的关注，了解案主对此的态度、感受及采取的处理方法，从中发现解决问题的助力和阻力。

（2）协助案主在思想、价值取向上的改变，使案主不至陷在自己营造的困境中不能自拔，让案主接受一套理性的人生哲学，放弃不适当的情绪反应，树立正确的自我意识，正确对待他人对自我的评价，树立乐观积极的人生观，形成良好的自我调节心理机制。

（三）介入方法及技巧

（1）在介入过程中，工作员运用诠释、提问、反映内容和感受、澄清等技巧，引导案主进一步探索、宣泄及反思。此外，工作员亦透过眼神、点头、微笑、拍掌、手势等肢体语言技巧来回应并表达对案主及其家庭成员的关怀。

（2）与案主探讨问题的成因时，工作员将自己不肯定的信息传达给案主，虽是出于为案主提供可能解决的方案，但由于信息未能确定，有可能会误导案主，因而及时表明信息的信服度以降低可能存在对案主的负面影响。

（四）预计困难及解决方法

（1）案主的时间都分配在配合女儿做运动方面，谈话只能是在案主陪同女儿做运动的过程中进行，所以在谈话的过程中，工作员注意关注案主关心的问题，协助案主的女儿做运动，解决案主的顾虑，减少会谈的阻力。

（2）康复中心的环境嘈杂，且另约时间地点进行会谈的可能性较少，所以需要适当提高音量，并注意语速。

（3）受案主女儿做运动时的表现情况的影响，案主与工作员的注意力要不时转移到孩子身上，因而谈话的话题会不断跳跃，很难集中只谈一个问题，所以工作员会有意识地引导案主谈论工作员希望与案主谈论的话题，保持话题的一致性。但若案主更想谈论另一话题，工作员会考虑与案主探讨她所关心的话题。

四、第三次会谈记录

时间：2005 年 7 月 13 日下午

地点：××康复机构 1 号课室外

参与面谈者：W（工作员），C（案主），D（案主女儿 Y）。

面谈目的：做好结案的准备工作。

（1）与案主及其女儿一起回顾合作期间所取得的进步；

（2）请案主对工作员的工作给予口头反馈，分享双方对结案的感受；

（3）巩固已有的进步并促进案主不断进步。

（一）会谈记录及分析

具体会谈过程记录及分析见表 4－4。

表 4－4　第三次会谈过程记录及分析

面谈内容	谈话内容分析及介入技巧
W：（微笑）Y、阿姨，下午好！	
C：（微笑）姐姐下午好！Y 应该跟姐姐说什么啊？	
D：（微笑）姐姐下午好！	经过一段时间的接触，Y 对工作员的防卫心理减少，双方建立了真诚信任的关系，虽然 Y 是在妈妈的提示下和工作员打招呼，但毕竟开口说话了，和以前相比，是一个很大的进步，也表示了她对工作员的接纳。
W：Y 好乖，开口跟姐姐说下午好了！姐姐好开心！还有，今天早上 Y 的表现很好，走路又快又稳，进步了很多，不过还要继续努力加油！	及时回应，点名称赞以增强理想行为的维持，同时为 Y 的进步而欣喜。
C：是啊，最近进步了很多，姐姐叫你要加油，等一下表现好点给姐姐看好不好？	与工作员配合，共同激励女儿。

续表 4－4

面谈内容	谈话内容分析及介入技巧
D：（点头，开心地笑了）	
W：（转向案主）不知你留意到没有，我发现最近 Y 的话比以前多了，不再那么沉默寡言了。像刚才她开口和我打招呼，而以前在这种情况下，她通常只是对我笑笑而已。	引出话题，提醒案主关注女儿的一些转变。
C：是啊，她跟你熟悉了后就会有很多话讲的了。刚才你们没到时还问我等一下你会不会来。她现在比刚来这里时开朗了，也许是对这里的人和环境熟悉了吧。谢谢你们一直对她这么关心和爱护。不过你们走后这里可能就会冷清很多了，小朋友们肯定会很想你们的。	女儿的转变令案主深感安慰，同时对工作员的即将离去流露出不舍之情。
W：这段时间在这里和大家一起努力，看着小朋友们每天都在进步真的很开心，但我们的实习快结束了，真的很舍不得大家啊！	适度自我表露，与案主分享对结案的感受。
C：你们这个星期结束实习对吧？下星期就不来了吗？	
W：是啊，不过这段日子真的很高兴，我们有时间一定会回来看小朋友的。	表示结案后仍会继续关注他们，以减少结案带来的消极影响。
D：（望了望工作员，低头，扁嘴）	神情低落，不舍。
W：（摸摸 Y 的头）姐姐真的很不舍得 Y 啊！不过以后即使姐姐不在 Y 身边，姐姐也会很想念你的！你也要加油，听老师和妈妈的话，努力做运动，下次姐姐回来看你时，看到你有进步姐姐会非常开心的！答应姐姐，下次姐姐见到你的时候比现在有进步，好不好？	及时关注，对案主女儿进行情绪上的疏导，提出期望，激励她继续努力。
D：（笑，点头）	不习惯自我表达，以身体语言接受约定。
W：好，那我们拉钩约定！输了的话要罚唱歌。（拉钩）	以约定的形式激励她努力练习，避免因工作员离去而出现行为消退，增强理想行为的维持。
C：听到了吗，姐姐这么疼你，要努力做好些给姐姐看，知道吗？（转向工作员）天下没有不散的筵席，你们也要好好读书！不过这段时间真的很感谢你们对这里的小朋友这么有爱心。	与工作员配合，体现了对工作员介入的肯定与支持。 与工作员分享结案的感受。

续表 4－4

面谈内容	谈话内容分析及介入技巧
W：别这么说，其实我们也没帮上什么，小朋友的每一个小小的进步，除了小朋友自身的努力外，家长和老师的鼓励与悉心教导也很重要。不过我们看到小朋友们这么可爱，真的很想为他们做些什么。	引导案主对工作员的实习给予口头反馈。
C：你们真的很有爱心，在外面别人都会用异样的眼光看着我们，但在这里感觉很舒服，因为大家都一样，并且这里有你们这么关心他们，令他们这么开心。有时看到你们这么有耐心地对小朋友，自己也会受影响的。以前当 Y 不乖时，我就比较容易发脾气，但看到你们这么有耐心，常常鼓励小朋友做运动，而他们又听你们话时，我发现现在自己对 Y 都比以前有耐心了，不会那么急躁了。（笑）	坦言自己内心的感受，意识到工作员介入后自己的转变，并为这一转变而欣喜自豪，体现了案主的成长。
W：（微笑）真的吗？真的很高兴听到你说这样的话！谢谢你对我们的肯定。其实我们真的很感谢你们一直以来对我们的支持和鼓励，不然我们的实习也不会如此顺利和完满。	进一步与案主分享感受。
C：其实有你们在，这里才会这么热闹，我们在这里也开心了很多。而且看到你们对这里的小朋友的康复这么热心，我们做父母的也会更加有动力的！因为我们的压力也很大，看到孩子没有什么进步，有时难免会很灰心。	体现了案主对工作员介入效果的肯定。
W：我知道。可怜天下父母心！不过康复是需要一个过程的，小朋友们有明显的进步更是需要一定的时间，这事急也急不来。如果父母太心急，可能会给自己和小朋友很大的压力，反而不利于小朋友康复。所以家长以平和的心态面对康复的问题是很重要的。	表达同感，提醒案主应注意的一些事实，灌输一套理性的态度和信念。
C：（点头）我知道。不过有时真的会不知不觉地心急起来，很难控制的。	进一步自我表露。
W：我能理解。其实每个人都会有失控的时候，所以有时也要懂得释放压力，别让自己太累了，一步一步来，即使是小小的进步也是不断向目标迈进。脑瘫康复注定是要打持久战的，所以调整好心态，争取早日“抗战胜利”。	表达同感，帮助案主分析现实，澄清案主心中的焦虑，减缓她不必要的压力。
C：（笑了起来）是啊，这的确是一场战争啊！	

（二）目标计划

工作员主要通过适度的自我表露与案主及其女儿分享双方对结案的感受，引出她们对结案情绪的释放，同时通过过程回顾引导案主对获得成功和自身成长的欣喜，激发案主有更大的信心面对以后的生活。

（三）介入方法及技巧

（1）在介入过程中，工作员通过眼神、点头、微笑等肢体语言技巧来回应，注意观察案主及其女儿的反应，及时回应，表达关怀和支持。

（2）因为处于结案阶段，因而工作员主要运用同感、反映、演绎等技巧来引导案主更开放地自我表达，同时工作员通过自我表达与案主及其女儿分享感受，释放结案情绪。

（四）预计困难及解决方法

（1）案主的时间和精力主要都花在孩子做康复运动的训练上，注意力很容易受孩子的影响，因此工作员选择小朋友们喝下午茶的时间开展面谈，既不影响小朋友的训练，案主的注意力也较少受孩子的干扰。

（2）康复机构的环境比较嘈杂，开放性高，而下午茶时间也相对安静，适当提高音量也不会造成对旁人的影响。

五、结案摘要

（一）当个案开始时，案主的优势和劣势

（1）优势：案主的家庭属于知识分子家庭，经济条件不错，故经济压力较小。同时案主作为一名小学教师，文化水平较高，管教和培育孩子的方法总体上比较恰当，对女儿康复的前景持比较积极乐观的态度。

（2）劣势：女儿的脑瘫使案主承受很大的压力，有时对孩子的康复进度表现得过于急切，情绪自控能力不高，且较看重他人对自己的评价。

（二）当个案开始时，工作员对案主问题采取的措施

（1）帮助案主正视现实，以减缓其不必要的压力。

（2）提高案主的情绪自控能力，正确处理与家人、朋友之间的关系。

（3）协助案主在价值观上有所改变，灌输理性信念。

（4）对案主及其女儿进行情绪疏导，鼓励案主增强面对以后生活的信心。

（5）引导案主关注其女儿的发展状况，促进其健康成长。

（三）当个案开始时，个案发展情况

案主虽很早就留意到女儿极少开口说话，心理上却没有给予足够的重视，在工作员介入的过程中，案主积极配合，使得案主女儿有了可喜的转变，并且在这一过程中案主的情绪自控能力得到了较大增强，接受了一套理性的信念和价值观，能够客观面对现实，处理与家人、朋友的关系的能力也有所提高，教育孩子的方法也有所改善，虽然他人的评价仍会影响案主的自我评价，但影响的程度相对减小了。

（四）结案建议

本次个案总体上比较成功。工作员运用一般（通才）介入模式，转变了案主的思想观念，帮助其树立了一套理性的价值观，使案主产生积极的正面情绪，使其更自信地面对以后的生活，有利于案主女儿的健康成长。针对案主有较高的思想、文化水平，因此可继续由有经验、阅历深的工作者对案主作进一步服务。

思考题：

1. 残疾人个案社会工作的程序是怎样的？
2. 残疾人个案社会工作的服务模式有哪几种？
3. 请研讨本章收录的案例，并提出需要改进的地方。

第五章 残疾人小组工作

教学重点

- 残疾人小组工作的目标
- 残疾人小组的类型及特性
- 残疾人小组工作的实施模式
- 残疾人小组工作的流程
- 残疾人小组工作实例分析

第一节 残疾人小组工作概述

一、残疾人小组工作的定义

所谓残疾人小组工作，是指运用社会工作中小组工作的方法，在医务人员、教师、社区工作者等相关人员的配合和支持下，由残疾人及其家属等为基本成员组成小组，通过小组工作者的引导，小组成员间的经验分享、情绪支持和相互讨论，产生行为改变和恢复正常功能，以及与他人和周围环境达成有效的调适，最终促进残疾人功能恢复和能力发展的专业服务。这个定义强调：

第一，残疾人小组工作要考虑到残疾人的身心特点，特别需要小组工作者充分运用社会工作的理念、理论、方法和技巧。

第二，残疾人小组工作的开展不仅需要社会工作的知识，而且需要医学、病理学及康复知识，小组工作者需要学习这些相关的知识。

第三，残疾人小组工作应以医院、学校或社区为依托开展工作，需要得到医务人员、教师、社区工作者等相关人员的配合和支持。

第四，残疾人小组工作的开展需要充分激发小组成员的动力，以促进小组成员对生活的热情。

第五，残疾人小组工作的服务对象除了残疾人外，对残疾人家属也要视情况予以帮助。

二、残疾人小组工作的目标

残疾人小组工作的目标就是协助小组成员发展他们的能力，提供给小组成员松弛身心的经验与创造、分享、表达自我之能力的机会。小组工作的原则要和大目标一致，但因为各领域的小组需求不同，因此小组发展的目标也有差别。对于残疾人小组工作的目标主要有以下几种：

（1）让小组成员了解残疾人致残的原因、残疾的表现，以及身体康复知识和过程。

（2）协助残疾人及其家属克服心理困扰，提供情绪支持，提升其社会心理功能。

（3）帮助残疾人认识自我，了解自我，努力发掘个人优势与潜能，提高个人能力。

（4）加强小组成员之间的联系与信任，使成员之间建立友谊，提供互相支持。

（5）促进残疾人及其家属与康复医院、学校、社区的沟通与理解，更有效地利用社会资源。

（6）促进社会公平，消除社会歧视，创造有利于残疾人康复和回归社会的外部环境。

三、残疾人小组的类型及特性

根据残疾人及其家属的需要以及小组工作的特点，我们可以将残疾人小组分为很多种类型，每种类型的小组有其不同的目标、工作重点、沟通方式以及运作模式，表5－1对几种主要的残疾人小组类型以及特性做了一番比较，可以为我们开展残疾人小组工作提供借鉴。

表5－1　残疾人小组类型及特性比较

小组特性	残疾人小组类型			
	治疗小组	教育小组	自助小组	社会改变小组
目　标	协助组员改变或改进其社会心理功能	引导组员学习康复知识和制订康复计划	协助组员相互帮助和支持	消除社会歧视、改善社会环境
社会工作者角色	专家、权威人物、改变者、使能者	促进者、引导者、信息提供者	促进者、引导者	宣传者、引导者、促进者
工作重点	组员的问题呈现、原因剖析、介入策略	康复知识的传播和康复计划的制订	组员的觉醒和自助能力的发展	成员价值观的重塑、社会改变行动计划
维系动力	组员期待改变的愿望和组员之间的支持	组员的现实需要和学习愿望	组员的潜能和自助互助能力	社会责任感、使命感和平等意识

续表 5 - 1

小组特性	残疾人小组类型			
	治疗小组	教育小组	自助小组	社会改变小组
沟通模式	社会工作者对组员的引导	社会工作者引导，成员间互动	社会工作者引导，成员间互动	社会工作者引导，成员间互动
组成成员	面临共同问题的残疾人或其家属	有共同需要的残疾人或其家属	有一定自助互助能力的残疾人或其家属	致力于残疾人事业的工作者、志愿者或具有一定社会影响力的残疾人士
自我披露程度	高度	低度	低度或中度	低度

注：① 使能者（enabler）：帮助个人、团体、社区精确地了解需求，澄清与认定其问题，探讨解决问题的策略。

② 调解者（mediator）：社会工作者使用妥协、协商、调和、沟通双方的意见与利益等，使争议得到公平合理的解决。

③ 协调者（coordinator）：将社区中各部门的工作串连在一起。

④ 行动者（activist）：为了有利于弱势者的社会、政治、经济结构与制度而参与权利与资源的重组活动。

⑤ 教育者（educator）：教导案主解决问题的技巧及从事教育社会大众的工作。

⑥ 倡导者（advocate）：社会工作者为案主的最佳利益争取、辩解，包括个案倡导、政策倡导、立法倡导三种。

⑦ 公众发言人（public speaker）：社会工作者可成为弱势者的代言人，为其争取社会福利资源。

第二节 残疾人小组工作的实施模式及范例

一、残疾人小组工作的实施模式

残疾人小组工作的实施模式是对开展残疾人社会工作的一种经验积累和提升，可以用来直接指导残疾人小组工作的开展和实现小组工作的目标。涉及残疾人小组工作的实施模式有许多种，其中社会目标模式、交互模式、治疗模式为小组工作的三大基本模式。现将这三大基本模式加以比较，见表 5 - 2。

表5－2　残疾人小组工作实施模式比较

特点＼模式	社会目标模式	交互模式	治疗模式
目标	消除社会歧视、改善社会环境、利用社会资源	通过组员互动，使个人和社会的功能都得到增强	通过小组帮助个人达到心理、社会与文化的适应
成员	致力于残疾人事业的工作者、志愿者及残疾人	有一定自助互助能力的残疾人或其家属	有较严重心理障碍和人格障碍的残疾人及其家属
社会工作者角色	倡导者、引导者、使能者、资源提供者	协调者、使能者	治疗师
实践原则	民主参与、组员自决、组员共识、小组任务完成	启发组员思考、订立明确契约、充分利用社区资源	充分准备，明确治疗方法和技术，准确评估
优势	强调个人问题和社会结构问题的解决相关联；接近社区工作，可以充分利用社区资源	突出助人自助的信念，有利于组员发挥能动性和自觉意识	有丰富的治疗体系，效果明显
限制	过分依赖意识形态，缺乏系统性，忽视个人的独特需要	对个人期望和个别化的关注不够，社会工作者的权力不足	限制了组员的潜能和能动性的发挥
理论基础	缺乏理论支持	系统理论、场域理论、沟通理论	精神分析、行为认知、人本主义

二、残疾人小组工作的实施模式范例

（一）社会目标模式范例

1. 小组名称

“尊残助残”小组。

2. 小组成员

15～25岁的未婚健康青少年助残志愿者20人，男女各一半；或者25～45岁的已婚健康中青年助残志愿者20人，男女各一半。

3. 工作理念

每个人都应该有一定的社会责任感，每个人的潜意识中也都存在一定的社会责任感，通过一定的方法与技巧使这种责任感能够被激活和强化，一个由有社会责任感的市民所组成的小组会促进社会的变迁与发展。

在这一模式中，社会工作者应该是一个能够影响他人积极行动起来的人，他凭着自身的社会意识和社会责任感积极鼓励每一个团体成员都承担起公民的责任，进而建立更美好的社会。

4. 小组工作总目标

（1）以各种形式宣传中国当前残疾人的现状（规模、类型、分布）、致残原因及生存状况。

（2）以模仿或游戏形式，让小组成员体会残疾人的痛苦：身体上的痛苦、精神上的痛苦、社会歧视，使小组成员真正理解残疾人的痛苦和需要，从而给残疾人更多关爱与帮助。

（3）通过此次活动，使小组成员更主动地参与残疾人事业的发展，消除社会歧视，倡导新的社会进步文化：残疾人是我们温馨大家园中的成员之一，他们有权利平等地参与社会生活，分享社会发展成果。

（4）让小组成员更加珍爱健康，积极探索预防致残和残疾康复的有效办法，并将这些办法通过不同形式推广。

5. 工作地点或单位

社区、学校、志愿者组织、残疾人服务机构、大公司等。

6. 小组工作过程

（1）第一阶段

① 阶段目标：

A. 工作人员与小组成员互相了解，小组成员之间互相了解。

B. 促进小组成员对小组的认知，引发成员对小组的兴趣。

C. 引导小组成员积极参与小组活动，建立良好的工作关系。

D. 使小组成员初步了解中国残疾人的现状。

② 主要方法与技巧：

A. 用新颖、特别的方法介绍你自己。

B. 找到一个与自己有最多共同点的人，并说出共同点。

C. 自由组合成10对朋友，每一对朋友站到中间，介绍自己的朋友。

D. 让每一个成员轮流说出自己会对小组做出什么贡献。

E. 用图片的形式展示中国残疾人的现状。

（2）第二阶段

① 阶段目标：

A. 了解残疾人致残的原因及生存状况。

B. 分析小组成员对待残疾人的心理取向，进而反映出社会对残疾人的看法。

C. 增强小组成员对残疾人的理解与尊重。

D. 了解残疾人的需要。

② 主要方法与技巧：

A. 先由小组成员轮流一人一次说出一种致残原因，最后由工作人员补充和总结。

B. 一说到“残疾人”，每个人都会联想到很多东西，给5分钟时间，请每个成员写出他们联想到的词语（“头脑风暴”法）。

C. 角色扮演。分成四组，每两组表演相同主题：一位残疾人及其家人得到周围人的帮助；一位残疾人及其家人受到周围人的歧视。

D. 分组讨论残疾人的需要。

（3）第三阶段

① 阶段目标：

A. 增强小组成员的主动性、积极性、参与性。

B. 认识残疾人的人权。

C. 完善社会救助办法，以保障残疾人的基本生存条件。

D. 探索有助于残疾人自我发展的办法和途径。

② 主要方法与技巧：

A. 做抢椅子游戏。

B. 讨论残疾人的人权。

C. 学习中国目前的社会救助办法，找出其不足，讨论如何完善、落实它。

D. 分组讨论有助于残疾人自我发展的办法（涉及康复、教育、就业、扶贫、福利、文化生活、无障碍环境等领域）。

（4）第四阶段

① 阶段目标：

A. 协助小组成员制定今后的行动计划。

B. 制定小组成员的互动计划。

② 主要方法与技巧：

A. 让每一位成员在前面宣读自己的个人助残行动计划，工作人员及其他成员提供建设性意见，最后形成一份完善的个人助残行动计划。

B. 成员共同讨论并形成团体助残计划。

（二）交互模式范例

1. 小组名称

“携手前进”小组。

2. 小组成员

由有一定自助互助能力的残疾人或其家属组成，7人一组。

3. 工作理念

小组可以影响或改变个人的某些自我概念或想法，小组可使个人在实事求是的原则下获得问题的解决，小组生活可使人在小组中建立良好的人际关系，互相关心、互相学习、互相帮助，有助于问题的解决。小组的发展是小组成员互动的结果，小组成员在小组中分享责任与小组经验。小组工作者是案主与小组或小组与机构间的协调人，他的作用在于促进小组成员的互动以及为小组寻求外部资源。

4. 小组工作总目标

（1）帮助小组成员勇敢面对现实。

（2）介绍帮助残疾人康复的方法和技巧。

（3）加强成员之间的信任度和沟通能力，使成员之间建立友谊，互相支持。

（4）帮助成员充分发掘自身资源，并合理利用社会资源。

5. 工作地点或单位

社区、康复中心、医院、特殊学校等。

6. 小组工作过程

（1）第一阶段

① 阶段目标：

A. 工作人员与小组成员互相认识，成员之间互相认识。

B. 消除戒备心理，让成员敞开心扉，释放压力。

C. 让成员了解团体目标、内容与规则。

② 主要方法与技巧：

A. 工作人员营造和谐、温馨的环境，放轻音乐，让成员放松心情。

B. 工作人员以平等参与的身份作自我介绍，让成员接纳工作人员。

C. 工作人员及成员围坐，每一位小组人员与其左右成员互相认识，然后每一位小组人员用最简洁、生动的语言介绍其左右的朋友。

D. 说出自己今天的心情，分享共同感受。

（2）第二阶段

① 阶段目标：

A. 帮助成员勇敢面对现实。

B. 让成员了解彼此困难与需要。

② 主要方法与技巧：

A. 请有相同境遇但处理很好的家属谈亲身经历（从内部挑选或从外面请）。

B. 让成员说出自己的家庭情况，产生共鸣。

C. 讨论、交流，了解彼此困难与需要，促成成员互动。

（3）第三阶段

① 阶段目标：

A. 掌握帮助残疾人康复的方法与技巧。

B. 学会处理工作与家庭的关系。

C. 掌握释放压力的办法。

D. 让成员产生互助行为。

② 主要方法与技巧：

A. 请专家介绍帮助残疾人康复的有效方法与技巧。

B. 讨论“如何处理好工作与家庭的关系”。

C. 交流，探索释放压力的办法。

D. 讨论，彼此提供建议。

(4) 第四阶段

① 阶段目标：

A. 建立自信。

B. 了解可供利用的社会资源，发掘自身资源。

C. 展望今后的旅程，每名成员拟定个人行动计划与互助计划。

② 主要方法与技巧：

A. 开展游戏活动，如解人结。

B. 看“中国残疾人事业发展状况”的录像，了解可利用的社会资源。

C. 讨论，发掘自身资源。

D. 成员拟定个人行动计划。

E. 共同讨论，拟定互助计划。

(三) 治疗模式范例

1. 小组名称

“自立自强”小组。

2. 小组成员

由年龄相近、非智力残疾、存在一定程度的心理障碍或行为偏差的残疾人组成，6～12人为一组，双数为宜。

3. 工作理念

人类的潜在能力随着对社会的适应与再学习，而不断无限增长，小组工作能通过小组经验与智慧，增进个人身心的适度发展。小组在这里是治疗环境，也是治疗工具。小组工作人员以专家的身份出现，他的任务是研究、诊断与治疗，他必须有足够的能力去诊断个人的需要，安排治疗计划。

4. 小组工作总目标

(1) 帮助小组成员正视自我，面对现实。

(2) 让小组成员认识自我，了解自我，努力发掘个人优势与潜能。

(3) 帮助小组成员树立“自立自强”的信念。

(4) 协助小组成员制定自我发展计划与互助计划。

5. 工作地点

医院、康复中心、特殊学校等。

6. 小组工作过程

(1) 第一阶段

① 阶段目标：

A. 工作人员与成员互相认识，让成员相信并接纳工作人员。

B. 让成员彼此认识，尽可能消除戒备心理。

C. 通过成员互动，增强成员自信，消除自卑心理。

② 主要方法与技巧：

A. 工作人员精心布置活动场地，工作人员做自我介绍，营造出友善、自然、平等、尊重的氛围。

B. 小组成员做自我介绍后，让每一位成员凭第一感觉找出与自己性格最相近的人。

C. 小组成员自由组合成几对朋友，每一对朋友站到小组中间，介绍自己的朋友并说出朋友的主要优点。

（2）第二阶段

① 阶段目标：

A. 帮助成员认识自我、了解自我、接受自我。

B. 帮助成员发掘自身优势与发展潜能。

② 主要方法与技巧：

A. 小组成员介绍自己的成长经历，说出自己的痛苦感受。

B. 进行心理测试，做性格分析。

C. 看录像（如《阿甘正传》），谈体会。

D. 组织小组成员讨论，说出自己的优点与发展潜能。

（3）第三阶段

① 阶段目标：

A. 认识情绪。

B. 掌握舒缓情绪的方法。

C. 树立“自立自强”的信念。

② 主要方法与技巧：

A. 请专家进行情绪分析，并介绍几种舒缓情绪的方法。

B. 交流，探索更多的、可操作的舒缓情绪的方法。

C. 情绪表演。

D. 外请成功残疾人谈“如何树立‘自立自强’的信念”。

（4）第四阶段

① 阶段目标：

A. 了解可利用的社会资源。

B. 工作人员帮助小组成员拟定自我发展计划。

② 主要方法与技巧：

A. 看录像，了解中国残疾人事业所取得的主要成果。

B. 讨论有助于残疾人自我发展的社会资源。

C. 组织小组成员讨论并拟定今后的自我发展计划和互助计划。

第三节　残疾人小组工作的流程

一、计划阶段

拟定小组工作计划书（见附件5-1），并就下列问题与部门负责人或督导人员商讨。

（1）本单位实施小组工作的动机与目的是什么？

（2）哪些残疾人或家属较能接受以小组方式的协助？

（3）对残疾人或其家属所要解决问题的预测。

（4）该小组的具体目标是什么？

（5）哪些地方需要教师、医生或护理人员的协助？有关的教师、医生或护理人员对成立该小组的了解如何？

（6）该小组所需经费及场地如何安排？

附件5-1

小组工作计划书

一、小组名称：________________。

二、成立动机：________________。

三、小组目标：________________。

四、小组成员：________________。

五、活动方案设计（见下表）。

次　　序	活动内容
第一次活动 第二次活动 第三次活动 ⋮	

六、活动时间、地点：________________。

七、工作进度见下表：________________。

内　　容	完成日期
1. 整理案主资料，选择参与成员	
2. 邀请函的印制、发送	
3. 统计参加人员	
4. 小组前的个别会谈	
5. 协调会议	

续上表

内　　容	完成日期
6. 租借场地	
7. 问卷设计及印制	
8. 活动进行	
9. 评估	
10. 完成小组工作报告	

八、经费预算：________________________________。

九、活动副案：________________________________。

二、组织阶段

（1）社会工作者与准成员做个别会谈，向其说明成立小组的用意，并深入了解该准成员加入小组的动机与其需要解决问题的性质。

（2）集合所有成员，说明小组的性质及发展方向，并与成员共同确定小组目标、活动方式、聚集时间、地点及小组预定的期限。

三、执行阶段

应用小组工作的方法与技巧协助小组目标的达成，主要工作任务如下：

（1）随时了解残疾人身体康复状况。

（2）必要时请医护人员或专家列席。

（3）随时以口头或记录方式，让医护人员了解残疾人在小组中的状态，有助于物理康复。

（4）对每一次的小组活动或个别成员的进度做清晰扼要的记录，见附件 5－2。

（5）在每一次小组活动进行后，做一评估并修正计划。

附件 5－2

小组工作记录表

次别：________________________________。

时间：________________________________。

地点：________________________________。

出席情况：

参加人数：男______女______。

缺席人数：男______女______。

区位图：________________________________。

单元活动名称：________________________________。

单元活动目标：________________________________。

活动设计（见下表）：

活动内容	时间分配	备　注

小组过程概述：____________________________。

分析与解释：____________________________。

一、小组目标：____________________________。

二、小组气氛：____________________________。

三、小组动力（如发现次小组、配对关系、同盟关系、觉察小组抗拒、小组退化、审视小组中的权利关系、注意小组规范、评估小组发展层次、小组凝聚层次等）。

四、成员反应：

（1）口语参与程度（如很多、多、少、很少）。

（2）参与方式（如独白、解释、评价、询问、分享、建议等）。

（3）情绪状况（如热烈、兴奋、愉快、感动、沉闷、无聊、茫然、气愤、厌恶、排斥）。

（4）个人特别反应（如某成员焦虑或担心、防御、抗拒、转移、退缩，以及这次扮演的角色）。

（5）个人行为改变。

五、评估：

分析此次活动效果，领导者个人总结，说明待改进事项及建议。例如，对小组或个别成员的介入、想做却没有做到的介入、已做欲想改善的介入、这次活动对小组或成员可能产生的负面影响。

四、评估与结束阶段

评估是小组工作中重要和持续的一部分，贯穿于整个小组工作过程。评估的项目主要有：

（1）小组目标达成的测量。

（2）个别成员行为评价。

（3）小组活动过程及小组行为评价。

（4）社会工作者使用技术和方案活动的评价。

此阶段的重要工作事项如下：

（1）举办小组结束活动或仪式。

（2）小组总评价，并由成员填写评价表。

（3）针对有个别需要或特殊问题的成员，予以追踪辅导。

第四节　残疾人小组工作实例

实例1：“全新暑假”——六岁以下特殊孩子小组工作

（一）小组工作背景

广州某特殊孩子家长俱乐部是专门为特殊孩子的家长提供支持与服务的非政府非赢

利机构。临近暑假，孩子放假，家长大多要上班，出现了暑假孩子缺少提高的机会。这些孩子的特殊性主要表现在：患有唐氏综合征、脑瘫，以及自闭或发展迟缓，其轻重程度参差不齐。于是，我们社会工作者计划利用暑假开展特殊孩子小组工作，希望为孩子提供一个同辈群体，使孩子们有玩伴。通过与玩伴的沟通，孩子学会表达自己的意见，学会与他人相处，学习一些基本的社会规范。孩子们将学到的技能扩展到小组以外，与社会上的其他人有效地沟通和相处。在这个小组里，社会工作者还将安排手工类活动、英语课、体能训练、讲故事等活动，提高孩子的认知能力和协调能力。在这个过程中，社会工作者将以口头的形式和实物奖励孩子们，协助他们建立自信心和勇气。

此外，家长是孩子最亲密的人，虽然他们的孩子有某方面的缺陷，但是望子成龙的家长还是非常疼爱他们的特殊孩子，至少希望他们可以跟正常儿童一样享有学习机会以及欢乐的童年。我们要求家长陪同参与整个过程，让家长从旁观察如何有效地教导孩子，看到孩子一点一滴地进步，让家长看到希望。同时，家长会看到有很多人的处境和自己相同或相似，可以减少他们的孤独感，创造机会让他们互相聊聊感受，获取情绪支持，分享经验。

（二）理论支持

1. 需求理论

根据马斯洛的需要理论，人具有5个需要层次，即生理需要、安全需要、归属和爱的需要、尊重需要、自我实现的需要。学龄前的特殊儿童生活在家庭中，受到家人的保护和关心，他们的生理需要和安全需要是获得满足的。特殊儿童常常会遇到两个问题，一是找不到愿意接受的幼儿园，二是去了幼儿园却得不到适当的服务。因此特殊儿童经常无法实现后三个层次的需要。我们这个小组主要是为了实现特殊儿童归属和爱的需要、尊重的需要和自我实现的需要。通过让他们参加小组，使他们与其他人建立感情联系，使他们相信自己的力量和价值，使他们在生活中变得更有能力。

2. 社会学习理论

根据社会学习理论，在小组中，人们通过观察和模仿他人的行为就可获得改变，形成新的行为方式。小组对人的尊严和能动性给予了充分的肯定。在这个小组中，工作者示范读英语字母、涂色、做健康操等，使特殊儿童观察工作者的神态、动作、声调、语音，通过引导使儿童模仿工作者的语言和动作，让他们的发音更加清晰，动作更加协调，可以延长集中注意力的时间。根据儿童的表现，工作者适时给予奖励，使他们强化所学的行为方式。

3. 增能理论

增能理论从人的发展立场出发，认为通过一定的方法，残疾儿童可以在一定程度上恢复他失去的机体的、社会的功能，并有助于他们进入一般的正常的社会生活。增能不但在于恢复原本丧失的机体的功能，而且可以增强他们的生活信心。小组的英语字母发声和讲故事可以锻炼儿童的口语能力，协助他们准确发声；小组的健康操、手工类活动和敲打乐器可以锻炼儿童的肌肉能力，尤其是手部的肌肉能力，也可以协助儿童放松身心。小组的活动要求儿童在20分钟左右的时间内集中注意力做一件事，这样可以训练儿童集中注意力。由于工作者在活动过程中会适时地以口头的形式表扬儿童，在最后还会安排儿童向家长表演，展示他们的手工作品，颁发奖品，这些都会让儿童感受到自己真的很棒，从而增强他们的自信心。

4. 团体过程理论

团体过程理论认为，团体具有以下治疗因素：灌输希望、普遍性，练习社交技巧，人际学习。在小组中，儿童聚在一起，他们不再孤独，有了希望，也就有了力量。当他们看到别人也和自己一样有着同样的处境时，也就不会觉得自己是全世界最不幸的人。因为儿童要和工作者、组员沟通，所以他们在团体里会了解自己在团体内的人际关系，通过向他人学习，改善人际交往技巧。

5. 同辈群体理论

儿童极易受到同辈群体的影响，儿童会模仿同伴的语言、行为、游戏方式。小组的组员是儿童，相对于每一个组员来说，这个小组是一个同辈群体。在同辈群体中，儿童喜欢在游戏中互相比赛，这就让儿童产生动机去学习新的事物，以免在同伴中掉队。

（三）目标

（1）提高组员的语言表达能力、手脚协调能力。

（2）使组员可以集中注意力做一件事。

（3）使组员扩大社交范围，有更多的同伴。

（4）通过口头形式的鼓励和实物形式的奖励，提高组员的自信心。

（5）让家长陪同参与，使家长可以从旁观察工作者如何教导孩子。

（四）服务对象

（1）对象：六岁以下的特殊儿童。

（2）特点：家长希望提高他们的认知能力及社交能力。

（五）小组特征

（1）性质：增能小组。

（2）活动次数：六次。

（3）日期：2005年7月16日至8月20日。

（4）时间：上午9:30—11:30。

（5）地点：广州市××技工学校三楼课室。

（6）工作者人数：3人。

（六）招募组员的方法

（1）会讯通知。

工作者在机构的通讯上刊登活动简介，说明报名的细节；在机构的教育培训基地粘贴宣传海报，让前来的家长和小朋友都可以看到，而且在教育培训基地现场给家长介绍暑期班，回答家长的询问；在家长聚会时，工作者也向家长介绍暑期班。

（2）亲自致电。

（3）寄信和发送 E-mail。

通过这三种宣传方式，在报名日期截止时，参加暑期班报名的小朋友很多，超出了我们的预期，仅此次暑期小班就有 13 名小朋友报名。

（七）小组活动计划

1. 第一次活动：暑期班开学典礼

时间：2005 年 7 月 16 日 9:30—11:30

地点：××技工学校

活动内容及目标：

活动时间	目　　标	内　　容	所需人员及物品
5 分钟	宣布暑期班开学，家长清楚办学的主体	机构的负责人致辞	机构的员工，麦克风
5 分钟	介绍暑期班，让家长和孩子初步认识主要工作人员，给予大家参与的信心	由主持人介绍这个暑期班的时间、内容、工作人员，以及一些简单的要求，希望家长、孩子配合	参与暑期班的主要负责人，麦克风，工作名字牌
10 分钟	让家长正视活动的正式性，加强责任感	签约：由工作人员派发契约书给家长签名，提意见，发问	笔 13 支，契约书，义工 3 名
5 分钟	让组员意识到自己是学员，是暑期班中一员	自我介绍：所有组员围圈站，由小朋友自己讲出自己的名字“我叫×××”，工作人员给予鼓励，拍手欢迎	
10 分钟	让组员加强自我认识、自我观察能力	大风吹：让所有组员围圈，主持人站在圈中提出一些条件，“大风吹，吹走什么？”然后合乎条件的小朋友要以最快的速度跑到中间	
10 分钟	认识群体游戏常用的方法，认识输、赢	剪刀、石头、布的认识：由工作人员示范猜输赢，再教小朋友区分剪刀、石头、布	

续上表

活动时间	目　标	内　容	所需人员及物品
15 分钟	对颜色图形、英文字母的认识，认识小伙伴	报数分组：小朋友围圈轮流叫 1，2，1，2，喊 1 为第一组，喊 2 为第二组，分组站好。配对：①一个图形分两半，每个小朋友在分散后要找到另一半配对起来；重复。②每个小孩派一把字母扇，分散后找出另一个拥有一样扇子的伙伴，再讲出内容	字母扇 14 把，图形配对卡
25 分钟	让孩子动手，自己制作，锻炼美术、手工、创作能力	做标签：孩子画一个比较喜欢的图案；涂色；剪出来；再发卡纸鱼尾标签写上自己的名字，最后把鱼尾标签同喜欢的图案贴在一起，贴在衣服上	工作人员先做一个示范标签；剪刀；画笔，橡皮，颜色笔，卡纸鱼尾，扣针 15 个，打孔机
10 分钟	分享感受，讲出组员的优点	家长分享，工作人员总结，表扬孩子	

2. 第二次活动

时间：2005 年 7 月 23 日 9:30—11:30

地点：××技工学校

活动内容及目标：

活动时间	目　标	内　容	所需物品
10 分钟	帮助组员放松，活跃气氛	游戏：老虎捉小羊 所有人站在一个圆圈里面，工作者扮演老虎，组员扮演小羊，老虎要捉小羊。小羊不可以跑出圈外。被捉到的小羊就要扮演老虎	一条长绳，封箱胶
20 分钟	训练发声，训练口语能力	学唱儿歌《小星星》，由工作者教小朋友唱儿歌	音响，MP3，电子琴
20 分钟	发挥组员的创意，训练手部肌肉	给每一个组员一张蜡纸和一张画纸。让组员把蜡纸对折，随意地撕。撕完后摊开蜡纸变成窗花，把窗花贴在画纸上，写上自己的名字	画纸，胶水，蜡笔，蜡纸（多准备些）

续上表

活动时间	目　标	内　容	所需物品
20分钟	训练组员集中注意力，训练握笔姿势，强化对颜色的感觉	给每一个组员一张印有图案的纸，按照纸上图案涂色	有图案的纸14张，蜡笔
20分钟	训练组员的协调能力	工作人员教小朋友跳《三只熊》	音响，MP3，小熊头套13个
10分钟	分享感受，讲出组员的优点	组员的家长轮流发表感受，工作者根据组员的表现，表扬组员的优点	
后备节目	避免出现时间剩余太多	小朋友围圈，鼓声停了球落在谁的手里就要抽签做一个动作	鼓，球，抽签纸10条

3. 第三次活动

时间：2005年7月30日9:30—11:30

地点：××技工学校

活动内容及目标：

活动时间	目　标	内　容	所需物品及人员
10分钟	加强节奏感、手脚协调能力，以及听从指令做出反应	唱幸福拍手歌：由工作人员示范唱，做动作，请所有家长、孩子一起跟动作；请家长、孩子一起唱和做动作；由工作人员唱，并发出指令，要求孩子做	一个前鼓，歌词海报
20分钟	训练发声，训练口语能力	复习儿歌《小星星》，学习新儿歌《两只老虎》	音响，MP3，电子琴
30分钟	锻炼想象力，以及动作协调能力、表达能力	先由工作人员示范轮船拼图，然后每个小朋友自己拼轮船	拼轮船所用的纸件、胶水、蜡笔
20分钟	训练组员的协调能力，以及增强团体活动的合作	工作人员教小朋友跳《三只熊》	音响，MP3，义工4名，小熊头套13个
10分钟	分享感受，讲出组员的优点	组员的家长轮流发表感受，工作者根据组员的表现，表扬组员的优点	

续上表

活动时间	目　　标	内　　容	所需物品
5分钟	教孩子懂礼貌以及尊重老师，宣布正式课堂的完结	与老师再见仪式，孩子、家长围圈，一起说：老师再见。之后老师说再见，提示下一节课的准备工作	

4. 第四次活动

时间：2005年8月6日9:30—11:30

地点：××技工学校

活动内容及目标：

活动时间	目　　标	内　　容	所需物品及人员
10分钟	帮助组员放松，活跃气氛	推球游戏 组员围成一个圆圈站好，工作人员将两个健身球放到圈内，有球的小朋友把球推给其他小朋友	两个大的健身球
20分钟	强化上次活动中所学的动作，学习新的动作，训练协调能力	跳《三只熊》 由工作人员带领组员复习上次活动的内容，学习新动作	音响，MP3，义工4名，小熊头套13个
20分钟	协助组员感受声音，训练手腕和手肘能力	工作人员为每一个组员发一个半球石和一对筷子，带领组员有节奏地敲打半球石	半球石13个，筷子30双，音响，MP3
30分钟	加强对色彩的认识，提高将不同颜色组合的能力。手脚运动的协调，对集体活动的参与	组员自己选择颜色，在纸上描出自己的手或者脚的轮廓，然后涂色	大画纸，蜡笔，报纸，胶布
15分钟	分享感受，讲出组员的优点	组员的家长轮流发表感受，工作人员根据组员的表现，表扬组员的优点	

5. 第五次活动：趣味游戏

时间：2005年8月13日9:30—11:30

地点：××技工学校

活动内容及目标：

活动时间	目　　标	内　　容	所需物品及人员
15 分钟	巩固组员对儿歌的掌握	复习所学儿歌	音响，MP3，电子琴
15 分钟	巩固对《三只熊》舞蹈的掌握	复习《三只熊》	音响，MP3，小熊头套 13 个
60 分钟	提高组员参与意识和竞争意识，在游戏中锻炼口语能力、手脚协调能力	游戏 （1）跳圈圈：将 8 个圈放在地上围圈，抽所跳的项目，按照要求完成全程 （2）羊背上的孩子：2 人一组，骑着羊角球到终点线 （3）吹蜡烛：吹灭点燃的蜡烛 （4）钓鱼：在指定范围内用渔竿钓“鱼” （5）穿越封锁线：穿过一定高度的封锁线 （6）漫漫长路：走过半球石所组成的小路	蜡烛，圈圈，羊角球两个，粉笔，鱼图案若干，钓竿若干，绳子一条，半球石 10 对，星星，换购礼物，海报，火机，抽票箱，义工 12 名

6. 暑期班毕业典礼

时间：2005 年 8 月 20 日 9:30—11:30

地点：× ×技工学校

活动内容及目标：

活动时间	目　　标	内　　容	所需物品
20 分钟	为表演做准备	复习儿歌《小星星》《两只老虎》《幸福拍手歌》，舞蹈《三只熊》	音响，MP3，电子琴，小熊头套 13 个
25 分钟	向家长展示组员所学的技能，增强组员的自信心	表演儿歌《小星星》《两只老虎》《幸福拍手歌》，舞蹈《三只熊》，敲击乐	音响，MP3，电子琴，小熊头套 13 个，半球石 13 个，筷子 15 对
20 分钟	赞扬组员一直以来的努力，鼓励他们继续努力	（1）表彰大会：评选出各个奖项，为组员颁奖 （2）给每个组员赠送小礼物	奖状，小礼物
10 分钟	让组员家长重温小组内容，让工作人员了解组员家长对小组的感受	与组员家长总结，分享小组内容	

续上表

活动时间	目标	内容	所需物品
15 分钟	评估小组成效	家长做组后问卷，组员玩推球游戏	问卷，笔，健身球两个
5 分钟	领导总结	宣布结束暑期班，总结情况	麦克风
10 分钟		各组员自由活动，留影	相机

（八）所需资源

1. 人员

工作人员 2 名，义工 13 名。主要负责协助准备活动用的物品，协助维持活动秩序，为有需要的家长提供协助，协助工作人员进行活动。

2. 财政预算

收入	支出
（1）组员缴纳的费用 （2）中心津贴	（1）场地租用费用 （2）游戏物资 （3）手工材料费 （4）礼物 （5）奖状
合计	合计

3. 应变计划

预计困难	应对办法
（1）招募不到足够的组员	亲自致电与招募对象宣传
（2）工作人员未能同时兼顾到组员	邀请义工和家长从旁协助，对义工，在事前与他们作详细指示及分工，以便互相配合
（2）工作人员未能同时兼顾到组员	在小组活动初期，尽快掌握各组员的性格及所关注的事物，以便工作人员在运作时，能针对他们的需要提供适量的照顾 在每次活动之前构思活动流程及安排，在活动进行时工作人员需敏锐一些，并留意他们的言行并作适当回应
（3）组员跟不上进度	内容尽量精简，有吸引力 经常关注他们，鼓励他们发问 鼓励家长和义工从旁协助

（九）评估方法

（1）在小组的最后一次活动时，组员的家长将被安排完成一份问卷，以评估组员的能力有没有提高、行为方式有没有改变。

（2）在每一次活动的最后，依据组员家长的分享和感受情况作评估。

（3）依工作人员在小组活动进行时的观察及分析。

（4）从出席率及参与程度作评估。

（5）透过与组员的倾谈来了解他们对小组的感受及意见。

（十）契约

参加“全新暑假”暑期活动的有关注意事项

亲爱的________家长：

您好！感谢您接受××特殊孩子家长俱乐部的邀请，参加为期一个半月、共六次活动的“全新暑假”暑期活动。我们会努力通过唱儿歌、手脚掌画、跳舞、英语、体育、手工等活动提高小朋友的口头表达能力和手脚协调能力。根据小朋友的表现，我们会给予物质上或口头上的奖励，提高小朋友的自信心。为了让小朋友可以更开心地参加暑期活动，我们希望家长能遵守以下要求，协助我们办好暑期活动，促进小朋友的成长。

请按您的实际情况在□内打√。

□ 我会带孩子共同参与暑期活动。

□ 我会准时带孩子参加活动，不缺席，不迟到，不早退，有事不能参加提早向俱乐部请假。

□ 我会小心爱护公共财产（会场、教学用具），损坏照价赔偿。

□ 我会听从工作人员的安排和要求，尽量让孩子独立完成任务，在确实需要帮助时才协助。

□ 我会听从工作人员的安排，配合孩子准备相关学习用具。

“全新暑假”暑期活动是小朋友的成长活动，也是我们扬爱的成长活动，我们欢迎您对我们的活动提出宝贵的建议和意见，我们会根据实际情况认真考虑：

____

____

谢谢您的合作，希望“全新暑假”暑期活动；园满成功，我们一起努力吧！

家长签名：________

日期：________

（十一）小组活动后问卷

活动后意见调查表

活动名称：全新暑假综合体验班之小班。

负责人：

记分标准：5 分制。1 分最少，5 分最高。

(1) 您觉得这次暑期班有意义吗?

(2) 您觉得安排的这些活动与暑期班的主题符合吗?

(3) 在活动过程中，小朋友有没有学到一些技巧或新知识呢?

(4) 您觉得这些技巧或新知识对小朋友有帮助吗?

(5) 您觉得负责带领这次暑期班的工作人员称职吗?

(6) 参与活动时，您的小朋友和您是愉快的吗?

(7) 如果要您给您的孩子打分，衡量参与这次暑期班的表现，你会给多少分?

(8) 如果有机会，您会让您的孩子再次参与这类暑期班吗?　会　不会

(9) 您的孩子能参与这次暑期班，您从什么地方得知的?

(通讯，朋友通知，工作人员致电，工作人员寄信，E-mail)

(10) 您心目中的理想暑期班是怎样的呢?

(11) 您对这次暑期班的意见有哪些?

(十二) 小组活动评估

优点："2005 年 7 月 16 日上午，我们的"全新暑假"开班了！小朋友都来得比较齐，一开始小朋友不熟悉陌生的环境，他们表现得有点退缩，有的甚至哭闹不止，熟悉以后小朋友就玩得很投入。整个活动中，我们通过涂颜色、画画、拼图、唱歌、跳舞、游戏、敲击乐等，训练小朋友的认知能力、社交能力和身体协调能力。我们鼓励每一个小朋友自己独立参与，根据小朋友的表现我们适时地给予口头表扬，小朋友的作品我们都会贴在墙上展览，帮助小朋友建立自信心。活动过程中，家长都陪在小朋友旁边，提供协助。让我们感到意外的是，这个'全新暑假'班为家长们提供了一个交流平台，家长们常常会坐在一起讨论小朋友的情况，互相分享信息。"

不足："我们也遇到一些问题，例如有的家长不来参加活动却没有遵守约定向我们请假；玩热身游戏的时候我们没有控制好场面，显得有点混乱；我们和义工之间缺乏有效的沟通，结果活动的过程中欠缺默契。虽然遇到很多问题，但这也是我成长的一个机会，让我学习到很多应急的处理方法，而这些是书本上没有的。"

(注：该实例由华南农业大学社会工作系 2002 级余婉雯、黄韵菲两位学生在实习期间策划和实施，指导老师为唐晓容。)

实例 2："交流学习，缓解压力"——×自闭症教育机构家长支持小组

(一) ×自闭症教育机构儿童家长的需求评估

×自闭症教育机构主要服务对象是 2 ～ 10 岁的自闭症儿童，我们根据儿童自身症状的特点和严重程度设置不同的课程。由于自闭症儿童基本没有生活自理能力，100% 的自闭症儿童都需要家属（包括父母、祖父母、外祖父母，其他亲戚、保姆等）来照顾其生活和学习。与正常儿童的家属相比，自闭症儿童的家属除了要承受沉重的经济负担［包括学费（治疗费）、生活费、交通费、住宿费等］外，还不得不面对来自工作、

生活和社会舆论的多重压力，其心理紧张程度可想而知。不仅如此，我们在机构与这些儿童家属接触的过程中发现，有些家属在对孩子的教育方式上也存在很大问题。总的来看，家属的需求主要有以下两个方面：

1. 获得教育自闭症儿童的知识和信息

"家庭是人生的第一所学校，父母是子女的第一任老师"。家庭对儿童的影响主要是通过家属（尤其是父母）来实现的。家属对儿童采取的教育方式影响到他们的康复快慢，甚至是康复与否。

从我们的观察来看，很多家属在自闭症儿童的教育问题上走入了误区：有的家属出于爱子（女）之心，一味地溺爱孩子，不肯让孩子忍受一点点的"痛苦"；有的家属在家庭教育方面不能与学校所教授的学习内容保持一致，这就造成部分学生在学校很听话，但是回到家里反而不听话了；还有的家属认为孩子送到学校后，教育孩子就成了老师的义务，与自己毫无关系，回到家后既没有按照老师的要求进行巩固练习，也没有自己想办法寻找和摸索适当的教育方法；也有很多家属出于尽快治愈的良好愿望，会想尽办法在家里对孩子进行教育，但由于他们没有自闭症相关知识和信息的积累，治疗方法和治疗手段不科学。

2. 缓解心理压力，缓和不良情绪

自闭症不仅对孩子的人生产生了巨大影响，对孩子的家属影响也非常大。有的家属为了全天照顾孩子而辞去工作，失去经济来源；有的家属为了孩子而夫妻感情不和，家庭破裂；有的外地家属为了送孩子到机构学习而背井离乡，常年不能回家；有的家属因为自闭症孩子而受到亲戚、朋友、邻居和社会排斥，既没有朋友，也得不到任何支持，哪怕是一句微不足道的鼓励的话。几乎所有的自闭症儿童家属都存在或多或少的家庭问题、经济问题、生活问题、工作问题、人际关系问题和个人心理问题。他们因为孩子的病而烦恼，并承担巨大压力，但他们的心理压力却无法缓解，长此以往，这些心理压力势必会转化成负面的态度和行为，从而直接影响对孩子的教育效果。

在×自闭症教育机构经常可以看到家属聚在一起讨论各自孩子的病有没有进展，将来有没有康复的希望。时常可以听到家属发出"听说自闭症儿童99%都无法治愈"、"只要孩子能生活自理，我就心满意足了"之类悲观、消极的言论。从这些言论我们可以体会到家属的无助、无能、无奈。特别是在一些长期治疗但没有显著效果的儿童家属中，回避问题、自我封闭、焦虑、抑郁、低自尊、无信心等消极情绪非常普遍。

基于以上两方面的需求，我们觉得很有必要开展家属支持小组工作。通过小组活动，分享家属在教育孩子过程中的成功经验和失败经历。同时通过家属之间的相互交流和探讨，缓解压力，相互扶持，共同前进。

（二）小组筹备

1. 理论准备：寻找相关指导理论

（1）认知理论。"人的感觉是和他们怎样解释和理解情景有关的——如果你发现你的解释是错误的，并纠正了它，你可能发现你的心境随之得以好转。用认知术语解释，当功能障碍性思维隶属于理性反应时，一个人的情感逐渐改变。”（《认知疗法：基础与应用》，贝克）人通过理性认知，可以促进情感逐渐改变，有利于减少心理压力，增加安全感；同时，正确的认知有利于更好地教育儿童，促进儿童的改变。瑞士学者皮亚杰曾经研究指出：儿童的主要认知方式是具体思维，主要是靠感觉和模仿来认识整个世界，非常容易受到外界环境的影响。这决定了具体生活环境特别是家庭环境在儿童社会化过程中的重要性。

（2）建构心理学理论。每一个人都是意义的缔造者，通过分享与交流，将挫折与不幸视作成长的一个部分，使自己的情绪得到舒缓，心情愉快。（*Constructions of Disorder*, *Neimeyer*, *R. A&Raskin* 2000）将自己的经验同大家分享，增强了自己的信心，同时也有一种助人的成就感。同时根据美国心理学家鲍伦德的研究，家庭教养方式对孩子的社会化影响很大。最适合教养的方式是威信型的。相反，父母过于专制或宽容对孩子的成长都不利。这就要求父母在孩子教育上特别要注意方式方法，既不能动辄体罚孩子，也不能过于溺爱孩子。

（3）互动模型。互动模型的理论基础是系统理论和场论，它关注子系统（小组成员）和整体系统（小组环境和社会环境）的关系，而不是小组成员个人本身。互动模型关注的既在个人也在环境，要通过个人、小组和社会系统之间的开放和相互影响，以达到增强个人和社会的功能。小组是一个互动的系统，在小组中成员依靠其他成员作为自己解决问题、发现自己潜能和建立自信心的资源。（《社会工作概论》，王思斌）

（4）理性情绪疗法。理性情绪疗法是由临床心理学家埃利斯于1955年创立的，又称ABC性格理论。它的基本观点认为情绪问题是由于人的非理性信念造成的，最大特点是以观念、思想为突破口，通过改变人的非理性思想，达到改变沮丧情绪的目的，使人产生更积极与负责的行为。

2. 实践准备：制定小组计划书

我们首先对家长进行访谈，了解家长的基本需求，这样在制订计划的时候才会切合实际。在对家长需求有了一定了解之后，我们开始和机构谈判，因为我们开展活动要争取得到机构的大力支持。我们经过几番与机构老总的交涉以及几次和指导老师商量，最终制定出了小组计划书。

小组工作计划书

小组名称：“交流学习，缓解压力”——×自闭症教育机构家长支持小组。

指导老师：劳老师、肖老师。

工作人员：社会工作者陈、社会工作者江、社会工作者邓、社会工作者范。

目　　标：

(1) 分享得失，交流经验，缓解压力，舒缓情绪。

(2) 获得教育自闭症儿童的知识和信息。

小组特点：

(1) 性质：支持小组

(2) 活动次数：3 次

(3) 日期：2005 年 7 月 4 日至 2005 年 7 月 14 日。

(4) 时间：每周一、周四 9:00—10:30。

(5) 地点：×自闭症教育机构家长支持活动中心。

可用资源：

(1) 家长的经验。

(2) 机构的援助。

(3) 社会工作者的支持。

介入方法：

(1) 建立信任：建立互相信任的网络，获得安全的交流环境。

(2) 分享信息：分享关于自闭症的知识、教育经验，加强理性认知，改善情绪。

(3) 叙事抒怀：直面负面情绪，讲出自己教育孩子的故事。

(4) 群策群力：通过分享，助人自助。

(5) 同舟共济：让各位家长在分享经验教训的过程中，互相支持，共同发展，共同进步。

小组召集方法：

(1) 服务对象资格：×自闭症教育机构中的自闭症儿童家长。

(2) 在×自闭症教育机构贴宣传单，并接受家长的报名。根据报名家长人数来成立小组，若人数在 15 人以上，则按一定原则分成两个小组；若在 15 人以下，则组成一个小组，并规定截止日期为 7 月 1 日。

小组活动日程表：

单　元	时　间	主　题	内　容
1	7 月 4 日	相约一起	(1) 澄清小组目标，明确小组规范 (2) 组员相识（简略），建立信任互助关系 (3) 明确小组规范，增强小组的认同感 (4) 通过游戏，加强互动合作

续上表

单　元	时　间	主　题	内　容
2	7月11日	七嘴八舌	（1）各位家长经验的分享与交流 （2）讨论在家按照学校的方法去训练孩子的效果（首先，了解家长有否按照学校的方法去训练孩子，如没有，请他们尝试，下次小组报告效果）
3	7月14日	一起面对	通过相互提供意见以及分享参加小组活动的感想，在信任的基础上，共同发现积极情绪，共同与负面情绪抗争，感受团体支持的力量

（三）小组执行

1. 第一次小组活动

主题：相约一起

日期及整节活动时间：7月4日（星期一）上午9：00—10：30

活动内容与目标：

时间	地点	目　标	内　容	理论运用	所需物品
10分钟	×自闭症训练机构	1. 澄清小组目标，明确小组规范 2. 组员相互认识，建立信任相互帮助关系	社会工作者自我介绍，并致欢迎词		无
15分钟			工作者澄清小组性质、开展小组活动目的、目标、时间、活动安排		无
10分钟			“想象花猫”：（5分钟） 目的：以此说明，回避问题绝对不是解决问题的办法 操作：工作者让大家“闭上眼睛一分钟，千万不要去想一只花猫”，然后问大家想到了吗	理性情绪治疗法；建构心理学的理论；认知理论	无
25分钟			“分担照顾患自闭症子女的困难”： 目的：因共同的经历而引起共鸣，增强凝聚力 操作：首先采取自愿原则，若无法开展的话，则采取击鼓传花的方式，由音乐停止时传到花者说说“照顾患自闭症子女的困难”	小组动力学理论；互动模型	鼓1个；花1朵

续上表

时间	地点	目 标	内 容	理论运用	所需物品
25 分钟	×自闭症训练机构	3. 明确小组规范，增强小组的认同感 4. 加强互动合作	保蛋行动： 通过抽扑克牌，让抽到同一个数字的 3 或 4 名家长组成一个小组。每个小组有一个鸡蛋，一条吸管，一些透明胶。同一小组的家长一起想办法在 20 分钟内对鸡蛋采取保全措施，使鸡蛋从 1 米的空中落下不破为胜者，对获胜的小组给予小小奖励	小组动力学理论；互动模型	扑克牌 1 副，鸡蛋 10 个，吸管 10 根，透明胶 10 个，饼干 1 大包，QQ 糖 10 小包
5 分钟			巩固关系，约定下一次小组活动；同时简单介绍下一次的安排并鼓励大家下次准时出席		无

应变计划：

预计困难	应变措施
个别组员虽然报名加入小组，但是并不积极参与活动	通过参与活动积极的组员带动和鼓励不积极参与的组员
出现冷场时	通过幽默的语言进行调动
对保蛋行动束手无策时	可进行适当的引导和鼓励

评估：

第一次小组活动可以看作小组成员的第一次集中。小组成员大都以自我为中心，与他人很少发生互动。由于小组活动开展的过程中有一些孩子上下课，为此很多家长中途出门去接送小孩上下课，因此小组成员的流动性比较大，缺乏稳定，直接影响了小组活动成效。这既与我们在小组召集中没有制定严格的小组活动规范有关，也与我们事先的后勤工作没有做好有关。如何协调小组活动与上课之间的矛盾，可否考虑在非上课时间开展小组活动，强化小组纪律与规范，是我们今后开展小组活动时需要注意的问题。

在第一次小组活动中，工作人员充分利用开展小组工作的一些专业方法与技巧，譬如活动过程中工作人员始终表示接纳、理解和真诚对待组员，在开展游戏过程中经常做一些趣味性的游戏来缓和气氛，使小组气氛更和谐，小组成员沟通更多，成员关系更融洽。工作人员扮演的是最基本的角色，带领小组的技巧还有待提高。

2. 第二次小组活动

主题：说说心里话——各位家长经验分享与交流

活动时间：7月11日（星期一）上午9:00—10:15

活动内容及目标：

活动时间	地点	目标	内容	理论运用	所需物品
20分钟	×自闭症训练机构	各位家长通过聆听彼此久藏内心的话语，促进相互之间的理解和支持	组员以抽中的小纸条上的提示为中心思考5分钟，然后说出自己内心的话语，对其他内容有感想的也可自由表达	互动模型；小组动力学理论	写有问题提示的小纸条40张，轻松舒缓的音乐
20分钟		通过失败教训的分享，为其他组员提供参考	组员以自愿或抽签的原则说出在教育过程中的失败（思考5分钟）	互动模型；小组动力学理论	打勾和打叉的抽签的小纸条40张
20分钟		家长通过分享成功的教育经验，分享喜悦和给其他小组成员提供参考	组员以自愿或抽签的原则说出在教育过程中的成功的经验（思考5分钟）	互动模型；小组动力学理论	打勾和打叉的抽签的小纸条40张
15分钟		组员分享此次活动的感受，简单总结活动给组员一个明晰的活动印象	每个组员用一两句话来概括自己的感受，工作者总结活动及表示感谢		

应变计划：

预计困难	应对办法
有的组员可能不愿意在众人面前袒露内心	如果组员有可能接受的话就采用抽签的办法，如果实在不愿意也不勉强，只让愿意的组员分享
在分享时可能会有组员情绪失控	请一位较有说服能力的家长和机构老师提供支持，协助组员情绪的平复

评估：

第二次聚会的效果明显好于第一次。第二次我们根据第一次小组聚会出现的问题做了一些修正，建立了小组活动规范，小组成员也开始很好地完成任务，充分发挥了组员的潜能。我们工作人员充分鼓励组员正面的、积极的情绪。由于时间有限，小组活动面临结束。小组成员“离组”的负面情绪比较严重。如何缓解这种情绪，我们想到了社会工作实务中经常谈到的转介。我们把我们的活动计划和心得体会传授给下一批将要去实习的师弟师妹，希望他们把小组活动延续下去，最终达到比较满意的效果。

3. 第三次小组活动

主题：一起面对

时间：7月14日（星期四）9:00—10:30

活动内容及目标：

活动时间	地点	目标	内容	理论运用	所需物品
60分钟	×自闭症训练机构	通过相互提意见，协助提高个人解决困难的能力	群策群力：每个组员说出一个自己目前最受困扰、最想得到帮助的情绪问题，由工作人员写在黑板上。每位组员都要认真思考，根据自己的经验及体会，以自己独特的方式回答，把自己对某一问题的真实看法说出来。工作人员把这些看法写在黑板上。最后，每人谈谈自己听完他人意见后的感想	互动模型；小组动力学理论	一块黑板，一支水笔和板擦
30分钟		通过对参加小组活动经历感想的交流，组员之间达成互相支持的信心和共识	组员发言，分享参与小组的感受； 工作人员做小组活动总结	认知理论； 互动模型； 小组动力学理论	

应变计划：

预计困难	应变方法
出现无人发言的情况	工作人员引导较活跃的组员先发言
组员发言过度混乱无序或偏离主题	工作人员进行干预

（四）小组评估

家长支援小组开展的小组活动虽然只有三次，但是效果比较明显。在训练机构的家长比较多，我们在开展小组活动的时候严格控制了人数，这让部分想参加而未能参加的家长感到很失望。我们觉得开展这样的小组活动一是打发了家长的时间（绝大多数家长平时只有聊天），二是适度地减缓了家长的紧张情绪。在这个支援小组中，家长之间积极交流教育自闭症孩子的心得和体会，在离组的时候很多家长说这样的活动对他们也是很好的一个交流机会。我们每次活动之后都会让家长填写一张对此次活动满意程度的反馈单。从反馈的情况来看，第二次活动明显好于第一次。

1. 组员出席情况

报名参加小组活动的家长全部如数准时出席，但由于课间需要照顾自己的小孩等客观原因，部分家长不得不中途离场，这与工作人员经验不足、事先准备不够充分有一定关系。遗憾的是，有个别家长由于其他原因没有坚持到小组活动结束。总的来看，三次小组活动组员的出席率都在90%以上，是比较令人满意的。

2. 小组目标达成评估

每次小组活动结束，我们都会要求组员如实填写单元反馈单，这样既便于我们及时了解此次小组活动的效果，也便于我们对照工作计划，改进我们下一步的工作方法和工作目标。

单元反馈单

各位家长朋友：

为了更了解您对团体的感受及想法，请您仔细地想想再填这份问卷。

这些问题没有标准答案，请依照您真实的感受回答。如果题目叙述的和您的情形非常符合，请圈A；如果题目叙述的和您的情形非常不符合，请圈D。依照符合的程度，你可以在A～D之间圈选，请尽量圈出最符合您自己感受的答案。

（1）我喜欢这次活动。A　B　C　D

（2）我在这次活动中与他人产生了互动。A　B　C　D

（3）我在这次活动中发挥了合作精神。A　B　C　D

（4）我觉得这次团体经验很有意义。A　B　C　D

（5）在这次活动中，我能向别人表达我的看法。A　B　C　D

（6）在这次活动中，我乐意和其他人分享我的经验。A　B　C　D

（7）我对自己越来越了解了。A　B　C　D

（8）参加团体使我对自己越来越有信心了。A　B　C　D

（9）我喜欢今天社会工作者的带领方式。A　B　C　D

（10）对团体的建议是：＿＿＿＿＿＿＿＿＿＿＿＿＿＿＿＿。

（11）希望下次团体我能：＿＿＿＿＿＿＿＿＿＿＿＿＿＿＿。

（12）我在团体中的收获是：＿＿＿＿＿＿＿＿＿＿＿＿＿＿。

根据工作人员所收集的三次小组活动的单元反馈单，可以得出以下评估结果：

（1）增进组员对自闭症的认识。在每一次活动中，社会工作者都融入了对自闭症知识的讲解，特别是在第二次活动中，社会工作者着重讲解了自闭症的知识，并向组员发放了相关资料。因此，活动很好地增进了组员对自闭症的认识。

（2）增进组员对自闭症儿童教育方法和手段的认识。在第二次活动中，社会工作者请组员以自愿或抽签的原则说出在教育过程中的成功和失败的经验及教训，并将这些内容记录下来。例如，有的家长提到用吃有颜色的巧克力豆的方式教孩子辨认颜色，这种办法很有效；还有的家长谈到如何训练孩子集中注意力。这些方法对其他家长起到了良好的借鉴作用。

（3）通过小组活动为组员提供情感支持。所有组员在参加本小组活动前均交流不多。在第一次小组活动开始前的等待阶段，先来的组员仅限于打个招呼，很少聊天，有的甚至互不认识。但参加了两次活动之后，小组活动前等待时的气氛十分活跃，组员间的自由交流明显增加了，并且相互之间还能提供一些信息和建议。说明通过小组活动，组员之间更加熟悉和了解，小组成为组员们在家庭之外的又一个情感支持来源。

（4）增强组员的自信心。在小组第一次活动中，很多组员都说出了自己曾经被别人误解或歧视，大家表示同情和理解；但组内气氛消沉，没有人指出这些观念是错误的，并主动澄清。到小组活动中后期组员间互相分享成功案例，很多家长都有了信心，对未来产生了希望，表示无论出现什么后果，都愿意陪伴在孩子左右，不会放弃。

（5）增进组员缓解压力的技巧。在最后一次小组活动中，组员分享了自己缓解压力的技巧。例如，通过和孩子一起早起跑步的方式，既缓解了压力又锻炼了家长和孩子的身体。

3. 不足之处

（1）小组准备不充分，一些客观条件未考虑进去。

（2）小组成员不稳定，一定程度上影响了小组活动的效果。

（3）组员间的互动不够充分。

（4）工作人员带领小组的技巧还有待提高。

（注：该实例是由华南农业大学社会工作系2002级范海燕、陈智慧、江慰钗、邓智亮等四位同学设计方案并实施，指导老师为肖小霞、劳锦枢）

实例3：“你我支持，共同进步”——脑瘫儿童及家长成长小组

（一）需要评估

我们此次实习的机构是广州市残疾人康复中心福幼儿童康复培训中心（以下简称

“儿康中心”)。该中心是广州市康复中心与香港福幼基金会于1997年7月合作成立的一个专为脑瘫儿童提供康复训练的机构，以匈牙利引导式教育为主要治疗手段，将物理治疗、作业治疗、言语治疗和心理治疗等融为一体，并编成程序，贯穿于脑瘫儿童的日常生活，使患儿在各方面得到全面平衡发展。社会工作者可以为他们做些什么？带着这个问题，通过观察以及与家长、治疗师、小朋友的非正式交谈，我们发现了以下几个问题。

1. 家长过分重视康复治疗

家长们都非常重视康复治疗，甚至有的家长认为儿康中心开设的语言训练、认知训练课程可上可不上。

2. 家长与孩子之间的沟通不良

有些家长心情急切，给孩子很多运动量，有时甚至打骂孩子；还有的家长认为孩子只是因为懒惰或怕苦才不肯训练，没有去问过孩子的心情；另外一些家长把孩子交给保姆照顾，只有周末才陪陪孩子。这会不会给孩子的成长带来什么不良后果？虽然表面上看似正常，但我们可不可以做些什么来让问题得以凸现出来引起重视呢？

3. 家长心理压力大

有的家长称自己文化程度不高，不知道如何更好地帮助孩子；有的家长不知道如何控制自己的情绪，缓解自己的压力；还有的家长则不知道如何去正视孩子脑瘫的事实以及如何应对社会可能有的歧视。

4. 家长与儿康中心缺乏配合

有些家长对孩子的情况根本不了解，也对儿康中心引导式教育方法不理解，没能在日常生活中让孩子重复习得的技能，又或者是家长不知道应该怎样配合。

据我们了解，家长们最大的希望就是孩子能快点走路，生活能自理，他们的显性需要是对孩子的情况（脑瘫的相关知识）了解更多，明白平日自己可以怎样更好地帮助孩子巩固治疗效果；而在隐性需要方面，我们认为他们需要学习多方面看待孩子脑瘫问题，掌握与孩子良好的沟通方式，获得社会支持的方法，以及如何排解自己因为孩子而产生的种种压力。

（二）小组目标

（1）家长重视与孩子的沟通，学习到一些更好的沟通方式，减少亲子冲突。

（2）家长的价值观有一些改变，并意识到自己的孩子是有价值的。

（3）活动结束后家长了解脑瘫儿童的心理特征，并能根据自己孩子的行为判断他/她的情况是属于哪种心理行为问题。

（4）家长能够明白与孩子的沟通技巧及情绪控制方法，能口述其具体做法，并能在日常生活中有意识地运用习得的技巧。

（5）帮助家长寻找自己的支持系统，如和谐的家庭关系、小区资源、政策支持等。

（三）小组活动计划方案及实施

为了以上目标，并配合儿康中心采用的引导式教育理念，我们计划以家长互助小组和亲子活动小组交叉汇编的方式来进行服务活动。以下是计划方案及实施情况：

对象：儿康中心的脑瘫儿童及其家长

类型：家长互助小组，亲子活动小组

时间：实习第六周正式开始（尽量配合家长们的需要）

地点：封闭场所；亲子活动可以在活动室进行，但以干扰少为佳

程序：每周一次，如有需要可增减，但最少三次；主要通过社会工作者宣传，机构配合宣传；招募方面主要以自愿为主。

资源：在每次活动计划上详述。

效果评估：每次分别以不同的方式评估，总体再以一次简单问卷评估。

1. 第一次活动

小组名称：亲子乐融融小组。

计划方案：

目　标	（1）介绍小组目标 （2）令家长重视与孩子的沟通，学习到一些更好的沟通方式，孩子学习与家长正面沟通，从而减少亲子冲突 （3）促进家长价值观的一些改变：初步让家长认为自己的孩子是有价值的
对　象	儿康中心亲子7对
类　型	成长小组
时　间	2006年6月14日下午，活动时间一个半小时
地　点	儿康中心活动室
程序（内容）	（1）社会工作者通过表演进行自我介绍（节目是小组唱《让我们荡起双桨》） （2）游戏：踩气球，串珠子，障碍爬行比赛 （3）讨论，由活动趣事引发家长分享平日与孩子在一起的趣事 （4）扮演家长、孩子角色，再现冲突情景（社会工作者表演） （5）总结，布置家庭作业（接下来的一周发生亲子冲突时，家长要先耐心倾听小朋友说原因）
活动形式	（1）讲授家长与子女沟通的技巧并示范 （2）游戏 （3）讨论（家长） （4）唱歌表演，情景剧表演 （5）课堂练习（让孩子向家长说声谢谢）
资　源	6名社会工作者，4名义工（布置场地及维持秩序）；气球一袋；大颗珠子一盒；障碍物若干

续上表

应变计划	有组员出现情绪问题时社会工作者要优先处理；按时间长短控制讨论；游戏方面可用“在绿豆中挑出红豆”等游戏作后备，效果是差不多的
评估方式	（1）活动后口头访问 （2）观察记录效果

第一次活动反思：

小组活动是由我们残联实习的6名社会工作者一起开展的，活动进行了大约一个小时，结束后，大家开了个短会对活动进行反思。以下是我们的反思：

第一，活动时间的推迟是因为与儿康中心打交道的经验不足，预计他们两天可以看完方案并给我们提出修改意见，但后来竟花了一个星期的时间。下次要主动去询问负责实习生的机构指导老师，并且最好告诉他活动预计要在什么时间进行，希望他能在什么时间给出修改意见。

第二，由于以上原因，导致活动准备时间很短，只有三天左右。而在准备的过程中，大家的沟通不足，分工也不够明确，导致活动场面有点混乱。例如，礼物不够，没有预计到会有计划外的参与者（邀请了7对亲子参加，又因为不是封闭场所后来又有其他家长和小朋友旁观），下次活动要尽可能规定好参加者。另外，担任主持的社会工作者对稿件不够熟悉，其他的社会工作者则不知道活动过程中自己应该扮演什么角色。

第三，活动气氛较好，临场的一些活动也搞得不错，但大家都感觉担任主持的社会工作者讲解沟通方法那部分过于紧凑，没有给家长反思的时间，效果没有预期的好。不过老师们说这样已经算很不错的了，家长都比较配合。

2. 第二次活动

小组名称：齐齐成长家长小组。

计划方案：

目　标	（1）介绍及认清小组的目标（建立组员关系等） （2）建立组员间的关系 （3）建立小组规范（保密原则），表达期望（让家长更了解孩子，让孩子在快乐中成长） （4）协助组员了解脑瘫儿童的心理行为情况 （5）协助组员辨识子女行为问题可能是其本身发展特征，从而对子女的行为能够接纳，并做出适当处理
对　象	康复中心6位脑瘫儿童家长
类　型	成长小组
时　间	2006年6月20日下午，一个半小时

续上表

地　点	康复中心 2 号课室
程序（内容）	（1）欢迎组员，讲评上一次亲子活动家庭作业完成情况 （2）简介小组主题及目的 （3）订立契约及组员互动探讨问题 （4）讲解脑瘫知识、儿童心理特征以及学龄前儿童的发展特征，不良行为背后的四种原因 （5）总结当天的活动，布置作业（在下一周与孩子相处的过程中，孩子发生不良行为时尝试去理解其背后的原因）
活动形式	（1）演讲（ppt） （2）游戏 （3）问答（消化习得的知识）及课堂练习，讨论
资　源	（1）一名社会工作者主持活动，一名社会工作者做观察员，多名社会工作者负责代为照管小孩（这个任务非常具有挑战性） （2）封闭场所 （3）球两个，小凳子 6 条
应变计划	可以以游戏令大家安静下来；组员情绪失控停止活动优先处理；时间可以适当增减；游戏中如有组员发言过多，社会工作者可委婉提醒
评估方式	（1）利用问答环节，了解上一期效果 （2）活动后口头访问 （3）观察记录效果

第二次活动反思：

第二次家长小组活动很成功，我们感到一切都值得了。

活动互动气氛非常好，因为这次家长成长小组目的依据上次活动后的评估略有改变，主要集中介绍 2～6 岁儿童发展特征、脑瘫儿童心理行为问题以及儿童不良行为背后的心理需求。讲的时候自己运用了比较多的例子，家长都被吸引，到课堂练习活动的时候，有的家长不善言辞，但在大家的鼓励下都说得比较好；有的则比较健谈，主持人也有适时打断，尽量不让她偏离话题，让大家发言机会均等。活动还安排了一个社会工作者作为观察员。听说家长从活动室出来都在讨论打小孩的问题，活动引起了家长的反思和交流，我们认为这点是最为成功的。

3. 第三次活动

小组名称：齐齐成长家长互助小组。

计划方案：

目　标	（1）进一步加强组员间的关系 （2）讲解处理情绪的六个步骤 （3）共同认识孩子的正面行为及探讨如何培养孩子的正面行为 （4）对组员的期望：能够处理自己的情绪，真正重视亲子间的沟通
对　象	康复中心6位脑瘫儿童家长
类　型	成长小组
时　间	2006年6月28日下午3：30—5：00
程序（内容）	（1）热身，引入游戏 （2）演讲：处理情绪的六个步骤，与脑瘫孩子沟通的技巧，有效管理孩子的技巧以及如何培养孩子的正面行为 （3）课堂练习：角色扮演 （4）课堂讨论：奖励与惩罚对孩子的不同影响 （5）总结当天的活动，布置作业（在下一周与孩子相处的过程中，注意孩子的正面行为并及时去鼓励他；记录自己控制情绪的一次经历）
活动形式	（1）演讲（ppt） （2）游戏 （3）课堂练习——角色扮演（消化习得的知识），讨论
资　源	（1）一名社会工作者主持活动，一名社会工作者做观察员，多名社会工作者负责代为照管小孩（这个任务非常具有挑战性） （2）封闭场所 （3）气球若干个，小凳子6条，情绪面谱若干张
应变计划	可以以智力游戏令大家安静下来；家长情绪失控时社会工作者停止活动优先处理；时间可以适当增减；游戏中如有的组员发言过多，社会工作者可技巧性地把话题转给较沉默的组员
评估方式	（1）利用课堂练习环节，了解上一期效果 （2）活动后口头访问 （3）观察记录效果 （4）通过录像观察

第三次小组活动反思：

这次活动进展得比较紧凑，所有预计内容得以顺利完成。以下是对活动的反思：

（1）优点

① 这次社会工作者实习小组分工比较细致，大家都各司其职，这是活动得以顺利

完成的原因之一。

② 准备工作做得比较好。

③ 活动过程中电脑程序出现错乱，无法播放本来准备好的音乐，社会工作者当机立断，来了个即兴演唱，使活动没有冷场，应急措施比较好。

④ 应变能力较好。在讨论奖励和惩罚对孩子的作用时，组员们的观点与我们想象的区别很大。其中一名组员说，对自己的孩子来说惩罚作用比较大，其他家长纷纷举例附和。我们作为社会工作者，当时心里真的有点无助，不知该如何说出奖励的正面作用比惩罚大这一结论。后来，主持人将错就错，顺势问他们既然惩罚对孩子作用大，那惩罚完了之后孩子表现如何？……组员们陷入了沉思。良久，一位保姆说其实她带的那个孩子需要奖励才会进步快。

（2）不足

① 困难方面还是考虑得不够周到。

② 录像过程没有调好灯光。

③ 有些活动规则未能实施，如有一名组员不放心孩子，在小组活动进行过程中进进出出。

④ 由于考虑到小组活动次数少，内容安排得比较多，组员消化有一定难度。例如，在对上一次家庭作业（在现实生活中运用习得技巧了解孩子不良行为背后的动机和需要）的回顾中，有的组员表示当孩子发生不良行为时，自己会自觉地去考虑他的需要，而有的家长则表示还没有养成习惯去推测孩子不良行为背后的动机。

4. 第四次活动

小组名称：亲子乐融融小组。

计划方案：

目　标	评估整个小组的成效，解散小组
对　象	儿康中心的脑瘫儿童及其家长 7 对
类　型	成长小组
时　间	2006 年 7 月 6 日下午 3:30—5:00
地　点	儿康中心活动室
程序（内容）	（1）重温小组内容与目标，口头评估 （2）游戏：（家长参与）抢凳子游戏（热身），新版大风吹，信心跌倒（增强亲子情感）水晶球，祝福语句（增强组员的信心，增进组员间、组员与社会工作者的关系） （3）总结小组表现，社会工作者表达期望与祝福 （4）合影留念
活动形式	游戏，互动，简短讲话

续上表

资　源	6名社会工作者，义工若干名（布置场地及维持秩序）；凳子若干条；水晶球若干个；礼物纪念品若干件
应变计划	祝福语句如果家长不善写，可用口头表达（以游戏形式轮到谁，谁就说出其优点及对该组员的祝福）；出现情绪问题优先处理
评估方式	（1）活动后口头访问 （2）观察记录效果 （3）通过录像观察效果

评估内容及评估结果：

评估内容：

为使我们以后举办的活动更能切合您的需要，请评估这次活动。谢谢！

（1）您对这次小组活动的满意度（请在相应选项打√）

满意度 项目	极不满意	不满意	一般	满意	很满意
小组的内容					
小组的形式					
社会工作者的整体表现					

（2）您的个人感受（请在相应选项打√）

感受 项目	没有	很少	一般	较多	很多
您从这次活动小组中是否获得新的知识和观念					
您觉得这次活动对您的亲子技巧是否有帮助					

（3）这次小组活动中，您最大的收获是：＿＿＿＿＿＿＿＿＿＿＿＿。

（4）这次小组活动中，您最喜欢的内容是：＿＿＿＿＿＿＿＿＿＿＿。

（5）您觉得这次小组活动哪些地方可以改进：＿＿＿＿＿＿＿＿＿＿。

（6）您期望在日后的活动中有什么主题或内容：＿＿＿＿＿＿＿＿。

（7）其他意见：＿＿＿＿＿＿＿＿＿＿＿＿＿＿＿＿＿＿＿＿＿＿。

评估结果如下：

在7位参与者中，5位参与者对这次小组活动的内容表示满意，还有两位表示很满意；对于小组的形式，7位参与者均表示满意；而5位参与者都认可社会工作者的整体表现，表示很满意。可见，需要评估做得比较到位。

另外，在个人感受的调查中，多数人认为在活动中获得很多新的知识和观念，在亲子沟通技巧的帮助方面就有2人感觉很多，3人觉得较多，2人觉得一般。

参与者普遍认为活动中最大的收获是，学习到了沟通技巧和新的观念，以及玩得开心；最喜欢的小组内容是其中的游戏和ppt讲解部分；须改进的地方是，活动人手不够充足，时间安排上不够紧凑；在以后的小组活动中，希望在内容方面增加如何寻找社会资源的内容，另外希望提供更多让家长分享的机会，以及家长和小朋友一起游戏的机会。

（注：该实例是由华南农业大学社会工作系2003级朱韶英、王宗宪、刘焕霞、苏畅、胡佩珊、彭勇等六位同学设计方案并实施，指导老师为杨慧）

思考题：

1. 请比较残疾人小组工作的三大基本实施模式。
2. 请自行设计一份残疾人小组工作计划书。
3. 请指出本章收录的三个实例的不足，并提出改进建议。

第六章 残疾人社区工作

教学重点

- 残疾人社区工作的界定
- 残疾人社区工作的实践模式
- 残疾人社区工作的介入技巧

第一节 残疾人社区工作的界定

一、残疾人社区工作的定义

残疾人社区工作是指依托社区、充分利用社区资源为残疾人服务，不断满足残疾人日益增长的物质与精神需求，促进残疾人平等参与社会生活的一项工作。残疾人社区工作是伴随我国城市社区建设而新开辟的工作领域，是社区建设的重要组成部分，同时也是我国残疾人事业为适应经济和社会发展而拓展的业务领域。

二、残疾人社区工作的意义

目前我国有2 000多万残疾人生活在城市社区，社区已成为面向残疾人、为残疾人直接提供服务的基本工作层面。因此做好残疾人社区工作，对于推动社区建设、促进残疾人事业的发展、促进社会主义精神文明建设和维护社会安定团结具有重要意义。其具体如下：

（1）为残疾人提供了切实有效的扶持和帮助，促进其参与社会生活。做好残疾人社区工作，不仅能使残疾人在康复、教育、就业、基本生活保障等方面得到来自社区的有力扶持和帮助，而且为其参与民主生活、行使民主权利、展示才能与人生价值等提供了途径和条件。

（2）推动了残疾人事业的可持续发展。社区为残疾人工作提供了一个新的工作层面，通过将残疾人事业的各项工作落实到社区，使基层残疾人工作进一步得到巩固和加强，有效地改变了基层残疾人工作相对薄弱的局面，推进了残疾人事业的持续健康发展。

（3）有利于残联和残疾人工作者密切联系残疾人，克服和防止残联组织的行政化、官僚化倾向，树立实事求是的工作作风和廉洁奉公的职业道德，从而更好地为残疾人服务。

第二节　残疾人社区工作的实践模式

残疾人社区工作理论可以分为两个层面，一种是宏观层次上的理论。这种理论大多来自社会学、心理学、政治学等社会科学的相关理论，着重从理论上分析残疾人社区工作的宏观社会环境，是社区工作者介入残疾人工作的最高层次的认识工具，可称为"基础理论"。另一种是微观层次上的理论，来自社区工作者的实践经验，主要指残疾人社区工作具体的实践模式、基本方法等，可称之为"实务理论"。本节主要介绍残疾人社区工作的具体实践模式。

一、地区发展模式

（一）地区发展模式的概念

地区发展模式（locality development），部分学者也称之为社区发展模式。它作为一种社会工作的介入手法，认为在一个社区中存在多种问题，由于社区内人际关系的原因，以民主方式解决问题的能力不足。基于这种认识，地区发展模式旨在增进社区居民之间的自助和互助，通过社区居民之间的互相沟通和广泛参与，共同解决社区面临的问题，满足社区的需要，改善社区环境和生活，从而增加居民对社区的归属感。

（二）地区发展模式的基本假设

作为一种社区工作介入手法，地区发展模式强调的是社区居民之间通过沟通、讨论的方法以解决自身社区存在的问题，从而培养社区居民对所属社区强烈的归属感和责任感，并且学会共同工作的技巧和知识。由此，地区发展模式具有一些自身的基本假设。

1. 关于个人的假设

在传统的自然社区里，人们本来是有着一致的目标，相互之间的关系建立在亲属、邻里和朋友等亲密的私人关系基础上，为了共同的利益而团结合作。但随着工业化和城市化的进程，社区居民们很少有共同的目标，邻里的纽带几乎不存在。由此，社区公共问题难以得到解决，居民也越来越显得软弱无助。

2. 关于行动动机的假设

虽然理性的个人都是追求个人利益最大化，但是只要在集体行动中充分考虑到个人的需求和利益，那么每一个个体都是倾向于与他人团结合作，共同参与到社区活动中，从而能够更有效地解决社区共同面临的问题，使得集体和个人的利益都达到最大化。

3. 关于发展和变迁的假设

早期的社区发展假设在现代化理论的影响下，关注的主要是经济的增长、市场的扩张和城市建设等。但在20世纪70年代以后，新的内涵加入到社区发展的假设中，例如强调通过小型的村舍为单位的合作社，使用劳动密集型技术等促进社区的发展而不是寻求城市化发展的小群体主义，又如主张以人为中心，关心当地需求，寻求在不掠夺自然资源的基础上可持续发展的生态发展模式等。

（三）地区发展模式在残疾人社区工作中的基本行动策略

1. 地区发展模式的目标

从工作的程序来看，社区社会工作具有任务（结果）目标和过程目标两大类。任务目标和已经改变了的物质情景有关，它的着眼点是去解决特定存在的问题，满足特定的需要，完成具体的任务；过程目标和人们的信心、知识与技巧等方面的变化有关，它的着眼点在于培养社区居民关心社区、参与社区、自主合作以共同解决社区问题的生活态度，以及学会从事社区发展建设的技巧和知识等。

这两组目标在整个社区工作中都是非常重要的，但是地区发展模式强调的是一种过程目标。为此，罗斯曼指出，地区发展主要是以过程目标为导向，也就是说，社区发展不是公共工程计划，仅仅靠外界的帮助建设完成，而是一种组织和教育的过程，在当中培养社区居民自助合作的态度以及从事社区各种建设的方法。

在地区发展模式下，残疾人社区工作的过程目标可分为：

（1）残疾人居民对社区问题意识和关心的增强；

（2）残疾人居民积极参与社区事务；

（3）残疾人居民与其他居民之间互助合作的加强；

（4）包括残疾人在内的社区“领袖”和人力资源的发展。

2. 地区发展模式的策略

（1）基本的行动策略。

在地区发展中，行动策略的最大特点是“让我们一起共同商量问题的解决”，它着重鼓励社区居民的广泛参与，让社区居民自己去界定及解决面临的社区问题。

由此，在地区发展模式实践中，社区工作者会为残疾人居民的彼此交往和互动创造机会，协助他们分析社区现有的状况，发现他们所共同面临的社区问题，并且帮助残疾人居民发掘自身的潜能，使得他们能够主动有效地去解决问题。

（2）具体的策略措施。

① 鼓励社区中不同的残疾个人和团体进行广泛的沟通与交流，使其参与社区事务；

② 对残疾人居民精英的争取和团结，培养社区领袖；

③ 协助残疾人居民在不同问题上达成共识，以达到解决问题的效果。

二、社会规划模式

（一）社会规划模式的概念

社会规划模式（social planning），部分学者也称之为社区计划或社会策划模式。它认为每一个社区都存在一系列的问题，如贫困、社区安全、居民住房、青少年违法等，这些问题影响了社区的正常发展。而社区社会工作者的任务就是利用自己的技术和能力，采取理性程序化的服务设计去解决这些实质性的问题，服务于有需要的社区居民。该种模式强调的是以一个专业技术过程去解决实质性的社区问题，理性、精心的策划方案和有控制的变化是其核心。

（二）社会规划模式的基本假设

作为一种社区工作介入手法，社会规划模式强调的是社区存在的实际问题，工作的重点是针对问题，有系统地收集资料，做出理性的决策，并且以有效方式加以实施。由此，地区发展模式具有一些自身的基本假设。

1. 关于个人的假设

在追求自我利益最大化的理性指导下，人际关系一般都是工具性的交换关系。但社会规划模式并不认为这种工具关系会导致人际关系的异化和疏离，相反，理性指导下的人际互动会带来社会活动效率的提高，如个人需求得到更多的满足。

2. 关于行动动机的假设

在关于个人假设的基础上，社会规划模式认为虽然理性的个人在价值、利益等诱导下也能够带来社会利益最大化，但要达到产生社会合力增长的目的，仍然需要对社会中的个人进行有效的管理和约束，否则个人的理性自私可能会带来社会的失序。

3. 关于社区的假设

社区问题的产生是源于社区本身人力、物力和组织资源的缺乏，具体表现为社区居民的知识水平、思想觉悟较低，缺乏社区领袖，没有较好的经济基础以及缺乏社区组织，或已有的社区组织比较涣散。

4. 关于发展和变迁的假设

在社会策划模式下，社会发展观是一种理性进步的观点，既不是自然和谐论，也不是竞争进化论，它是一种有规划、有组织的社会发展，通过对社会发展规律的挖掘与掌握，制定出合理的发展计划，推动社会的发展与进步。

（三）社会规划模式在残疾人社区工作中的基本行动策略

1. 社会规划模式的目标

前面我们已经提到，从工作的程序来看，社区社会工作的目标分为任务（结果）目标和过程目标两大类，这两类目标在整个社区工作中都是非常重要的。而社会规划模式是源于社区问题而起，因此它强调的是一种任务目标，其着眼点是特定存在的问题，即以解决社区实际问题为主要的工作取向。在社区规划模式下，残疾人社区工作所选定的具体任务目标均和残疾人居民生活中存在的问题密切相关，如贫困问题、医疗问题、就业问题、健康问题等。

2. 社会规划模式的策略

（1）基本的行动策略。在社会规划中，基本的行动策略是“让我们去了解问题存在的真实情况，并且采取有效的措施及手段予以解决”。换言之，社会规划模式的基本策略就是搜集有关残疾人社区生活问题的相关事实，采取逻辑性和系统性的步骤，以客观理由去分析、做出可行的合适的服务方案。

（2）具体的策略措施。

① 社区工作者针对残疾人社区生活中已存在的问题进行调查、搜集资料，充分了解残疾人居民的需要；

② 分析问题原因，比较方案的利益得失，做出理性的决策，并且落实实施；

③ 在实施计划、推行服务方案的过程中，能够联系、协调和调动社区内外的资源以协助解决问题。

三、社会行动模式

（一）社会行动模式的概念

社会行动模式，部分学者也称之为社区行动（community action）、抗议行动（protest action）或者冲突模式（conflict appronch）。该模式视社区为一个权力和特权阶级的组合，其中存在着处于不利地位的弱势群体。在权力者的社会控制之下，他们属于社会的边缘，遭受忽视、压迫或剥夺等社会不公平的对待。这种弱势群体需要组织起来，与他人联合，通过集体行动，采用非正规的途径及运用冲突对峙的策略，向较大的社会争取资源，获得公平的对待，以改善自己的生活状况，实现作为居民的自身权益。

（二）社会行动模式的基本假设

社会行动模式的基本假设是关于冲突的假设。该模式认为社会问题的出现是由于社会上诸多不同群体之间的利益冲突。具体为：

（1）问题及事件的产生是根源于冲突。拥有资源和没有资源的人们存在权力上的不平等，他们之间的利益冲突和矛盾产生社会问题。假定了社区内有些处于不利地位的人，他们同当权者之间因为资源分配的不公或彼此缺乏交流沟通，弱势群体的利益未被重视，存在利益上的冲突，因此社区现存问题的解决有时也需要采用局部冲突的方式。

（2）在社区中遭受不公平待遇的弱势群体被视为问题的受害者，他们有权利并有潜在的能力去改善他们自身的处境和状况。

（三）社会行动模式在残疾人社区工作中的基本行动策略

1. 社会行动模式的目标

社会行动模式的目标可以分为过程目标和任务目标。过程目标是要增强残疾人居民群体的参与意识，提高他们解决问题和维护自身权益的能力。任务目标是要通过组织群体行动，对社区权力、权益及资源进行重新分配，变革不公平的主要政策和制度，伸张残疾人居民的权益，使其获得应得资源，从而改善社区环境，也使得其切身需要得到满足。从总体上说，社会行动模式以任务目标为主，其根本就在于结合社区力量，以寻求社区权力和资源的再分配，使得处于弱势的残疾人居民能够改变自己的处境。

2. 社会行动模式的策略

（1）基本的行动策略。在社会行动中，基本的行动策略可以陈述为“让我们组织起来去战胜我们的压迫者”。换言之，社会行动模式的基本策略就是针对社区残疾人居民群体所面临的困境，组织群众行动，采取措施，以重新进行资源分配。

（2）具体的策略措施。根据社会行动手段的激烈程度，大致可划分为四种策略及其相应的活动形式。

① 对话性行动。这是最温和的社会行动策略，承认当权者有行使权力的合法地位，对其存在信任，因此希望在正规的组织结构和制度下解决问题。采取的主要形式有游说、约见官员、请愿等。

② 抗议性行动。因资源有限，难以使当权者接受谈判的要求。因而只能用建制以外的方式将问题表达、处理，利用大众传媒吸引社会关注，获得广大群众的同情及支持，暴露政府政策及制度的不完善，以此向政府施加压力，迫使其让步。主要形式有：签名运动、记者招待会、游行、静坐等群众集会。

③ 对抗性行动。通过组织有关的残疾人居民，用行动直接影响对方的正常工作，迫使其因利益有所损失而愿意与群众谈判。主要形式有罢工、拖欠或拒交有关费用、公开违背不公平的政策或法律等。

④ 暴力性行动。此类活动大多属于缺乏严密组织和管理的情急之举，或是无计可施下的反抗行为。主要形式有向有关部门管理人员抛掷物品和追打等。

第三节　残疾人社区工作的原则和内容

一、残疾人社区工作的基本原则

中国残联、民政部等 14 个部门下发的《关于加强社区残疾人工作的意见》明确了社区残疾人工作的基本原则是：

（1）坚持以政府为主导，社区为依托，有关部门密切配合，社会各界共同参与的社会化工作方式。社区残疾人工作要在党和政府的领导下，充分发挥有关部门的职能作用，调动社区内企事业单位、机关团体、部队、中介组织和居民群众等各种力量共同参与，形成推进社区残疾人工作的合力。

（2）将社区残疾人工作纳入社区建设总体规划，融为一体、同步发展、共建共享。要从本地区社区建设的实际出发，将社区残疾人工作融于社区建设之中，统筹规划、整合资源、发掘潜力、拓展服务能力，做到社区残疾人工作与社区建设协调发展，使残疾人与健全人一样共享经济、社会发展成果。

（3）建立以社区居民委员会为核心、社区残疾人组织为纽带、社区服务机构为基础的工作机制，促进残疾人平等参与社会生活。发挥社区居委会的自治组织作用，充分利用社区残疾人协会联系残疾人的优势，以人为本，落实社区为残疾人的各项服务工作，夯实基础，逐步建立符合市场经济条件的社区残疾人工作机制，推进残疾人事业持续健康发展，调动残疾人的积极性，提高残疾人参与社会生活的能力。

二、残疾人社区工作的主要内容

（一）建立社区残疾人协会

依托社区居民委员会，建立社区残疾人协会。协会主席由社区居民委员会成员担任，副主席由优秀残疾人或残疾人亲友担任。社区残疾人协会在社区居民委员会和上级残联的指导下开展工作。社区残疾人协会的职责是配合社区居民委员会做好社区残疾人工作：掌握残疾人的基本情况，建档立卡；了解残疾人的实际需求，协调有关方面为残疾人提供具体服务；密切联系残疾人，反映其呼声，维护其合法权益；激励残疾人发扬自强精神，积极参与社区建设和社会生活。

（二）为残疾人提供帮扶服务

社区居民委员会和服务机构针对残疾人的实际需求，协助落实城市最低生活保障制度等社会保障政策，保障残疾人的基本生活；依法安置残疾人就业，积极扶持盲人按摩、家电维修等适合残疾人工作的个体业户，社区便民服务网点就业岗位优先安排残疾人，落实工商、税务等部门的免税和其他优惠政策；市民求助系统等公共服务网络，为残疾人提供优先、优质、优惠的服务；关心、解决生活困难的残疾人及其子女的教育问题；发动和组织社区志愿者，采取“帮扶结对”等多种形式，为残疾人提供帮扶服务。

（三）推进残疾人社区康复

社区卫生服务机构及时了解、掌握残疾人的康复需求，建档立卡；组织、指导残疾人开展以家庭为基础的康复训练；进行健康教育，普及康复知识；开展残疾预防，建立并实行儿童残疾发生报告制度，做到“早期发现、早期诊断、早期干预”。对于在社区无法满足的康复需求，向设康复科的上级综合医院或康复服务机构进行转介。

（四）活跃残疾人文化生活

社区居民委员会和社区残疾人协会组织开展各种健康有益的活动，培养残疾人积极向上的生活情趣，丰富科学文化知识；协调社区各类公众文化、体育、娱乐活动设施为残疾人提供优惠和方便，同时针对残疾人的特殊需求，开辟活动场地，配置适合他们使用的视、听读物和文体娱乐器具等。社区残疾人协会和残疾人家庭要鼓励、帮助残疾人参加社区群众文化、教育、科普、体育、娱乐等活动。

（五）建设社区无障碍环境

新建或改建社区住宅、公共设施、道路，主管部门、业主及有关专业技术人员、工程技术人员，注意听取残疾人和残疾人协会的意见，严格执行《城市道路和建筑物无障碍设计规范》等有关强制性标准中对无障碍设施建设的要求。主管部门把好规划审批、设计审查和工程验收关。加强对已建无障碍设施的维护、管理，确保其正常使用。社区内其他社会服务场所、设施，根据残疾人的实际需求因地制宜地进行改造。社区居民委员会和社区残疾人协会帮助残疾人在获取信息方面逐步消除障碍。

（六）保障残疾人合法权益

社区居民委员会和社区残疾人协会深入宣传、贯彻《中华人民共和国残疾人保障法》等法律、法规，制定、实施本社区对残疾人的优惠扶持措施，宣传、教育社区群众增强保障残疾人合法权益的法律意识；社区基层法律服务机构和民事调解组织及时了解社区内残疾人权益保障状况，听取残疾人意见，为残疾人提供优先、优质、优惠的法律服务，调解有关纠纷，维护残疾人合法权益；法律援助机构为符合法律援助条件的残疾人提供优质、高效的法律服务；社区安全保卫人员对残疾状况较重、经常留在家中的残疾人要定期走访，消除不安全因素；对重症精神病患者做好监护工作，降低其肇事率。

三、社区残疾人协会及其职责

社区残疾人协会是联系残疾人与居民委员会的纽带，也是联系残疾人与政府的纽带，既是残疾人意愿、需求、利益的代表，也是社区居民委员会为残疾人服务的工作助手。社区残疾人协会工作的好坏，直接关系到残疾人各项工作能否有效落实和残疾人能否实实在在受益。社区残疾人协会面临社区的情况千差万别，社区残疾人工作千头万绪，但最基本的要做好以下几方面工作：

（1）摸清残疾人的基本情况。社区残疾人的基本情况是开展残疾人工作的基础条件和现实依据。这些情况包括：残疾人的总数及各残疾类别的人数；每个残疾人的姓名、家庭住址（电话号码）、年龄、性别、民族、文化程度、职业婚姻等情况；教育、就业、康复等需求情况；经济收入情况；监护人情况（与被监护残疾人的关系、姓名、联系方式等）。为了能够动态地反映上述情况，以半年核查一次为宜。

（2）密切联系残疾人，热忱为残疾人服务。残疾人协会要同残疾人保持经常性的联系，及时了解、反映他们的意愿、要求；向他们宣传党和国家有关政策、方针，介绍社会发生的新生事物；动员、鼓励他们积极参与社区组织的各项活动；对于障碍残疾人，要将服务送进家门。

（3）当好社区居民委员会的助手。要及时向社区居委会反映残疾人的意见、需求和存在的问题，并提出合理化建议；协助社区居委会组织好各项残疾人活动，做好为残疾人服务的各项工作。

（4）同其他社区组织、机构建立良好的工作关系。社区残疾人工作同样需要社会的广泛参与、支持才能做好。社区残疾人协会要同社区内妇女、老年人、社会志愿工作者等其他组织，以及企事业单位、机构建立良好的关系，充分调动各种资源和力量，做好为残疾人服务的工作。

（5）做好社区公众宣传工作。利用社区内的各种媒体，向公众宣传人道主义和有关残疾人事业的政策、方针、法律，以及残疾预防、康复、教育、就业等相关知识。

第四节 残疾人社区工作的一般过程与介入技巧

一、残疾人社区工作的一般过程

作为一种专业工作方法，残疾人社区工作的工作过程主要包括收集资料与分析问题、制定目标，实施方案和结果评估四个阶段。

（1）收集资料与分析问题。通过定性和定量的方法收集社区内外的情况，例如，调查社区的类型、社区的历史发展状况；了解社区所拥有的资源，包括社区的人口结构、年龄结构、性别结构、职业结构、文化结构等及政府的态度立场；掌握社区残疾人居民的生活需求及所面临的问题与困难，从中分析和确定社区残疾人居民现存的问题，为计划、决策的制定提供客观依据。

（2）制定目标。在社区自我评估调查的基础上，针对社区内残疾人居民面临的现存问题，确立社区工作的目标，包括总体目标和具体目标。然后针对所要达到的目标选择工作路径，同时应编制工作预算，对可能出现问题及解决办法提出设想。目标的制定还应注意不仅要着力于解决目前残疾人居民所面临的问题，还应关注残疾人未来的发展和福利的提升。

（3）方案执行。根据制订的方案，组织实施。通常包括工作的指挥布置及人员的安排、工作进度的监测、服务对象的意见调查和工作质量的控制及进程的调整等任务。

（4）结果评估。在服务方案执行结束后，根据预先所制订的目标，评价工作的成效、资源的消耗以及相关的社会影响。其中最核心的评估指标就是“是否促进了社区整体残疾人居民的发展”。

二、残疾人社区工作的介入技巧

（一）进入社区的技巧

在残疾人社区工作中，社区工作者的首要任务是要融入当地的社区环境，与残疾人和居民建立双方的信任关系，让他们有机会了解社区工作者的工作目的和任务，激发人们去考虑社区行动的可能性。所用的方法和技巧主要有：

（1）拜访社区关键人物，这有利于事后争取对方的合作，便于社区接受社区工作者。

（2）和残疾人居民及普通居民进行街头接触或深入访谈。通过街头接触可了解社区日常文化和当地残疾人居民的生活问题，为以后动员居民参与社区项目奠定基础。深入访谈是在街头聊天接触的基础上，对一些关心社区公共事务的积极分子进行单独的深入访谈，以决定是否可以把其发展成为社区活动领袖，推动了社区工作。

（3）组织公共集会和公益活动。与当地残疾人居民建立联系时，组织公共集会和公益活动是一必须的战略和途径，社区工作者可以通过组织关于残疾人生活各方面的主题演讲、社区展览、爱残活动等来促进社区中大多数残疾人居民的联系。

（4）事件的介入。事件是指当地残疾人居民对此感受强烈和想要做些事情去解决的问题，它提供了一个召集点使得人们能够聚集并且组织起来，介入到社区活动中。社区工作者要注意所选取的事件应该是简单的，影响到较多残疾人居民并使人们有强烈感受、急需解决的，而且事件应该是能克服的。

（二）调查分析的技巧

和当地社区残疾人居民建立了良好的信任关系后，社区工作者就应该和居民一起来了解、研究目前残疾人生活各方面的主要问题。调查分析的技巧主要有：搜集文献资料和进行实地观察。

（1）收集文献资料：对于社区工作者有价值的文献资料主要有政府部门的人口普查数据，有关残疾人的社会政策、地方法规，当地社区的宣传资料及地方志，自己机构及来自地区志愿服务机构对残疾人问题已有研究成果的记录。

（2）进行实地调查察：社区工作者可以到社区的公共活动场所，观察当地残疾人居民的行为模式和生活方式并与人们自由谈话，深入了解社区，同时也能与部分当地残疾人居民建立初步联系。实地调查，分为问卷调查和深入访谈两种。问卷调查，社区工作者通过发放、回收以及分析问卷，也可以联合当地居民通过此过程一起了解残疾人共同关注的问题。深入访谈，是非标准和无结构式的，社区工作者可以根据情景自由地增加或修改起初的访谈提纲。这种访谈能促进受访残疾人居民就他们感兴趣的问题和社区生活中的一些复杂问题进行深入的探讨与研究。

（三）组织动员的技巧

（1）确定清晰和共有的活动目标：社区活动应有清晰和共有的工作目标，包括残疾人在内的居民才能明白活动的目的以及应有的职责，服务于残疾人居民的计划才能有效、更好地实施，同时也才能事后评价活动的成效。

（2）明确有效的组织结构：为了有效地组织包括残疾人在内的居民活动，应根据活动目标来构建一定的组织结构体系。例如，部门设置、人员安排，明确规定组织成员所处的位置以及相应的行为准则和奖惩手段，使成员之间能够相互配合、协调，全面有效地为残疾人居民提供服务。

（3）培养居民领袖：残疾人社区工作要获得成功，必须要保持与包括残疾人在内的社区居民的联系，动员居民参与是活动维持和发展的重要工作。因此，培养社区居民领袖是组织维持发展的关键任务，居民领袖可以影响更多的居民参与到社区行动中，并且提出行动目标，为行动指明方向。社区工作者通过日常实践，对社区活动有热心、有一定工作能力的居民（包括残疾人）进行培训和督导，使其发展成为残疾人社区工作中的居民领袖。

（4）寻求财政和资金支持：为满足残疾人生活中的各种需求，解决残疾人面临的困难，社区需要通过募集资金的方式筹集各项服务活动正常运行所需的财政支持。具体方法有：向基金会、政府社区发展拨款机构或国际机构申请资助等外部募集，社区商业、社区居民募捐等内部募集。

第五节 残疾人社区工作实例

实例1：残疾人社区工作概况——以南通市B社区为例

B社区居委会成立后，从基础建设入手，坚持以政府为主导、社区为依托、有关部门紧密配合、社会各界共同参与的社会化工作方式，结合小区环境新、居民组成新、组织机构新、干部队伍新和居民整体文化素质高、生活服务需求高、残疾人数量不断增加、残疾人的需求逐步多样化等特点，通过各种健康有益的活动，培养残疾人积极向上的生活情趣，开展了适合残疾人特点的群众性文体活动。将社区残疾人工作融入社区建设中，使其同社区各项事业共同发展，努力营造社区残疾人参与社会、服务社会的良好氛围。

（一）夯实基础，发扬民主，建立适应新型社区发展的残疾人组织

为准确掌握社区内残疾人的状况，我们开展了调查摸底工作，对社区内的残疾人普遍走访了一次，并进行了登记，为做好后续工作打好基础。为建立适应新型社区发展的社区残疾人组织，召开各类座谈会，广泛征求意见，充分发扬民主、集思广益。经过大量的前期准备工作，成立了B社区残疾人工作小组，以社区居民委员会为核心，以社区残疾人协会为纽带，以社区康复工作组为基础，社会各界参与，资源共享，形成了纵到底，横到边的社区残疾人组织工作体系。

（1）成立“社区残疾人工作小组”。居委会全体成员参加并吸收有关方面人员（包括残疾人）组成小组。组长由社区居委会分管残疾人工作的副主任担任。使残疾人工作切实纳入了社区居委会工作范围。

（2）通过社区代表大会选举产生了社区残疾人协会主席，推举优秀残疾人为副主席。社区残疾人协会协助社区居民委员会开展本社区残疾人康复、教育、劳动就业、文化体育、社会福利、社会服务、残疾预防、用品用具供应等相关工作；协调政府和社会与残疾人之间的关系，动员社会各界关心、理解、帮助残疾人，使残疾人增强自尊、自信、自强、自立，树立乐观进取精神，为社会做出应有的贡献。

（3）组建社区残疾人康复工作组。组长、副组长由居委会和社区医疗站的人员担任。工作组负责组织调查社区康复对象和康复对象的需求，开展以家庭为基础的康复训练和服务；依托社区卫生服务站和康复站指导残疾人进行家庭康复训练，以改善残疾人生理功能，增强生活自理的能力。

（4）成立社区助残志愿者联络站。站长、副站长由驻社区单位领导担任，成员由社区志愿者组成。联络站负责制定本地区志愿者助残计划，倡导理解、尊重、关心残疾人和帮助残疾人的道德风尚，动员社会各界人士和单位为残疾人服务。

（二）加强管理、制定和完善了各项规章制度，使各项社区残疾人工作健康有序地向前发展

（1）建立了“一册五簿”，即B社区残疾人基本情况登记册、社区残协工作簿、扶残解困工作簿、助残志愿者活动簿、康复工作簿、残疾人就业登记簿。制定和完善了残疾人协会（以下简称残协）工作制度，康复工作领导小组工作制度，志愿者联络站活动制度，康复活动中心管理制度等，还建立了残疾人工作“六必访”制度，即残疾人家庭有天灾人祸必访、残疾人家庭有重大变故必访、残疾人有上访动向必访、重大节假日必访、入冬前换季必访、残疾人家庭闹矛盾必访。通过以上制度的建立，推动了各项社区残疾人工作有序开展。

（2）形成了以残协为中心的残疾人管理服务体系。通过残协的协调、呼吁，社区内各方面的资源都纳入到社区残疾人管理服务体系。依照社区残疾人事业发展目标，残协利用社区市民学校等教育阵地，宣传残疾人保障法，向残疾人发放《残疾人政策法规手册》，社区筹备成立的社区艺术团吸纳残疾人文艺爱好者参加，引导残疾人在社区建设的大环境中，逐步树立“四自”精神，自觉参与到社区建设中来。元旦、春节和全国助残日期间，驻社区内的许多单位给生活困难的残疾人家庭送慰问品和慰问金。社区法律援助接待站义务为残疾人提供法律服务。

实例2：社区残疾人的组织建设——以广州市S街社区残疾人协会为例

（一）S街社区残疾人协会的基本情况

S街是广州市的一条行政街，面积1.44平方公里，辖区内有11个社区居委会，总人口4.7万人，残疾人583人，是全国残疾人工作示范街道。S街道推出了八大有自身特色的助残服务。街道残疾人联合会下属的各社区也都建立了残疾人协会，但是主要责任只是负责在社区收集残疾人的信息和联系残疾人，成为街道和残疾人的联系桥梁，并没有达到中残联发布的《关于加强社区残疾人组织建设》中对社区残疾人协会的主要职责的要求。例如，配合社区居民委员会做好本社区的残疾人工作；密切联系残疾人，代表其利益，倾听其呼声，反映其需求，维护其合法权益；联系有关方面，为残疾人提供切实服务；倡导残疾人“自尊、自信、自强、自立”。这些本需要残疾人协会做的具体工作现在都是由街道来做的，由于街道工作本身的复杂性和困难性，难免影响此类工作的成效。

（二）制约社区残疾人协会发挥作用的原因

1. 性质和所属管辖的限制

残疾人协会是政府主导下的自治组织，是政府派出机构——街道群众自治组织居委会分管的一个组织。居委会承担着大量的政府转移的行政职能，涉及计划生育、环境卫生、治安管理、家庭婚姻、就业服务、流动人口管理、社会保障、社会救济、收费收款等多个门类，无暇真正地把残疾人协会的总体工作落实，也是导致残疾人协会不能及时有效地开展工作的原因之一。

2. 岗位设置和从业人员缺乏职业化和专业化

残疾人协会主席由社区居民委员会成员兼任，副主席由优秀残疾人或残疾人亲友兼任。他们都不是专职从事残疾人事业的工作人员，而且也不具备开展残疾人工作的专业的工作方法。居委会负责很多其他社区的工作，因此造成不能专注于残疾人工作。热心残疾人工作的残疾人和家属没有相对稳定的工作地点和缺乏开展社区残疾人工作的知识，所以也只能起到联络社区残疾人的作用。

3. 权力缺乏，资金不到位

街道没有把应该下放的权力下放到具体社区，残疾人协会发现很细微的问题都要向街道汇报，并等待解决。街道被琐事所纠缠，不能很好地从大方向上把握残疾人事业，而社区苦于没有实权不能及时处理事务给残疾人留下办事不利的印象。另外，残疾人协会在资金方面没有稳定的资金来源。社区残疾人协会的主要资金是街道发放的。现在街道几乎分管了所有社区残疾人的工作，所以下发给社区残疾人协会的资金非常有限。另一部分资金是靠社会的捐赠，这样的资金随机性很大，没有时限和定额。

（三）完善社区残疾人协会作用的对策

1. 改变残疾人协会从属关系

残疾人协会的从属关系的改变，从原来隶属于居民委员会转变为由街道残疾人联合会成立专门管辖残疾人协会的部门来直接管理。残疾人协会从居民委员会中脱离出来，直接由街道残联来管理，从信息的传递上来说少了中间机构居民委员会，可以减少信息丢失和延迟的情况。与此同时，居民委员会原来兼职残疾人协会的主任也可以有更多的时间来策划社区其他方面的建设和服务，有利于加快社区建设。

2. 改变组织管理方式

政府对残疾人协会组织可以采取一种委托代理的方式，社区残疾人工作项目通过订立合同委托给非营利组织承办，政府原则上不干预非营利组织的各项活动，尊重其自主性，使其担负起责任。但政府也要监督其工作的有效运行，必要时可向非营利组织提供补贴。对于非营利组织本身而言，首先，完善组织的内部结构，制定严格的管理规章和服务标准，防止机构官僚化；其次，制定以服务社区广大残疾人并为其谋福利为目的的，贴近所在社区实际的有针对性的工作计划，并按计划开展工作；再次，资金的收支情况、工作开展情况的透明化，接受政府和广大群众的监督。

3. 残疾人工作者的培养

由于残疾人工作者所要面对的群体比较特殊，所以在工作的开展过程中要比居委会工作者遇到的困难更多。例如，部分残疾人由于在生理上的缺陷造成在心理上产生自卑和愤恨等负面情绪；又如对残疾等级和类别不同的残疾人士开展工作，需要有针对性和不同的侧重点；又如，盲人们最关心的是社区无障碍建设，而轻度肢体残疾人最关心的是社区残疾人就业。以上这些工作的开展需要一定的工作技巧。所以，残疾人工作者应具有较高的素质：①热爱残疾人和残疾人事业。②具有奉献精神和崇高的职业道德，密切联系残疾人，全心全意为残疾人服务。③一专多能的才干，擅长社会工作，熟练运用社会化工作方式。④具有“团结、务实、开拓、高效”的工作作风。

实例3：社区参与精神病康复服务的探索——以广州“L家属资源中心”为例

广州市残疾人联合会在荔湾、海珠等老城区的社区中，先后建立了“L家属资源中心”（以下简称“L中心”），用以开展精神病康复社区服务的试点工作。L中心是一个专业的社会服务机构，其特点是运用社会工作的模式，通过专为康复者及其家属而设的小组和兴趣班等去拓宽康复者的社交圈子，改善人际关系，培养兴趣及专注力，使精神病患者康复到最佳状态。同时，给康复者及其家属灌输精神病的康复知识、训练自理和社交技巧，以及鼓励互相支持、交流康复者的康复经历，以强化其自理能力和自信，增强其适应社会及融入社会的能力。

“L中心”成立后积极举办各种社区培训课程，将社会工作模式及技巧教授于社区的专职人员，同时发展社区的支援网络。中心专门为社区精神病康复工作者设置了包括精神病分类及症状、精神病社区康复概述、精神病人及其家属工作技巧、精神病康复者压力及适应技巧、精神分裂症病人及其家属沟通和工作关系建立、家访技巧及家庭评估方法、团体工作及危机介入、康复者之自身处理等为期八天的培训课程，先后为海珠区和荔湾区的街道残联理事长、社区精神科医生、民政干部和工疗站管理人员进行培训，还协助一些街道成立精神病家属小组，并对小组进行工作训练。这些社区工作在“精神病康复社区服务”方面取得了巨大成绩。

（1）在L中心工作人员的辅导下，由工作人员和会员组成的家属小组日趋成熟，已朝着“自助小组”的工作模式发展，日常工作转为组员自行参与决定，而工作人员则充当顾问的角色，家属的角色亦由“受助”转变为“助人”。更可喜的是，不少家属会员在处理精神病康复者的问题时不再怨天尤人，而是从个人的社会权利和义务这个角度来审视自己的角色。例如，在市残联召开的广州市残疾人事业“十五”计划意见征询会上，家属们运用从L中心了解到的国内外“精神卫生”发展趋向，提出了在“十五”期间广州市的精神病防治康复工作不能只停留在单纯的监护上，要给予精神病康复者多元化的服务，开设“中途宿舍”、“康复农场”等康复场所，让精神病人更好地融入社会。

（2）参与L中心活动的会员，精神面貌有了明显的改观。通过各类专题小组的活动，精神病康复者参与社会的能力有了明显的进步，部分康复者重新回归社会，找到了工作；同时家属亦普遍感到康复者扩宽了社交圈子和视野，并且与康复者的关系得到改善，特别是感到精神压力得到了舒缓。

（3）受L中心指导培训的街道残联理事长、民政干部和社区医生的专业社会工作知识和工作技巧有了不同程度的提高。

（4）家属资源中心这种社会工作模式受到了精神病康复者、家属和精神病专业工作者的欢迎。两年多来L中心先后招募了300多名会员，组建了12个专题家属小组、

16个专题康复者小组。还应海珠区、荔湾区残联和卫生局的邀请，协助这两个区组建精神病康复者家属小组。

实例4：残疾人社区工作本土化实践——以广州市T街康园工疗站为例

T街康园工疗站为区级工疗站。为切实开展工疗站的建设工作，T街除了积极争取市、区残联的支持外，还聘请了广州R社会服务中心作技术指导，协助制定各种规章制度、服务标准、评估方案等。工疗站的建设、装修费和日常运行经费均由区残联拨款，可以说是一个由政府投资为残疾人服务的一种尝试。

（一）工疗站建设的理念和目标

在R中心的协助下，T街康园工疗站采用了社会工作专业的理念和方法去建设和开展服务。工疗站的设计非常人性化，处处渗透着“以人为本”社区康复训练的理念。主要表现为以下几点：一是承认康复者的个体的独特性，尊重个人的需要、意愿、能力；二是将康复者看成能够拥有生活主导权的成年人，让康复者在生活中有自己的追求和目标；三是在服务过程中，持有一种接纳和宽容的态度，不懈地与康复者一起共同面对障碍、迎接挑战；四是积极为康复者提供适合各自特征的多种训练和参与式能力拓展机会，如多样化的娱乐性小组活动等，丰富了她/他们的人生经验。精神病康复者和弱能人士都把这里当成一个温暖的家，他们和工作人员一起快乐地进行着每天的康复训练。

工疗站的目标是致力于该社区的精神病康复者和弱能人士的社区康复，包括心理康复、生理康复、自理能力和职业技能的提升；同时也让社区居民不断地接纳他们，使他们更好地融入社区生活。而本工疗站未来的目标，是希望在更多的社区试点，按照不同社区的特点设计不同服务特色的工疗站。

（二）工疗站的服务对象及人员编制

T街康园工疗站的设立主要是服务于该社区的精神病康复者，同时也为部分弱能人士提供服务。工疗站总的容纳量是20位康复者。目前工疗站接受了15位康复者，鉴于工疗站刚成立，各项服务尚不到位，工疗站现在接纳的康复者主要是轻度的弱能人士。

在人员编制方面工疗站设有一位协调干事（即中心主任），是该街道一位残疾人的家属；一位康复员，是精神病医院退休护士；一位助理康复员，是精神病医院退休护士；社会工作者（服务顾问），由R中心派出。目前有一位社会工作者负责总体服务协调工作，一位社会工作者负责个案、小组工作。服务开展的前期，主要由社会工作者协调所有工作人员的事务，待员工对服务方法都熟悉后，社会工作者会慢慢退出这些协调工作，由协调干事总体负责该中心的事务。

（三）工疗站开展残疾人社区社会工作发展阶段

1. 筹备阶段（2006年6月至2006年末）

这个阶段的主要工作是做好社区宣传，了解该社区残疾人情况并做好记录，选取工疗站适合为其提供服务的残疾人士。从2006年6月开始，R社会服务中心开始了工疗站建设的筹备工作。筹备工作的难点在于消除社区居民的担心和疑虑，进而争取居民的信任和支持。一方面因为社区居民较少与弱能人士接触，对他们一直表现出逃避、排斥的态度；另一方面是因为在工疗站建设之前，当地的居民曾经为广州市残联的 L 家属资源中心在当地的建立而有过集体抗议的行动。所以做好居民的工作是本中心是否能成功筹建的关键。11 月 22 日，在该社区小学多媒体室，广州市 R 社会服务中心为街辖内的社区居委主任、民政专职干部（共 36 人）举办了“认知弱能人士”的专题讲座，并由中心主任亲自主讲。讲座从什么是弱能人士，到弱能人士的特征、康复服务反思、社区康复的概念、社区康复的必要性和康园工疗站的作用等问题做了详细讲解。“认知弱能人士”讲座反应热烈，收到了良好的效果。同时，R 社会服务中心还特意制作了“认识残障人士”的小册子作为社区宣传资料；在做居民工作的同时，R 社会服务中心还开展了弱能人士和社区居民接触和互动的小组活动：“七彩虹欢乐营”。这个活动是为了协助智障人士改善社交技巧、扩大社交圈子、提高自信心。此活动在工疗站筹建前期于 T 街文化广场开展了两次，R 社会服务中心社会工作者带着荔湾区弱能青年职业康复训练中心的康复者，一起开展形式各样的游戏，其场面热闹欢快，吸引了众多周围社区的居民参加。这些工作为成立工疗站打下了坚实的基础。从 11 月 13 日开始，工疗站工作人员与广州 R 社会服务中心的工作人员一起逐户上门登记康复人员的情况，为其建卡立册，并从登记评估情况的 30 名残疾人中筛选出符合条件的 12 名弱能人士进行康复训练。

2. 开展服务阶段（2006 年末至今）

这个阶段的主要任务是完善工疗站各项服务，并发掘各项新的服务和需求，整合社区资源。这个阶段工疗站的工作人员正处在不断的学习和磨合的过程当中，以不断增强工作团队服务的能力。工疗站为智障人士提供的工作基本上是以手工加工工作为主，也配合有个案和小组工作。例如，当康复者有些情绪问题和心理困扰的时候，社会工作者和护士都会加以留意，有需要的时候会给予适当的个案辅导。康复者平时也有自由的时间，如可以看电视、看书、打牌等。目前区残联已经拨付了 1 万元的启动基金来开展这项康复计划；同时工疗站的阳台也设计一个小小的休息区，可以看书、聊天，有如居家般舒适。

（四）残疾人社区社会工作本土化思考

广州市残疾人工作的开展经历了从政府全权包办，到政府购买服务，从一味的院舍式的照顾到融入社区康复的理念的过程。2007 年广州市康园工疗站的建设对于残疾人社区社会工作有着里程碑式的意义。从 T 街康园工疗站我们可以看到一个残疾人社区社会工作本土化发展的范例，当中可以总结出几点成功的经验。

1. 切实落实残疾人的社区工作

由于社区残疾人协会是居民自治组织居委会分管的一个组织，目前这样的组织挂靠关系使其工作受到一定限制。而居委会的工作内容和责任主要是以公共化为取向，并普遍存在在办公经费不足、人员短缺、行政任务过多等问题，无法专注于残疾人工作，不能真正把残疾人协会的全部工作落实。而工疗站的功能建设能够很好地满足社区残疾人的需求。现在广州市的工疗站主要是针对精神病康复者，将来随着社会的需求，也可能建立不同类型的工疗站或者社区残疾人服务点，这些规划都能够为社区残疾人提供切实而具体的服务。

2. 实现政府政策与专业服务结合

T 街的街道工作者在康园工疗站的建设中作为政策执行者和服务资源的组织者和协调者，做了非常多的工作，从而可以实现资源利用和服务成效的最优化。

3. 引入专业社会工作方法和理念

受管理体制的影响，以往的工疗站部分工作人员在履行职责的过程中，往往会倾向于表达政府的利益，或强调政府对残疾人的管理职能而忽略残疾人的心理感受。热心残疾人工作的残疾人和家属没有相对稳定的工作地点和缺乏开展社区残疾人工作的知识，也只能起到联络社区残疾人等有限的作用。而 T 街康园工疗站实现了社会工作的专业化管理。无论其建设还是整个服务规划，都渗透着平等、尊重和以人为本的理念。另外，还聘用残疾人家属为工疗站的协调员，同时还能相应地采用个案、小组的工作方法开展工疗站和社区工作，使残疾人社区社会工作的开展有了系统的技术层面的支撑，保证了服务质量和最优效果的实现。

（注：实例 1 来自网站 http：//www. ccbhy. com/，实例 2、实例 3 和实例 4 均来自于华南农业大学社会工作系学生毕业论文的相关节选。）

思考题：

1. 简述残疾人社区工作的实践模式。
2. 简述残疾人社区工作的具体内容。
3. 简述残疾人社区工作的一般过程及介入技巧。

第七章 残疾人康复工作

教学重点

- 康复的定义
- 社会工作者在康复中的作用
- 康复工作的“正常化”原则
- 社区康复中相关参与者

第一节 康复的定义

康复一词，顾名思义就是恢复健康，在中国传统医学中，就已有丰富的康复思想，比如在约公元900年的《旧唐书》中就有“武则天病后得到康复”的记载，也即是从疾病中完全恢复健康。

现代意义上的康复，源自英文的“rehabilitation”，原意是“复原”、“复健”的意思，即“恢复原来的良好状态”、“重新获得能力”、“适应正常社会生活”。“康复”最早应用在欧美宗教界，其含义是在天主教、基督教的门徒触犯刑律或教规受到惩罚和教育后，使他们改邪归正，重新获得资格、名誉、尊严、权力。

现代意义的康复是伴随现代康复医学的建立与发展而正式确立的，而现代康复医学的建立，只有60多年的历史，其形成和发展被划分为四个阶段：

（1）萌芽期（1910年以前）：在18世纪由于电疗、光疗、水疗、热疗等不断发展，加上体疗与按摩，构成了物理疗法。

（2）形成期（1910—1940年）：1910年开始将康复（rehabilitation）一词应用于残疾人，并开始建立康复机构。1917年在纽约成立世界最早的残疾人综合康复中心，1922年创办国际肢残儿童福利协会，1936年克鲁辛（Krusen）在美国创立物理医学专业教育制度，1939年在纽约成立国际伤残者协会。

（3）确立期（1940—1970年）：1947年美国成立物理医学与康复专业，1955年纳斯特（Rusk）教授成立了世界康复基金会，1960年成立国际伤残者协会，1967年成立国际康复医学会，此阶段正式确立了康复与康复医学的概念，研究出以神经生理学为基础的评定法和促进训练法，出版了相当数量的康复医学著作。

（4）发展期（1970 年以后）：发达国家设立大量康复机构，出版众多权威性的康复医学专著，康复医学在医疗教育科研方面发展显著。

随着现代康复医学的不断发展，康复的定义也越来越明晰，康复的目标也越来越明确。

1942 年美国在纽约召开的全美康复讨论会上给康复下的定义是："所谓康复，就是使残疾者最大限度地恢复其肉体、精神、社会、职业和经济能力。"

1969 年，世界卫生组织（WHO）医疗专家委员会给康复下的定义是："康复是指综合地和协调地应用医学的、社会的、教育的和职业的措施，对患者进行训练和再训练，使其活动能力达到尽可能高的水平。"

1971 年，Frank H. Krusen 对康复下的定义为："康复是使患者通过治疗和训练而最大限度地发展其潜力，以便能在生理上、心理上、社会上和职业上正常地生活。"

随着社会经济的发展和科技进步，"康复"的内涵也日益丰富与全面，尤其是进入 20 世纪 80 年代之后，提高残疾人自身素质和生活质量已成为康复的主要目的。

1981 年世界卫生组织医疗康复专家委员会为康复下了一个权威性的定义：

康复是指应用各种有用的措施以减轻残疾的影响和使残疾人重返社会。康复不仅是指训练残疾人使其适应周围的环境，而且也指调整残疾人周围的环境和社会条件以利于他们重返社会。在拟定有关康复服务的实施计划时，应有残疾人本人、他们的家属以及他们所在的社区的参与。

由以上定义可以看到，康复是要采用医学的、工程的、心理的、社会的和教育的各种方法与技术，使残疾人的功能恢复到尽可能好的水平，以便在身体、精神、社会活动、教育就业等方面的能力得到最大的发挥，从而尽可能地实现回归社会。

现代康复有以下三方面的含义：

（1）功能训练。康复工作着眼于保存和恢复人体的功能，包括运动、感知、心理、语言交流、日常生活、职业活动和社会活动等方面，重视功能的检查和评定，采取多种形式进行功能训练。

（2）全面康复。其是指残疾人从生理（身体）上、心理（精神）上、职业上和社会生活上进行全面的、整体的康复。康复的对象不仅是有功能障碍的器官和肢体，而且包括整个人。从这个层面上来说，全面康复就是要达到整体康复（total rehabilitation）。此外，全面康复也是指残疾人在医疗康复、教育康复、职业康复、社会康复等领域全面得到康复，因而全面康复又是一种综合康复（comprehensive rehabilitation）。

（3）重返社会。人是在社会中生活的，残疾使人暂时脱离生活的主流社会；而康复最重要的目的是使残疾者通过功能的改善和环境条件的改变而能重返社会，重新参与社会生活，履行社会职责，共享社会进步发展的成果。

第二节　康复工作的主要内容

一、康复的领域

在工作实践中，康复概念有广义和狭义之分。狭义康复指的是医学康复，广义康复则是“全面康复”，包括“医学康复”、“教育康复”、“职业康复”、“社会康复”。

(一) 医学康复工作

医学康复是指通过治疗、改善、恢复残疾者的各项身体功能，使其减轻能力障碍和获得最大限度的日常生活能力，为其重新参加社会生活提供身体方面的必要条件。

在医院与康复机构进行医学治疗，是残疾人康复的开始，医务工作者负责技术工作；同时，社会工作者也可以为残疾人进行有效治疗、康复作出贡献。在残疾人治疗与康复过程中，社会工作者与医务工作者应相互配合。

当残疾现象发生后，不同角色者，对残疾的评估很可能是不同的，并且是有差异的。当事人与家属会倾向于将残疾程度评价好些，以期望不会太坏，往往当事人的期望成分会更大些。而医疗工作者和社会工作者则应面对现实，客观地评估残疾事实。从而形成由当事人—家人—医疗工作者和社会工作者组成的由期望向客观过渡的序列。社会工作者常常要面对这种认知差异的状况，并要设法弥合这种差异以帮助当事人及其家人理智地对待现实。在这种情况下，社会工作者常常采用渐进沟通模式，由当事人家属进而到当事人，告知残疾程度与残疾真实状况，以利于当事人及其家人有思想准备，更易于接受现实。

残疾人康复社会工作者的任务和职责是：

(1) 协助康复医务人员，观察了解残疾人的障碍情况，做好诊治和康复。

(2) 协助残疾人及其家属，了解与其康复有关的社会资源经济和情绪的关系，以促使残疾人及其家属善于利用康复设施。

(3) 启发残疾人及其家属振作精神，发挥自我潜能，使其积极地自救自助。

(4) 协助康复医疗部门有效使用各种设施，为残疾人提供充分服务。

(5) 参与康复医务人员的教育、训练，推广康复工作计划，讲授有关人类行为、家庭动力以及社会资源方面的知识。

(6) 参与康复医疗部门重要的行政决策，参与各项康复调查研究工作，以提高康复服务的范围和水平。

(7) 开发和运用社会各种资源，开展社区康复工作训练计划，指导社区康复工作，以充分满足残疾人及其家属的需要。

(8) 协助康复医师正确地诊断和有效地医治，以维持残疾人康复后的健康状况和自我照顾能力。

(9) 要与有关机构协调，开展一切必要的和可能的社会服务项目，一方面促使残疾人有效运用医疗设施，另一方面补充医疗服务不足。

医疗康复社会工作的计划是综合型的，一个科学、完整的医疗康复社会工作计划必须包括下列各项：

（1）要考虑到残疾人康复后应有的基本的医疗设施，包括地方性的医疗单位，老弱残疾人的疗养所以及福利机构的设施。

（2）家庭照护方案的实施。康复社会工作者要与康复医师、护士等，定期到残疾人家庭探访，以提供康复指导。

（3）提供社会工作的专业服务。严格说来，残疾人的社会适应问题和社会福利需求，必须通过社会工作专业方法的实施，才能取得最佳效果。

医疗康复社会工作计划要考虑医学康复、精神康复、职业康复以及社会生活康复等方面。在残疾人康复期，康复社会工作者要协助其在肢体功能或能力的范围内学习职业技能，通过卫生、民政、劳动、街道等有关部门适当安排就业，再进一步开始较长期的生活康复，也即对其社区生活再适应的延续服务。社会生活的康复工作，包括本身情绪适应，对人际关系的再适应以及工作环境的适应等，这是全部康复工作的最终目标，康复社会工作者在制订康复工作计划时应认真考虑。

（二）教育康复工作

教育康复是指对肢残人进行普通教育，对聋哑人、盲人、弱智人进行特殊教育而采取的一切措施。

在近代以前，残疾人受到不公正、不人道的待遇，更没有受教育权力。面向残疾人的特殊教育，是近代以来随着人性尊严意识与人类平等理念日益受到重视而出现。

16 世纪末叶，西班牙传教士乐翁成功地以小班级的方式教会聋童说、读、写，这是一个划时代的突破，更正了此前人们认为的聋人不能接受教育的看法。1760 年，教士莱披在巴黎开办聋校；1784 年，胡威在同座城市设立盲校。两校的设立标志着世界上正规聋、盲教育的创立。

因此，残疾人受教育状况，是衡量一个国家社会进步和教育发展水平的标志之一。接受特殊教育也是残疾人享有的一项基本权利。特殊教育是一种代偿性训练，可以在一定程度上弥补丧失的那部分感官功能，为进一步接受教育创造条件，以便残疾人参加正常的社会生活。同时，对残疾人进行社会服务性训练，使他们获得基本的生活能力和一定的谋生能力，对社会有益。

残疾人受教育权真正体现了人权的平等，为他们提供教育，是他们的权利，也是社会的义务，他们是否能接受教育，直接关系到整个国家、整个民族素质的提高。残疾人教育工作有利于培养、发展和提高残疾人群体的社会适应能力和生存能力，减轻家庭、社会压力。因此特殊教育有着双重意义：一方面，特殊教育担负补偿残疾人生理机能缺陷的任务，为他们的全面发展负责。另一方面，特殊教育为残疾人提供精心组织的精神陶冶，弥补他们本能或机能上的缺失。特殊教育的目的，是通过对残疾人生理与心理的双重补偿，为提升和完成他们的生存价值，打下生理与精神的良好基础。特殊教育的着眼点和入手处，是残疾人生理和精神的双重未完成性。

根据残疾人的特性，其教育工作应采取两种方式：

（1）普通教育。对具有接受普通教育能力的残疾人，应该在普通教育体系中安排残疾人教育。

（2）特殊教育。对不具备接受普通教育能力的残疾人应实施特殊教育。此外，残疾人教育工作内容包括：学前教育、基础教育、以康复为目的的行为教育、职业教育及培训，等等。

（三）职业康复工作

残疾人职业康复是指以职业训练为中心，通过职业评估、教育、培养、就业安置、咨询等工作，协助残疾人达到合适的职业适应能力，为残疾人提供参与社会生活的方式。

职业康复是一项科学性与应用性很强的活动，它的内容是随着职业康复事业的发展而逐步得到充实和完善的。国际劳工组织在1985年《残疾人职业康复的基本原则》（第三版）中明确规定了职业康复的主要内容包括以下六个方面：

（1）掌握残疾人的身体、心理和职业能力状况；

（2）就残疾人职业训练和就业的可能性进行指导；

（3）提供必要的适应性训练、身心机能的调整以及正规的职业训练；

（4）引导从事适当的职业；

（5）提供需要特殊安置的就业机会；

（6）残疾人就业后的跟踪服务。

社会工作者要做的工作包括：残疾人就业前的咨询与评估，残疾人的治疗及训练，就业后的随访和持续支持。就业前咨询是就残疾人的从业心理、他们对职业和岗位的兴趣、对就业后的劳动报酬及劳动保护条件进行咨询，解答他们的问题，使其有充分的信心。评估是指对残疾人的身体状况、技能素质与可能从事的职业要求进行比较，看残疾人是否适合。一旦确认残疾人适合某项工作，还要对他们进行适应性培训，这包括心理培训与技能训练，目的是使其能较顺利地适应岗位的要求。当残疾人上岗工作后，社会工作者要进行跟踪式随访，及时了解残疾人就业后遇到的问题，并设法解决。这包括继续对残疾人做发展性工作，也包括帮助他们建立良好的工作环境，还包括解决某些制度上的问题。

职业康复作为一种科学性与应用性强的工作，具有严格的程序（见图7－1）。

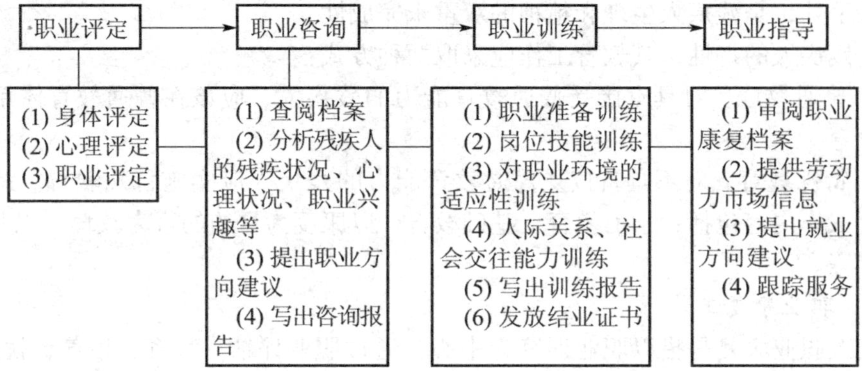

图 7－1

（四）社会康复工作

社会康复工作是残疾人全面康复的组成部分，它是指从社会的角度推进医疗康复、教育康复、职业康复等工作，动员社会各界、各种力量，为残疾人的生活、学习、工作和社会活动创造良好的社会环境，使他们能够平等地参与社会生活并充分发挥自己的潜能，自强自立，享有与健全人同样的权利与尊严，并为社会履行职责，作出贡献。在《中国康复医学》一书中，社会康复被纳入全面康复领域中，其是指“在社会的层次上采取与社会生活有关的措施，促使残疾人重返社会”。

1. 社会康复的工作内容

（1）协助政府机构制定法律、法规和各种政策来保护残疾人的合法权益，使其享有同健全人一样的社会物质生活条件和文化成果。

（2）保障残疾人生存的权利，使其在住房、食物、婚姻家庭方面得到公平的待遇，有适合其生存的必需条件。

（3）为残疾人自身的发展提供帮助，使其有接受教育和得到培训的机会，提高其生活自理能力、就业能力和参与社会的能力。

（4）消除家庭中、社区里和社会上的物理障碍，使残疾人获得生活起居的方便，并享受社会的公共设施服务。

（5）提倡和实现人道主义精神，消除对残疾人的歧视和偏见，激励残疾人自强自立，建立和谐的社会生活环境。

（6）组织残疾人与健全人一起参加文化、体育和娱乐活动；支持残疾人自己的社团活动。通过政府及各级残疾人组织的努力，促使全社会形成理解、尊重、关心和帮助残疾人的良好风尚。

（7）采取措施帮助残疾人实现经济自立或提高其经济自立能力，保障其在经济生活中不受歧视，对于不能实现经济自立的重度残疾人，帮助其得到社会给予的经济保障。

（8）鼓励和促进残疾人参与社会的政治生活，保障其政治权利。①

2. 社会康复的特点

（1）社会康复是一种政策性很强的工作。残疾人是社会上最困难的群体，需要政府从法律和政策方面给予照顾，也需要对不同情况采取不同的政策与措施。例如，工伤的认定和处理、交通事故及意外伤害的赔偿、残疾人用品的配备、抚恤与救济、伤残评定、法律援助等，都需要社会工作者直接参与。所以社会康复必须十分注意政策，既要维护残疾人的合法权益，又要照顾到相关人员、单位、社区的利益。

（2）社会康复十分注重调查研究。社会康复主要是个案工作，其目的是帮助残疾人解决具体问题，调查研究既是社会学理论和社会工作实践的精髓，也是解决问题的前提和必然过程，所以社会康复工作特别强调调查研究。社会工作者既要与残疾人及其亲属认真会谈，倾听申述，又不能完全按照他们的主观意志去办理。只有对个案的相关者进行全面而深入的调查，才能避免主观性和片面性，真正把问题解决好。

（3）社会康复注重协调性。社会工作需要较高的协调艺术与整合技巧，个案工作需要在案主与各持己见的当事人之间进行协调；小组工作也需要在各种专业人员之间进行协调。由于我国康复医学事业的发展还处于初级阶段，还有许多难以解决非医疗性质的问题，所以这种协调工作就要靠社会工作者来承担。

（4）社会康复工作产生社会效益。一方面，社会康复工作可以为病人解决许多医护人员不能解决的问题，受到病人的欢迎，而产生广泛的影响和难以估量的社会效益。

二、康复的程度

康复程度可以分为三类：

第一类，低水平康复。只在身体功能和心理功能上有某些改善，但未能走出家门重返社会，即青少年未能上学，青年或成年人未能就业，或本人自愿与社会隔离。

第二类，中等水平康复。身心功能有显著改善，生活能自理或基本自理，但上学很不顺利，无工作或有工作但不如意或不大适应，或个人有自卑感和自暴自弃心理，或在家庭和社会上仍遭到歧视，未能与社会融合，有不同程度的被遗弃或不幸感。

第三类，高水平康复。身心功能有显著恢复，生活能自理或基本上自理；或虽有明显残疾，生活未能完全自理但能充分参加社会生活；青少年能上学并能坚持学习，进步明显；青年及成年人有合适的工作做，自觉满意或基本满意；能发挥自己的能力和专长为社会服务，自己能正确对待残疾；在社会上有机会、有条件参加多种活动，享有与社会上健全人同等的待遇和权利，受到家庭和社会应有的尊重。

有能力参加社会生活，是人类健康的重要标志之一。世界卫生组织对健康的定义是："在身体上、精神上和社会生活上处于完全良好的状态，而不是没有病和不虚弱。"人们为了能参加社会生活和履行社会职责，须具备以下六个方面的基本能力：

① 李迎生．社会工作概论．北京：中国人民大学出版社，2004.

（1）意识清楚，有辨人、辨时、辨向的能力；

（2）个人生活能自理；

（3）可以行动（步行或乘坐交通工具或利用轮椅）；

（4）可以干家务活或进行消遣性活动；

（5）可以进行社交活动；

（6）有就业能力，经济上能自给。

根据上述参与社会生活的不同能力特征，要求采取不同的康复治疗方法，这决定了康复的层次性，在实践中，要根据残疾的性质和程度，运用不同层次的康复。这种层次有下列七种：

（1）急性期患者预防继发性残疾的康复处理。对住院的急性期患者，如肌肉关节挛缩、肌萎缩、褥疮、骨质疏松、情绪障碍等继发性残疾而采取康复措施，可由病区护理人员施行或由康复科治疗师到病区施行。

（2）住院恢复期患者康复锻炼。在出院前对患者施行短期的康复锻炼，包括日常生活活动的训练，肌肉力量及耐力训练等。

（3）残疾者、慢性病者及老年病者住院积极康复治疗。

（4）门诊康复治疗。患者出院后尚有明显的功能障碍或残疾者，须继续在门诊进行康复治疗，以争取功能进一步好转。

（5）社区康复治疗。出院后，或离开门诊康复治疗后，接受由街道（或乡镇）、厂矿、学校的医务人员或民政福利人员组织的康复治疗，在基层康复员或家庭训练员的指导督促下，进行康复训练。

（6）自我康复锻炼或家庭康复治疗。出院后，或者离开门诊康复治疗后，或经过一段时期社区康复训练后，由患者自己在家进行维持性或巩固性康复锻炼。

（7）疗养院、福利院、继续治疗中心维持性康复。有些永久性残疾，经长期住院康复治疗仍无好转，但在家中又无人照顾，可安排在福利院、继续治疗中心做一般的维持性康复治疗。

进行康复的环节包括：确定康复训练对象—进行初次评估—制订训练计划—实施康复训练—进行中期评估—继续康复训练—进行期末评估与总结。

三、康复的对策

（1）康复是一项复杂的系统工程，基本对策可以分为两类。

一类是对还未发生的残疾，基本对策是以预防为主。分为三级预防：

一级预防：主要是为减少病损的发生所实施的各种措施，如进行公共卫生教育；提供干净、符合标准的水源和卫生设施。

二级预防：如果出现病损就要防止演变为恶化，以免功能受损。

三级预防：如果出现功能受损，就要防止演变为残障。主要做法是提供及时、优质的康复服务。

另一类是对于已发生的残疾，处理原则为复原、代偿和适应：

复原是指采用医疗措施恢复患者的功能，包括功能恢复的训练、药物治疗和手术等。

代偿是指通过残存功能或其他功能来弥补丧失的功能。这必须通过再训练才能达到，也可以通过辅助器具来达到补偿功能的目的，如助听器、假肢。

适应是指改变生活环境以减轻它对残疾的影响，如无障碍设施、立法、舆论宣传等。

（2）康复的基本途径有，机构康复、上门服务、社区康复。

①机构康复是指利用先进的设备和较高的专业技术，对残疾人开展身体功能、心理疏导、社会适应等多方面的康复，一般在综合医院的康复科或专门康复机构（康复医院或康复中心）进行。

②上门服务是介于机构训练和社区康复训练与服务之间的一种服务形式，指利用医疗或康复机构和社区的康复资源，为辖区残疾人提供上门的康复训练与服务。

③社区康复主要是利用基层社区内的卫生、民政、教育等有关部门和一切可利用的人力、物力、设施等资源，为残疾人提供就近方便的多种康复训练与服务。

四、社会工作者在康复中的作用

提供康复服务的专业人员涉及广泛的领域：医生、护士、临床心理学家、物理治疗师、心理医师、职业治疗师、休养治疗师、职业咨询员、语言治疗师、听力治疗师、工艺美术老师、社会工作者、特殊教育师以及假肢制作师。这些治疗师大多把重点放在对案主躯体的物理功能上，而社会工作者的服务重点放在案主的社会功能上。在康复机构中，社会工作者的工作任务主要在以下七个方面。

（一）个案咨询

个案咨询包括帮助案主在机构中适应其残疾和找到康复机会。可以覆盖的问题包括个人的、家庭的、经济的、职业调适以及教育调适。

（二）家庭咨询

在某些康复机构，社会工作者主要涉及家庭服务而不是案主的服务，尤其当案主是个孩子时。对家庭的咨询涉及帮助他们了解残疾的本质和预防，做出基本的调适来帮助案主，处理与残疾有关的个人与人们担心的问题。社会工作者的这一角色就是提供信息，对特定问题的咨询，有时还需提供转介服务。

（三）记录案主社会历史

案主社会历史包括：案主的家庭以往状况和目前状况信息；在与康复机构接触前案主的家庭生活、现在的家庭生活和将来的家庭生活信息；案主的历史、家人对案主的正面和负面的态度、主要的家庭关系、家庭康复优缺点、案主在学校和工作上的表现、以前为其提供的服务、案主关心的问题及家人关心的问题等信息。有关社会历史的信息可以从案主、家人以及从与案主接触过的其他社会、医疗机构的档案中获得。

（四）个案管理员

由社会工作者协调一系列机构、组织向案主提供所需要的服务。案主可能会要求大量的服务与资源，包括由卫生保健、精神卫生以及康复、教育、安居、就业以及其他相关的服务与资源提供。由于案主需求广泛，因此这些服务的任何提供者，尤其是社会工作者应该被任命为个案管理员。这一设置以系统的、及时的方式规定了服务传递的安排和协调的责任。作为个案管理员的社会工作者也可以充当不同角色向案主提供服务，包括中介者、倡导者、咨询者、交流组织者、协调者以及策划者。个案管理员评估案主的全面需求，为他们与相应的服务机构牵线搭桥，确保这种服务有效提供。

（五）家庭与康复机构间的联络员

保持沟通的通畅在社会服务机构中是十分重要的。在一个康复机构中，社会工作者一般有责任向案主解释其医疗问题，但是，社会工作者常常要与案主及其家属讨论医疗问题的含义，包括残疾可能对案主将来的工作、教育、在社会场合和家庭中的表现能力的影响。要想成为一个有成效的联络员，康复机构中的社会工作者需要医学、医学术语以及这些医学问题对情感、躯体及社会功能的影响等方面的基本知识。

（六）经纪人

社会工作者经常要为案主及其家庭和其他社区资源牵线搭桥。要成为一个有成效的经纪人，社会工作者需要了解其他社区服务情况，包括所提供的服务、服务者的资格条件和接纳程序。案主可能需要来自社区机构的各种服务，如经济援助、购买轮椅、假肢制作、日间照料、特殊职业培训、寻访护理及交通等服务。

（七）出院安排

在有些康复机构中，像医院之类的，社会工作者负有对案主出院安排的主要责任。如果一位案主不能回到家中，应为他安排到护理院或小组护理院等其他场所。社会工作者常常帮助案主家人安排案主返回家中或其他机构中。在这种情况下，社会工作者可以安排经济援助或卫生保健、日间照料、物理治疗或就业培训之类的特殊照料。

第三节　康复工作的一种原则、理论、价值理念：“正常化”

“正常化”（normalization），总的来说是与帮助某些特殊的社会群体（尤其是残疾人，包括精神病患者）相关的理论。但在学术界的不同领域，却有着不同的内涵与指向。当代法国著名学者福柯在对西方社会对精神病患者的方式与态度的演变的分析中认为，某些精神病院对“患者”的治疗带有权力因素与权力机制，指出精神病医生对患者的治疗（使其“正常化”）是一个强加权力的过程，从而对某些精神病的治疗提出质疑。而在社会工作领域，社会工作专业所秉持的以工作对象为本的价值理念，认为过去把某些工作对象（如残疾人）的行为视为异常，并用某些所谓“正常”的方法去治疗对方，实际上是有偏颇的，因为被社会工作者看作不正常的行为，在工作对象本身看来却是完全正常的，因此，“不正常”的出现很大部分源于社会工作者对其的标定（贴标签）。另一种对正常化的理解，则是关注为受助者提供与平常人相似的生活环境，包括使他们回归平常社会，在常人社会中生活，而不是被单独照顾或专门给予特殊对待这些另类的隔离与歧视。本节中所要介绍与讨论的正是最后这种“正常化”的理论与价值理念。

第二次世界大战后，北欧掀起了一场波及多个国家的“正常化”运动，这场运动倡导残疾人不仅要享有与其他社会成员同等的生存权利，而且还应拥有尽可能接近普通市民生活条件与生活方式的权利（O'Brien，1999）。从此，从这个意义上对待残疾人的价值观和理念，在残疾人康复、社会工作等领域被接受。

1972 年胡费史宾加（Wolfensberger）清晰地界定了“正常化”概念的定义：尽量运用文化中最常规性的途径，以尽量达到或维持文化中最常态性的个人行为与特质。

这个定义指出了“正常”的标准是由每个具体文化所界定的，不同文化有不同的“正常”标准；同时，这个定义表明了“正常化”的途径和目标是通过“常规性”的途径实现“常态性”的个人行为和特质。下面分开叙述“正常化”应用在康复工作上的意义。

一、康复的目标：常态性的个人行为和特质

所谓“常态性”的个人行为和特质，是指最普遍的行为和特质，如自然仪表、可被公众接受的形象、一般的社交技能等。

残疾人由于身体、智力或精神健康上的问题与缺陷，以及客观环境的影响，他们在外表、行为和生活上或多或少会有与一般人不同的地方。比如，身体残障的人士从外表就能看出与常人不同，精神病患者则从喃喃自语、目光呆滞等怪异行为显得另类。一般的成年人能工作、照料自己的生活，但对于严重残障的人来说，不仅不能就业，甚至连生活也要依赖家人或康复服务人员的照料。

“正常化”提出以“常态性”的个人行为特质作为康复服务目标，就是指要尽量减轻或改变残疾人这些异于常态的生活和个人表现方式，并学习社会上最普遍被接纳的行为和生活方式，比如利用外貌和服装的修饰去避免突出残缺的状况、学习独立生活和社交技能、争取公开就业等，使他们不再因有异于一般人而被歧视或分隔，可以完全融入社会中过正常的生活。

“常态性”的行为和生活，是指最普遍而非最理想的行为和生活，因为社会上大部分人均未能享有理想化的生活，而理想化因人而异，不能作为康复工作目标的指引。

总的来说，“常态性”的行为和生活泛指一般补偿合理的行为和生活，包括下列几种：

（1）自然的个人仪表及行为。

（2）一般的社交生活技能。

（3）被接受的公众形象。

（4）一般的生活选择。

二、"常规性"的康复途径

"正常化"提倡尽可能运用"常规性"的途径，去协助弱能人士达至"常态性"的生活行为目标。所谓"常规性"的途径，是指普通人运用的途径，该途径符合大多数人的生活选择和行为方式。例如，普通学校为一般学龄儿童提供教育，适龄智障儿童就学亦应得到进入普通学校的机会；普通人大多数与家人同住及互相照顾，智障人士也应在可能范围内住在家里，享受家庭温暖和私人化的家庭生活。

在康复服务初期，服务机构多是救济性的，服务对象的生活环境普遍不理想，社会人士仍不能接纳残疾人，康复服务主要多采用院护照顾形式，将残疾人与社区及家庭分隔起来，这种方式实际是加深了一般人对残疾人的无知、误解及歧视，而残疾人也会因缺乏与一般人相处的技巧和适应社会的能力，更难融入社会。

"正常化"概念提倡用"常规性"的康复途径，是肯定了残疾人应该享有与普通人平等的待遇，只有把他们纳入常规性的社会体系之中，残疾人才可以学习到正常的行为举止、社交技能和适应正常的生活，不再由于缺乏正常的生活经验和社会化过程而成为另类。

"常规性"的康复途径包括：

（1）让残疾人进入普通的社会体系及享用普通服务。

（2）各类康复服务的最终目标与为普通人而设的社会服务相同 。

（3）各种康复服务的内容和活动与普通人的社会服务相同。

（4）提供康复服务的工作人员的素质不低于服务于普通人的工作人员的素质。

需要注意的是，"正常化"并不等于把残疾人变成"正常"，同时"常规性"的康复途径并不否定康复过程中应给予残疾人所需的特殊服务和设施。"正常化"是指应尽可能利用常规性的途径，去达到常态性的行为和特质，但如果仅凭常规性途径不能达到常态性行为的目标时，便应该辅助以其他有效的非常规性服务和设施，以达到所确定的目标。此外，由于残疾人的能力和缺陷都是非常个别化的，并不是每个人都可以康复至完全常态性的表现，"正常化"提倡的以常态性行为和特质作为目标，只是标志着康复工作的方向；能够最接近常态的表现，便是达到康复的目标。

"正常化"并不是排斥残疾人发展本身独特的能力和优点，尤其是如果这种能力是可以促进正常生活的话，即使不是普通人所为，也应该被鼓励，比如失去上肢的人学习运用双脚做事情，便是非常态性的行为，但这能使残疾人独立照顾自己和进行工作，而自我照顾和工作正是常态的行为和生活，以脚代手并没有违反"正常化"的原则。

三、实践"正常化"的优先次序

"正常化"包括"常规性"途径及"常态性"目标两个概念，原则上是两者要尽量接近，即尽量用"常规性"的途径实现"常态性"的目标。但由于现实环境和弱能人士个别条件的限制，并非两者可以经常配合，有时采取常规性途径并不能达到常态性目标。而要用非常规性途径实现常态性目标。以下将说明在康复工作中实践“正常化”时，常态性目标与常规性途径的轻重之分，如何配合，优先次序是怎样的？详见表7－1。

表7－1

目标／优先次序／途径	常态性	非常态性
常规性	（一）	（三）
非常规性	（二）	（四）

1. 以常规性途径实现常态性目标

康复工作者首选以常规性途径使残疾人士达到常态性目标，这是最理想的正常化过程，例如通过修筑无障碍设施，使肢残人士能方便地到达他们想去的地方（银行、商店、学校、图书馆等），以促进他们参与社会生活，回归社会，实现完善的社会康复目标。

2. 以非常规性途径实现常态性目标

有时常规性的途径不能达到常态性目标时，就必须以“常态性”目标为重，考虑使用非常规性的途径，去辅助或取代常规性途径帮助残疾人士实现常态性的目标。比如，一些智障的幼童被送到私立的幼儿园就读，但幼儿园内的教育方式并不能兼顾到这些儿童的需要，由于家长不切实际的希望或对特殊教育的不信任与抗拒，宁愿将儿女放在普通幼儿园中，希望通过与正常儿童的交往，提升智障子女的能力。这是典型过分重视正常的过程而忽视了应达到的目标的本末倒置的做法。他们的子女可以考虑送入特殊学校，为这些能力较低的智障幼童提供适当的照顾与训练，使其逐渐达到更接近普通儿童的能力。

3. 以常规性途径实现非常态性目标

当由于环境和残疾人的个人情况而确实无法达到常态性目标时，康复工作者惟有把常态性康复目标调节为最接近常态的非常态性目标。当然，在考虑以何种途径去完成这目标时，仍要考虑运用常规性途径。比如，一位全身瘫痪的残疾人已没有完全复原的可能，对他的康复目标只能是保持现时的健康、体能及情绪的稳定；虽然他需要细心的照顾和看护，但在他不必要完全依赖医务人员护理的情况下，应该尽早让他离开医院重过家庭生活。家人的照顾和关怀，个人在家庭中的归属感和重要性，都是非常规性（也是非常态性）的和医院生活中所缺少的，虽然家庭生活无法使瘫痪的残疾人恢复机能，但这对心理治疗却有莫大的益处。

4. 以非常规性途径实现非常态性目标

从理想的角度看，这种选择似乎没有出现的可能，因为乍看之下，它与正常化原则背道而驰，但小心审视，我们就会发现现有不少服务是体现这个方式的，例如展能中心内的程序就是非常规性的，亦不能帮助学员发展到完全常态性的行为。那么这种服务的价值何在？在“正常化”的定义中，清楚说明了是“尽量接近”常规及常态，而并非要求绝对的常规及常态，严重智障成年人不能公开就业或承担家庭责任，但展能中心提供适当工作、训练和余暇活动给他们，让他们在自理上能比较独立，生活上更充实和有意义，相对于他们呆在家里无所事事而言，就是接近常态性的生活。

康复服务的发展有不同阶段，在服务之初，有些服务未能达到预期的效果而要不断改进，有时会出现非常规性的途径无法达到常态性的目标，但这并不意味着为沿用常规性途径而放弃常态性目标，因为在检讨和改进服务中可以提升到用非常规性的途径去实现常态性目标。所以，表7－1中所示的第三和第四种是就一般情况而言，在前面的情况中，应首选常态性目标。

四、推进“正常化”的三个层面

在康复服务中贯彻正常化的原则，可从三个层面去推行，即康复政策、服务内容及个别康复机会。

第一个贯彻“正常化”的层面是在制定康复政策和计划时，以培养残疾人的正常表现及协助他们达到正常生活和行为作为政策的目标，为他们开放常规性的体系（如普通学习、公共交通、文娱及社区设施等），制定回归主流的服务模式，发展弱能人士所需的特殊服务等。

第二个贯彻“正常化”的层面是在康复服务内容的设计上，康复政策和计划肯定残疾人所需的康复服务，但这些服务的形式和内容仍要小心设计和安排，才能达到“正常化”效果。

第三个贯彻“正常化”的层面是在设计个别康复计划方面，计划应根据每一位残疾人本身的需要和意愿，并配合其能力和客观环境来制定。根据“正常化”原则，个别计划的目标越能接近正常的生活和个人表现越好，所运用的途径则以越接近普通人而设的服务越好。比如，在独立生活技能训练方面，最理想的是能以残疾人的家庭及临近社区作为应用环境，并运用其中的资源及设施作为独立生活的条件，最终使残疾人能像一般人一样适应家居及社区的环境，过独立生活。

第四节　重要的康复途径：社区康复

在20世纪，卫生和社会服务的提供与发展是以卫生保健的“医疗模式”为基础并以机构康复为载体运作的，这种方式一方面强化了医生作为主要决策者和病人及其家属代言人的作用。残疾人作为康复的主要对象，在康复计划中没有充分参与。同时，医疗康复方式价格太贵，只能在限定时间内，满足相对少数人的需要，在康复实践与服务的发展上，主要侧重于康复医药、康复器械及相关学科的科学发展，对残疾人的社会功能的康复上投入的资源不足。另一方面，机构康复虽然对残疾人的急性残疾方面能提供迅速到位的治疗，但对残疾人提升社会功能、回归社会、积极参与社会生活、实现全面康复等方面则明显出现资源不足、运作不灵活、残疾人主体参与欠缺等情况。以上康复服务所提供的康复领域和受益者范围都有局限性。伴随残疾人口的急剧增加和残疾人人权意识的提升，这种集中式、以治疗为中心的康复方式，已不能适应时代的发展和社会的需求。

20世纪70年代，世界卫生组织推行的最显著的政策是社区康复的开发和执行（WHO，1976）。社区康复的概念是建立在家庭成员和满足残疾人日常需要的最好的资源基础之上的，并针对许多国家的健康和社会服务已无法满足残疾人及其家庭的需要，在提高残疾人权利所需的健康和社会服务范围方面存在着局限性，卫生保健各方面的福利机构服务费用增加等新情况而提出来的。

一、社区康复的定义

社区康复（Community Based Rehabilitation，以社区为基础的康复，简称CBR）的定义主要有以下几个：

社区康复是社区发展中采用残疾人康复、机会平等和社会融合的策略。它是残疾人自身和家庭、社区及相关的卫生、教育、职业和社会服务部门共同努力的结果。

社区康复是通过提高服务水平、提供更平等的机会、促进和保障残疾人人权来提高残疾人生活水平的一种策略。

社区康复是建立在当地资源基础上的康复领域中的整体、全面地促进残疾人融入主流社会的方式。CBR的长远意义是以社会变化和社区总体发展为基础，而不是纯粹的服务。

迈尔斯（Miles，1995）指出社区康复至少用于6个不同但有某种叠加的方面：

（1）社区康复是由家庭在家中提供给残疾成员的治疗或特殊措施，以尽力去改变公众态度和促进服务无障碍，这种努力可能获得来自志愿者或有偿工作者的支持。

（2）社区康复是由残疾人及其搭档组织的，获得（或没有）外部技术帮助的治疗、教育、培训和社会自我援助的计划。

（3）社区康复是康复机构给社区提供计划，资源中心提供有关知识和技术给孤立或缺乏资源的社区。

（4）社区康复工作是由受过训练的和需支付工资的社区康复领域的工作人员承担，他们是负责动员、训练和公共教育任务的外部支持系统。

（5）此外，社区康复这个术语，也可能被那些并非积极参与社区发展的人和/或组织机构，为了符合最新“潮流”而被采纳。

（6）同时它还提出一个可供选择的方式——“信息康复”，主要的信息如概念、知识、技术、设计和反馈，如何在康复策略中被创造、传递、发展、监控、应用、传播和评估。

二、社区康复的一般准则

社区康复在世界范围内有多种不同的定义，在不同的国家和地区也有着不同的模式，但社区康复还是有一些共同的原则：

（1）以社区和客户为中心。

（2）以预防和早期干预为主。

（3）协同公共慈善设施。

（4）享受服务的消费者是参与和控制的推行者。

（5）一贯性和伸缩性。

（6）跨学科的、跨部门的。

（7）增加接触人群的知识和机构。

（8）提供相关的知识给社区居民。

（9）选择符合社区需要的恰当的技术机构。

（10）提供满足需要的全职或业余专业人士或非专业团体。

三、社区康复中的相关参与者

任何社区康复的计划中都有以下六个主要相关参与者：

1. 残疾人

社区康复的目标之一是康复、教育残疾人和增强残疾人能力，使他们能融合到社区中，成为有创造力和有贡献的成员。在CBR模式中，残疾人自身是康复努力的活跃分子。

2. 家庭看护者

在社区康复中，训练家庭成员和看护者，为残疾人提供简单的康复服务，并鼓励创造性地使用简单的辅助设施。

3. 志愿者

历史上的任何社会和文化中，志愿者工作都是帮助穷人、病人、残疾人和有需要的人，通常社区志愿者大多是妇女。人们提供的任何无偿的行动都属于志愿者活动。社区康复计划里，志愿者的职责和贡献是根据社区康复环境中的经济、社会文化和其他因素的不同而不同。

过于依赖志愿者的计划易受参与者的动机和兴趣影响，例如，当给其他计划的参与者报酬时，志愿者质疑自己是否应当无偿参与计划。不应该把志愿者的参与和个人的“捐物”行为从志愿者活动对社区及社区资源的利用和分配的影响中分离出来。

4. 社区工作者

社区康复通过社区发展方式提高社区残疾人群整体的健康水平，此方式通过恰当使用专业工作者和经过培训的非专业工作者，确保大部分残疾人的众多需求能通过计划得到满足。非专业工作者可以是社区里的任何成员，包括残疾人及其家属。自身有残疾的社区工作者为社区其他残疾人提供了榜样，给家属和社区带来新的希望。

5. 康复专业人士

康复专业人士是社区康复发展中的重要资源，他通过对残疾人进行管理，传播基础技术和知识，调整团队力量。为了提高效率，康复专业人士必须经过与他们在社区内角色相关的专门训练。

6. 政府和社会组织

政府和社会组织的一个重要作用是提高公众意识，促进公众健康计划，以增强大众对残疾服务和预防残疾的理解。

思考题：

1. 思考“正常化”原则的现实指导意义。
2. 考察“社区模式”在中国的实践情况。

第八章 残疾人教育

教学重点

- 残疾人教育的定义
- 残疾人教育的主要内容
- 残疾人教育的主要理论基础
- 残疾人教育的安置模式

第一节 残疾人教育的定义

残疾人教育是对视力、听力、言语、智力、肢体有残疾的人实施的教育。它包括学前教育、基础教育、高等教育、职业技术教育和成人教育。特殊教育是对有特殊需求的人实施的教育，在教育过程中，需要有特殊的教具、学具和特殊的教学方式。目前在我国，特殊教育是指对视力、听力、言语、智力有残疾的人和有多重残疾的人实施的教育。

在为残疾人服务的相关领域，各个专业的专家从自身专业出发，分别从医疗、康复、教育、社会和科技等角度对特殊教育下定义。其中，我国的特殊教育学者，从受教育对象的角度划分特殊教育，界定广义的特殊教育包括对各类身心发展异常者的教育，也包括身心发展超常者的教育，还可能包含上述两个特征者的教育；狭义的特殊教育指对生理和心理发展有缺陷者进行的教育（又称“缺陷教育”、“残障教育”）。残疾人教育可以看做是狭义的特殊教育。在这里，根据国家对残疾人教育、特殊教育的界定以及学者对于二者关系的界定，我们把残疾人教育等同于狭义的特殊教育，简称特殊教育。20 世纪 90 年代，国家制定的一系列教育法规都对残疾人教育（特殊教育）做了明确规定，并将残疾人教育（特殊教育）纳入国家教育改革和发展的总体规划。残疾人教育（特殊教育）已经成为我国教育事业的一个重要组成部分。

作为教育的组成部分的特殊教育和普通教育有许多共同的地方，普通教育的一般规律在特殊教育中也是适用的，但是因为特殊教育对象的特殊性，它有如下自身的特点：

（1）特殊教育不仅像普通教育一样在德、智、体、美、劳等方面对学生进行教育，还特别强调进行补偿缺陷和发展优势的教育，正如贺华德指出的，特殊教育是一种对残疾的预防、矫正和康复，对缺陷的补偿以及知识和技能传授的干预措施。

（2）特殊教育在课程、教材、教法、教具、组织形式等方面，要有一定的特色以适应受教育者的特殊需要，弥补其缺陷。例如，首先要营造适应受教育者需要的环境，通过这种适应使特殊受教育者建立起相应的行为再使他们适应常态的文化。

（3）特殊教育在教育目标上，要根据受教育者的具体情况完成一定的特殊任务，达到一定的特殊目标。例如，教盲童掌握盲文、定向行走，教智力落后儿童更好地感知事物和进行思维，培养其生活自理能力。

（4）特殊教育更重视早期教育，因为儿童年龄越小，可塑性越大，其残余视力、听力等保护的可能性越大，智力和语言能力开发的可能性也越大，错过了最佳时期则事倍功半。例如，对聋童没有进行早期语训，就会给其后语言发展带来很大困难。

（5）特殊教育更强调个别化教育，更强调在教育中因材施教，满足不同学生的特殊需要。例如，当其他同学正在上篮球课的时候安排盲儿练习定向行走，当其他同学学习较难的数学知识的时候安排智力落后儿童进行感知能力训练。

（6）特殊教育更需要和社会教育、家庭教育的有机结合，特殊教育要取得良好的效果必须强调教育的整体性和系统性，国外许多学校实践表明家长对孩子教育热心与否、家庭教育方法得当与否，对孩子的学习成绩有很重要的影响，而公园、影院、商店以及相应的社会交往场所对特殊儿童的教育也有重要作用。

第二节 残疾人教育的内容

一、教育对象

（一）细分模式和粗分模式

目前全球范围内对特殊儿童的分类大致有两种模式，一种是细分模式，一种是粗分模式。

美国、日本、俄罗斯等国家以及我国的台湾地区等都属于细分模式。美国 1975 年颁布的 94—142 公法就把特殊教育对象分为 11 种，1997 年后又增加了自闭症和外伤性脑损伤，规定特殊教育对象包括：聋、听觉缺陷、智力落后、畸形缺陷、其他健康缺陷、严重情绪紊乱、特殊学习障碍、言语或语言缺陷、视觉缺陷、聋盲、多重障碍、自闭症、外伤性脑损伤。日本将特殊儿童分为视觉障碍、听觉障碍、言语障碍、精神薄弱（智力落后）、情绪障碍、肢体残障、病弱、多重障碍儿童等几类。日本学者指出，日本的特殊教育一直是以有身心障碍的儿童为对象。与欧美国家相比，日本将特殊教育的重点放在身心障碍儿的教育上，还没有将学习障碍儿纳入特殊教育中，同时对于超常儿童教育，也不把它看作是特殊教育的组成部分。俄罗斯将听觉障碍儿童、智力障碍儿童及视觉障碍儿童进一步分类，即分为盲与低视力儿童、聋与重听儿童、晚聋儿童、智力落后儿童与心理发展迟滞儿童，还将脊髓灰质炎后遗症儿童、脑瘫儿童、严重语言障碍儿童也包括在特殊儿童中，同时还向有多重障碍的儿童开设特殊班。我国台湾地区2001年修订的“特殊教育法”第三条规定，身心障碍系指因生理或心理之显著障碍，致需特殊教育和相关特殊教育服务措施之协助者，包括智能障碍、视觉障碍、听觉障碍、语言障碍、肢体障碍、身体病弱、严重情绪障碍、学习障碍、多重障碍、自闭症、发展迟缓及其他显著障碍。

粗分模式是20世纪80年代以来，一些国家和地区考虑到分类可能会带来标签效应，主张对受教育的残疾人不分类，一律用“特殊教育需要者”代替。最典型的是英国，它于1981年就在有关的教育法中取消了分类，用特殊教育需要者来代替。

（二）我国对特殊教育对象的划分

我国是重视对特殊教育对象进行分类的，我国著名特殊教育专家陈云英指出，虽然《残疾人教育条例》没有对残疾人的涵义进行定义，但是按照一般理解，我国的特殊教育指对残疾人的教育，残疾人就是《中华人民共和国残疾人保障法》规定的视力残疾、听力残疾、言语残疾、肢体残疾、智力残疾、精神残疾、多重残疾和其他残疾等八类残疾人。不过，特殊教育研究专家刘全礼认为，国家关注的特殊教育是狭义中的狭义，即主要关注感观损伤者和智力落后者，没有把残疾障碍者中的肢体残疾者、学习障碍者、情绪行为障碍者以及孤独症者等纳入特殊教育领域（尽管他们一直接受着相应的教育），因此我国的特殊教育体系应该尽快完善，与国际接轨。按照刘全礼等学者的理解，仅仅用特殊教育需要来划分特殊教育对象，对于实践没有实际意义，必须借助医学和心理学等学科的方法——主要以身心的某些要素为标准进行二级分类或者三级分类才能把特定的教育对象确定下来，使特殊教育有的放矢。图8－1是刘全礼对特殊教育对象的划分。

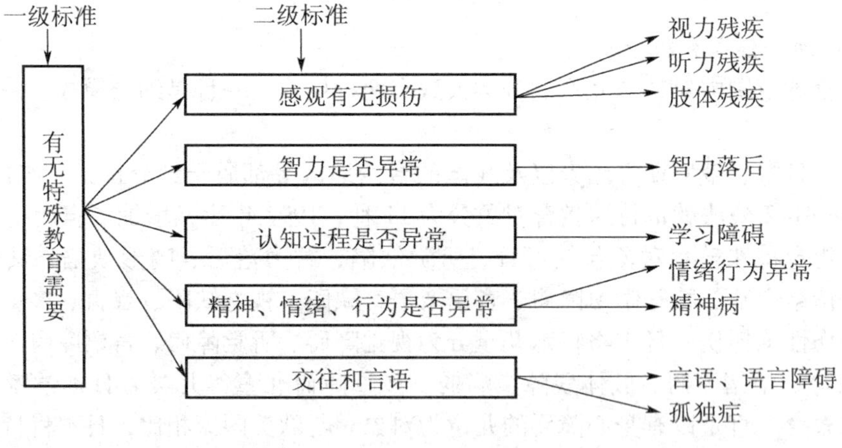

图8－1　特殊教育分类系统图

（三）各类特殊教育对象的界定和基本特点

虽然有些国家和地区不提倡对特殊教育对象进行分类，但是从实际工作角度出发，不分类不利于了解特殊教育对象的特点，从而不利于在实际工作中做到有的放矢、个别辅导。要对特殊教育对象进行分类，既要参考国外和其他地区的分类及界定方法，又要考虑国内的情况以及有关法律法规的描述，因为不同国家、不同地区甚至不同研究者对于特殊教育对象的分类和界定可能有所不同。

比如，对于“学习障碍”的提法，新西兰教育界从来没有予以接受，而德国所使用的“学习障碍”一词则有其特定范围，比传统概念要广泛一些，包括由各种原因导致的在学习上存在困难的学生（如知觉过程障碍、智力低下、教师的教学方法不当以及社会文化等）；而加拿大对学习障碍的研究则偏重于从生理方面入手，强调对有阅读障碍、注意力障碍的儿童的教育；在意大利由于有多种通用或教学语言，还有很多方言，使不少儿童在语言测试中处于不利地位，容易被误认为是学习障碍儿童。上述例子表明不同国家或地区对特殊教育对象的分类和界定有不同标准，我们在对国内的特殊教育对象进行界定和分析时应充分考虑这一因素。

下面我们以国内特殊教育学者刘全礼的特殊教育分类系统为纲，参照美国的分类对特殊教育对象进行分类界定。

1. 视力残疾

在美国1935年联邦法中，盲的定义是以临床的视觉敏锐性测验为基础的。敏锐性通过让个体读一张视力表上的字母来测定，这张表的每一行都是由特定大小的印刷字母组成，在6.1米以外能读20行字母的能力是正常的，当个体用双眼并戴着眼镜只能从6.1米外读出视力表第一行印刷尺寸为200mm的E字母时，就被法律承认为盲。如果他们的视野小于20度（正常人是160度），即使视敏度正常，也被视为法律上承认的盲。美国《障碍者教育法案》中对视觉损伤的定义以一个人如何体验和学习社会为核心。IDEA对包括盲的视觉损伤的定义是“一种视觉上的损伤，即使经过矫正，其损伤对于孩子的教育活动仍有不利的影响”，这个定义的关键是孩子有某些妨碍他们学习的视觉系统的障碍。

在我国的有关法律法规中并没有使用统一的术语来描述视力残疾。国务院批准的残疾人抽样调查使用的是“视力残疾”，《中华人民共和国义务教育法》中使用的是“盲”。学者使用的术语也不统一，一般称为视力障碍、视觉障碍、视力损伤等。在这里我们参考国务院残疾人抽样调查时使用的定义：

视力残疾，是指由于各种原因导致双眼视力障碍或视野缩小，而难以做到一般人所能从事的工作、学习或其他活动。视力残疾包括盲和低视力两类。

我国把视力残疾分作两类四级，一类是盲，一类是低视力。其中盲又分为一级盲和二级盲；低视力分为一级低视力和二级低视力。

视力残疾呈现如下特点：

（1）一般来说，盲人的语言没有障碍，但是也不会特别好。

（2）盲人视觉表象贫乏，但是借助其他感知觉也能够正确认识有形物体。

（3）通过训练，大多数视力残疾人士可以有较好的触摸觉，这是训练和补偿的结果而非视力残疾所固有的特点。

（4）研究表明盲人视觉器官以外的其他器官综合作用和长期练习后才能较好避开障碍物。

上述视觉残疾的特点是我们在特殊教育中要注意到的。

2. 听力残疾

美国残障者教育法案中对听觉障碍的定义是：损伤足够严重，对儿童的教育成就产生不良影响。听觉损伤在教育、医学、文化方面的不同定义的语言描述很难将其在教育、医学、文化方面的含义分清。教育上的定义关注听觉和所需要的特殊教育服务之间的关系；医学上关注的是听觉损伤的程度；而文化上关注的是聋人个体对共同文化的认同方式。在如何用语言来描述聋和重听人群上，至今未达成共识。

目前国内对听力残疾有关的称谓也没有取得一致的意见。即使国家法规使用的术语也不一致。国务院批转的残疾人抽样调查使用的是听力残疾，《中华人民共和国义务教育法》使用的是聋。除此之外，国内还有听力障碍、听觉障碍、耳聋、聋哑等称谓。我国在对残疾人进行抽样调查时对听力残疾的定义是：由于各种原因导致双耳听力丧失或听觉障碍，而听不到或听不清周围环境的声音，从而难以同一般人进行正常的语言交流活动。听力残疾分成聋和重听两类。聋又分一级聋和二级聋，重听也分一级重听和二级重听。

听力残疾者呈现如下特点：

（1）最明显的特点是言语障碍，即使那些经过较好训练的儿童也可能在发音时存在异常，他们的言语水平相对来说不如普通儿童。

（2）逻辑思维能力不如常态儿童，这和他们的言语水平低有关。

（3）与普通人交流有困难，难于对其他人的言语做出同步反应，但是值得注意的是聋人与聋人之间的交流看上去比与普通人的交流容易。

（4）由于言语、思维的原因，一些聋人在个性上显得有些固执，不过这需要进一步研究判断是否有普遍意义。

3. 肢体残疾

美国的障碍者教育法案（IDEA）及有关法令中指出肢体障碍就是有整形外科的损伤，包括了先天畸形（如畸形足、手足缺损等）、疾病（如小儿麻痹症、骨结核病等）以及其他一些原因（如脑瘫、截肢、骨折或烫伤引起的挛缩）引起的损伤。在美国，教育者通常使用“肢体残疾”这个词来指称这些学生。在我国，肢体残疾的称谓不完全一致，一般称为肢体障碍、肢体缺陷、残废。我国残疾人抽样调查界定的肢体残疾是：人的四肢残缺或四肢、躯干麻痹、畸形，导致人体运动系统不同程度的功能丧失或功能障碍。

肢体残疾在我国分为四类：

（1）上肢或下肢因外伤、病变而截除或先天性残缺；

（2）上肢或下肢因外伤、病变或发育异常所致的畸形或功能障碍；

（3）脊椎因外伤、病变或发育异常所致的畸形或功能障碍；

（4）中枢、周围神经因外伤、病变或发育异常造成躯干或四肢的功能障碍。

肢体残疾者的特点：身体形态有较明显的外部特征，其中有一些人（如中枢神经损伤的患者）可能带有听力、视觉、认知、言语等方面的障碍；肢体残疾带来的自卑比盲聋人要多一些，许多肢体残疾者的生活适应能力比盲人还差。

4. 智力落后

美国学者认为，从某种程度上说智力落后是一种社会建构，社会建构反映了社会对于个体，尤其是智力受限的个体的看法以及期望，它反映了人在周围环境中所表现出的智力活动、互动行动以及适应行为。布拉特指出：智力落后不是可以简单地加以定义、讨论、分析、应用和研究的概念；智力落后涉及我们对于人性、人类潜能、教育能力、平等、权利和特权以及对我们所有的和相关的一切的理解；智力落后不能被压缩成 IQ 参数，必须与他人、社会价值、期望和希望相连。1992 年，美国智力落后协会（Aamr）对智力落后做出如下定义：

智力落后是指当前功能存在着显著的局限，其特征是智力功能明显低于一般水平，同时存在下述适应技能中两种或两种以上的缺陷：沟通、自我照料、居家生活、社交技能、社区利用、自我指引、健康与安全、功能性学科、休闲和职业技能。智力落后一般发生在 18 岁以前。

上述定义有三个关键因素：能力、功能与环境。根据该定义，智力落后是指一个人的智力及适应性在所处环境中相互作用时产生的副产品，是“在社区中功能性损伤的特定状态”。因此，在描述智力落后人士时，我们关注的是他的多方面特性以及他在当前和未来环境以及支持系统中的多面性。

在我国有关智力落后的术语很多，教育界多称为弱智、智力落后，医学界称为精神发育迟滞，残疾人抽样调查使用的是智力残疾，在我国台湾地区则称为智能不足或者智力障碍。按照全国残疾人抽样调查的定义，智力残疾是指：人的智力明显低于一般人的水平，并显示出适应行为的障碍。智力残疾包括：在智力发育期（18 岁以前），由于各种有害因素导致的精神发育不全或智力迟缓；智力发育成熟以后，由于各种有害因素导致的智力损害或老年期的智力明显衰退。刘全礼指出，我国的定义实际上是参照美国 1983 年的有关定义制定的，而美国的有关定义在 1992 年已经有所发展，这在上文已经提及。

传统上，按照接受教育的能力，可以把智力落后分为：可以教育的、可以训练的和需要监护的三个级别。按照智力落后的程度可以分为：轻度（四级智力落后）、中度（三级智力落后）、重度（二级智力落后）和极重度（一级智力落后）四个级别。

智力落后的特点是：

（1）正常的心理、能力发展的水平较低，表现在认知、生活能力、情感、意志、个性等方面。

（2）身心发展脱节。

（3）异常的缺陷行为，表现在语言、思维、日常行为等各个方面，如发音不准、吐字不清等。

（4）有一部分智力落后患者在某些方面有一定特殊才能，例如在绘画、音乐、计算和记忆等方面。

5. 学习障碍

在美国，自从柯克在1963年提出学习障碍的术语以来，立法者、家长以及学术界人士都在为这个概念的界定而争论。争论到现在还在继续。美国的障碍者教育法案（IDEA）目前采用的定义是在1977年94—142法案中最初使用定义的修订：

一般而言，学习障碍指包括理解或使用语言、口语表达和书写等一种或多种基本心理过程的紊乱，这些紊乱会表现为缺乏听、思考、说、读、写作、拼写或数学计算等方面的能力。这些紊乱包括：知觉障碍、脑损伤、轻微脑功能失调、诵读困难和发展性失语症。

专业人员通常更倾向于认同1988年全美学习障碍联合会（NJCLD）提出的关于学习障碍的定义：

学习障碍是一个概括化的术语，它是指一系列功能失调的症候群，主要表现为在听、说、读、写、推理或计算等能力获得和运用方面有显著困难，这些困难对于个体来说是内在的，据推测是由中枢神经系统障碍所引起并通过日常生活表现出来；虽然学习障碍儿童也可能伴随有行为无法自制、社会知觉、人际关系等方面的问题，但这些都不是导致学习障碍的直接原因；虽然学习障碍也可能同时伴随其他残疾状况（感观残疾、智力落后、严重的情绪紊乱等）或受其他外在因素的影响（文化差异，不充分和不恰当的教育），但它们都不是造成学习障碍的直接原因。

在我国，特殊教育学界使用的学习障碍（特殊学习障碍），是近10多年来从美国引进的一个术语，普通心理学或教育学研究者多称为学习困难或学习失能，还有人称之为学业不良、学习不良。名称的混乱导致内涵的不确定，即使美国也没有统一的定义，刘全礼等的观察表明，典型的学习障碍是在认知过程或学习过程中表现出来的，因此认为学习障碍是那些智力正常但在认知过程中出现异常的儿童。

目前学习障碍的成因还不清楚，可能和遗传、孕期异常、出生早期异常的生长经历有关系。学习障碍的分类非常困难，刘全礼认为可以分为：视知觉异常、听知觉异常、协调异常、书写异常、计算异常以及注意过程异常。

学习障碍的特点表现为：

（1）视知觉异常主要体现在阅读和计算时把一些相近的字、词混同。

（2）听知觉异常指不能在短时间内分辨出听到的声音，尤其是相近的声音。

（3）协调异常表现在一般的协调，听—动协调、视—动协调等各个方面。

（4）书写异常表现在不能写——肌肉张力掌握不了，视力异常和听写异常。

（5）计算异常表现在加减乘除都有异常。

（6）注意过程异常表现在学生注意力不集中，有多动、呆想和白日梦现象。

6. 情绪行为异常

在美国障碍者教育法案（IDEA）相关的条例中是这样给情绪障碍下定义的：

（1）情绪障碍学生可能具备以下一种或多种特征，并持续较长的时间，程度较为严重，已经对学生的学业和生活产生了不利影响。其表现为：

① 表现出学习障碍，但不能以智力、感观或其他健康因素解释。

② 无法与老师及同伴建立和维持良好的人际关系。

③ 在正常的环境条件下有不恰当的感受和行为表现。

④ 心境常常表现出一种弥散性的沮丧和抑郁。

⑤ 当个人和学校生活中遇到困难时，有出现生理症状或恐惧的倾向。

（2）情绪障碍的定义还包括精神分裂症。

很多专家对上述定义并不满意，因为它没有使用行为这个词，而且它排除了许多贫困家庭的孩子。心理健康和特殊教育联合会提议使用以下定义：

（3）情绪与行为障碍表现出以下一些症状：

① 在学校日常生活中的情绪或行为反应与同龄人的平均水平以及同一文化背景、同一种族的平均水平相比差异很大。而且，这种反应对学习成绩、社会适应、职业技能和个人技能的发展都有极为不利的影响。

② 对周围环境中有压力的事件，表现出非暂时性的过激反应。

③ 在两种不同的环境中表现出一致的障碍，至少其中之一是在学校。

④ 对普通教育的直接干预的反应效果很差，或者说普通教育的干预对这种学生来说是非常不充分的。

（4）情绪或行为障碍可能与其他几方面的障碍并存。

（5）情绪与行为障碍可能伴随精神分裂症、情绪失调、焦虑症或其他行为或适应方面相类似的失调。如果这种失调影响到孩子的学业表现，就会影响到学生的全面发展。

在我国，目前在名称上，这类儿童没有统一的、令大家都能接受的名词，现在的称谓有：情绪行为异常、情绪行为障碍、情绪行为问题、严重情绪障碍、情感障碍、人格障碍等等。到目前为止，没有统一的定义或者界定。

刘全礼认为，情绪行为异常指：儿童长期存在的能影响自己发展或他人的情绪行为过度、不足或不恰当的状态。

情绪行为异常的特点表现为：

① 攻击行为，患者常常无故攻击他人。

② 自伤行为，患者常常碰头、割伤自己。

③ 多动行为，无缘无故有小动作。

④ 秽语综合征，常常污言秽语并伴有不雅动作。

⑤ 强迫行为，包括动作强迫（如走路时的路线等）和意识强迫（如失眠等）。

⑥ 退缩行为，如不敢与人交流、交往等。

⑦ 不良迷恋，如屏幕依赖（如网络依赖、电子游戏依赖等）、烟酒依赖等。

此外，还有异食癖、进食障碍、遗尿症、学业不良、逃学等表现。

7. 言语、语言障碍

美国言语—语言—听力协会指出，言语障碍指口头传递信息方面的问题，如单词重复、发音错误或说话时呼吸节奏不恰当。换句话说，言语障碍影响一个人的发声、讲话节奏和声音质量。另一方面，语言障碍是指在信息和思想的接收、理解、组织方面出现的问题。在障碍者教育法案（IDEA）中提出了两种类型的严重影响学生教育成绩的交流障碍。

在我国，言语、语言障碍有时被简单称为言语障碍或语言障碍，有时被称为言语或语言异常、缺陷等，我国残疾人抽样调查时采用的是语言残疾：指由于各种原因导致不能说话或语言障碍，从而难同一般人进行正常的语言交流活动。

在言语、语言障碍中，很难找到一个分类标准把所有的种类都分在一个类下，只是按照实践的需要大致把其分为：

（1）言语听觉障碍，包括听错、失听症。

（2）口语过程障碍，包括发音障碍（又称构音障碍）、声音障碍、流畅性障碍（又称口吃）。

（3）语言障碍。

（4）失语症。

言语、语言障碍患者呈现的特点：

（1）言语听觉障碍，表现为患者听力没有问题，但是在听他人言语时出现障碍。

（2）口语过程障碍，包括发音障碍（即音素添加、减少、歪曲和替换）、声音障碍（即音高障碍、音量障碍和音质障碍）和流畅性障碍（说话时音节重复、拖长）。

（3）语言障碍，包括语言发展迟缓、异常。

（4）失语症，能够听到声音但不知道别人说什么，能够看到文字但看不懂，能够听懂语言但说不出来，能够看懂字但写不出来；言语混乱，能说话，但说出的是什么，别人听不懂，自己也不知所以然，等等。

8. 孤独症

孤独症又称自闭症，1943 年，一位在巴特莫尔城的精神病医生坎那第一次对自闭症下了定义，1991 年美国国会把自闭症单列为美国的障碍者教育法案（IDEA）的一项，美国教育部对自闭症定义如下：

自闭症指一种发展性障碍，这种障碍对言语性和非言语性的交流以及社会互动产生显著的影响，通常在 3 岁前症状已经出现，并会对教育产生不利影响。自闭症的特点有：好进行反复行为和刻板运动，抵抗环境的变化和日常生活规律的变化以及对感知觉经验做出异常反应。自闭症排除孩子由于严重的情绪障碍而影响其教育成效的情况。

我国医学界习惯把自闭症称为孤独症，目前尚没有关于儿童孤独症的恰当定义，我国也没有法定意义上的儿童孤独症的界定，许多研究者只是从描述的角度、从它的特征方面做了有关的解释。孤独症是一种典型的全面发育障碍，往往在婴幼儿时期发病，其成因非常复杂，主要是生物学损伤所致。发病率男孩明显多于女孩，我国有人估计男女比例是7.5∶1，并估计我国有60万患儿，而且报道有患病率增加的趋势。

孤独症的特点：

（1）身体特点方面往往动作不协调，肌肉张力过大或过小。

（2）社会交往能力和技巧缺乏。

（3）有严重的言语障碍。

（4）有刻板的动作或行为方式。

（5）感知觉异常。

（6）身心发展不平衡。

9. 精神病、多重残疾等

精神病残疾又称精神障碍，包括精神分裂症、情感性精神病等，儿童比成人的发生率低很多，所以一般特殊教育中较少谈及。多重残疾又称多重障碍，美国的障碍者教育法案（IDEA）对多重障碍的定义如下：

多重障碍意味着有伴随障碍（如智力落后和盲，智力落后和身体畸形等），障碍的综合影响带来了严重的教育问题，以至于他们不能纳入特殊教育的一条障碍条目中。这个定义不包括又聋又盲者。

由于多重障碍儿童中绝大部分都有智力落后的表现，所以多数多重障碍儿童会表现出智力落后的特征，甚至更严重。多重障碍的主要特点是：

（1）言语丧失。

（2）认知缺陷。

（3）行为异常。

（4）脾气暴躁。

（5）没有言语控制能力。

（6）身体病弱。

二、教育体系

图8－2所示是当前中国的特殊教育体系。根据《中华人民共和国残疾人保障法》和《残疾人教育条例》的规定，中国的特殊教育由特殊教育方式（专门为残疾人设立的特殊教育机构）、普通教育方式（特教班或随班就读）组成，包含了两种教育方式的学前幼儿教育、义务教育、高中及职业教育和高等教育（含研究生教育）四个层次。

《中华人民共和国残疾人保障法》第二十二条规定，普通教育机构对具有接受普通教育能力的残疾人实施教育：普通幼儿教育机构应当接收能适应其生活的残疾幼儿；普通小学、初级中等学校，必须招收能适应其学习生活的残疾儿童、少年入学；普通高级中等学校、中等专业学校、技工学校和高等院校，必须招收符合国家规定的录取标准的残疾考生入学，不得因其残疾而拒绝招收；拒绝招收的，当事人或者其亲属、监护人可以要求有关部门处理，有关部门应当责令该学校招收。

《中华人民共和国残疾人保障法》第二十三条规定，残疾幼儿教育机构、普通幼儿教育机构附设的残疾儿童班，特殊教育学校的学前班，残疾儿童福利机构，残疾儿童家庭，对残疾儿童实施学前教育；初级中等以下特殊教育学校和普通学校附设的特殊教育班，对不具有接受普通教育能力的残疾儿童、少年实施义务教育；高级中等以上特殊教育学校、普通学校附设的特殊教育班和残疾人职业技术教育机构，对符合条件的残疾人实施高级中等以上的文化教育、职业技术教育。

《中华人民共和国残疾人保障法》第二十四条规定：政府有关部门、残疾人所在单位和社会应当对残疾人开展扫除文盲、职业培训和其他成人教育，鼓励残疾人自学成才。

图 8－2 中国特殊教育机构体系图

目前我国的特殊教育办学主体主要是政府，也有一些团体和组织参与办学。办学情况大致如下：

（1）教育部门。这是我国特殊教育的办学主体，也是代表政府的主要机构。大多数的教育机构的建立，政策、法规的制定都是由教育部门承担。

（2）民政部门。民政部门也举办了一些机构，更多的是和福利院联系在一起。

（3）卫生部门。更多的是和一些残疾的康复如肢体康复机构联系在一起。

（4）残疾人联合会。更多的是和聋儿的学前语言训练等康复机构及残疾人中专等联系在一起。

（5）社会力量办学。包括集体和个人办学。现在有一些由个人和集体办的教育机构，但相对来说数量还不多。

有学者对现有特殊教育管理模式进行缺陷分析，认为：

（1）从决策高度看，目前的特殊教育管理体制资源分散，不利于优化配置，使得原本薄弱的特殊教育资源很难在教学质量、职业培训、师资建设、科研攻关诸环节进行系统规划，并很难取得突破性的进展。

（2）从具体运作看，多头负责，不利规范运作与同步发展，不仅使不同层次的教育在同一部门的发展程度不同，而且同一层次的教育在不同部门的发展也参差不齐。

（3）从发展成因看，部门分割，有碍信息及时、充分、有效地交流、整合与提高；部门分割，必然影响师资、教学、科研的交流、竞争，影响特殊教育的后续发展和总体提高。

针对目前特殊教育体系的缺陷，学者提出以下建议：

（1）必须在战略规划方面，强化政府行为，增强其宏观调控能力。

（2）在战略实施方面，突出教育部门的主管功能，集中整合、统一管理。

（3）在运作机制方面，在现有的“公办”为主的特殊教育领域引入竞争、责任机制，发展和培育多元化的办学模式。

三、诊断、评价、鉴定

特殊教育教学设计过程一般包括五个步骤：

第一步，发现与鉴定——推荐、筛查、确定特殊教育对象；

第二步，教育诊断——分析其教育的基础、学习潜能与障碍以及环境等有关因素；

第三步，教育安置——根据学生的残障程度，在最少限制的环境下，做出恰当的安置；

第四步，实施教学——在教育诊断的基础上，制定实施个别教育计划，提供相应的服务；

第五步，教育评价——评估教学的成效，并作为调整教学方案的参考。

在上述步骤中，第一步和第二步非常重要。为了鉴别和确定特殊教育的对象，制定特殊教育目标和教学方案以及评价特殊教育的实效和成就，就必须在正确的思想的指导下进行科学的综合评估和鉴定。科学的诊断、评价和鉴定的程序和体系是特殊教育的重要内容。

根据目的和作用，特殊教育的评估可以粗略地分成两大类——诊断性评估和效应性评估。前者的目的和功能是通过收集有关资料来确定特殊教育的对象、教育目标、安置形式和教学方案（如图8－3）；后者主要是评价某一阶段或特殊教育全过程的教育效果是否达到了预定的教育目标。在实际运用过程中两者是相互配合的。

	发现 →	筛查、鉴定 →	诊断
目的	及时发现问题儿童，推荐诊断对象，及早干预、教育	鉴别哪些儿童属于特殊教育对象，具体有哪些特殊教育需要	确定儿童身心发展的潜能与障碍，并以此作为安置与制定策略的基础
机构人员	家长、儿科医生、教师	特殊教育机构，指定医院医生、经过培训的教师	各种专业人员和教师、家长共同组成的诊断小组

图8－3　教育鉴定与诊断的程序

特殊教育的评估可以分为医学诊断、心理测验、行为评估和学绩考察等不同类型。医学诊断的主要内容是：体重、身高、呼吸、血压、视力、听力等生理指标。心理测验和行为评估的主要内容是：感知能力、记忆能力、思维能力、智力、情绪的稳定性、个性倾向、社会适应能力和心理健康水平。学绩考察的主要内容是不同学科的学习成绩和学习能力。应当说，上述的评估主要针对的是受教育者个人，是不全面的，我们还要广泛收集除去学生个人外的资料，包括家庭、学校甚至社区的因素对于学生个人影响的资料，这样才能全面地了解和评估受教育者的状况。特殊教育评估团队不仅仅包括医务人员、教师、教育行政管理人员、心理学家、家长，也必须包括社会工作者。

一般来说，诊断的程序包括以下几项：

（1）访问家长，建立个案。访问父母，了解残障儿童发育成长过程中的有用资料。

（2）实施诊断测验。教育诊断是一种比较深入的评价程序，需要对个别儿童的学习能力以及环境有关的因素作个别化的临床检验和持续性的评估。

（3）观察儿童的行为。系统的观察可以对儿童的行为有更深入的了解。观察儿童可单独进行，也可观察儿童与父母、兄弟姐妹、伙伴以及其他成人的交互关系。

（4）个案会议。当家庭的材料、观察的资料以及测验的结果汇总之后，通常需要召开个案会议或诊断小组会议，以决定适当的安置和特殊教育需要。

四、法律、法规

特殊教育兴起于民间，但其发展离不开法律、法规以及政府具体管理的支持。从世界特殊教育发展的情况来看，美国的 PL94 – 142 法案（1975）、加拿大安大略省的 Bill84 法案（1980）、日本的教育基本法和学校教育法（1947）、韩国的特殊教育保障法（1977）、马来西亚发展特殊教育和康复事业计划（1979）等，都对本国的特殊教育事业的发展起到了重要作用。

（一）法律、法规建设

新中国建立后，政府开始对包括特殊教育在内的旧教育进行社会主义改造，创立新中国的教育体系。1951 年 10 月，中央人民政府颁发《关于改革学制的决定》，规定在发展各级各类学校的同时，“各级人民政府应设立聋哑、盲等特殊学校，对生理上有缺陷的儿童、青年和成人，施以教育。”十一届三中全会以后，全国人大、国务院及其所属国家机关制定了一系列法规，使我国特殊教育逐渐走上法制轨道。

1982 年 4 月通过的《中华人民共和国宪法》，除规定所有公民平等享有受教育权外，还在第 45 条特别规定：“国家和社会帮助安抚盲、聋、哑和其他有残疾的公民的劳动、生活和教育。”宪法是国家的根本大法，把残疾人教育的内容纳入宪法，证明了国家对于特殊教育的重视。

1986 年 4 月通过的《中华人民共和国义务教育法》第 9 条要求地方各级人民政府为盲、聋、哑和弱智的儿童、少年举办特殊教育学校（班），经 2006 年 6 月第十届全国人民代表大会常务委员会第二十二次会议修订后，第 19 条规定县级以上地方人民政府根据需要设置相应的实施特殊教育的学校（班），对视力残疾、听力语言残疾和智力残疾的适龄儿童、少年实施义务教育，特殊教育学校（班）应当具备适应残疾儿童、少年学习、康复、生活需要的场所和设施；普通学校应当接收具有接受普通学习能力的残疾适龄儿童、少年随班就读，并为其学习、康复提供帮助。

1990 年 12 月的《中华人民共和国残疾人保障法》“特殊教育”一章第 18 条至 26 条明确规定“国家保障残疾人受教育的权利”，“各级人民政府应当将残疾人教育作为国家教育事业的组成部分，统一规划，加强领导”；“国家、社会、学校和家庭对残疾儿童、少年实施义务教育”等，具体阐述了国家对特殊教育的职责、发展方针、形式、师资经费等问题的规定。

1992 年 3 月国家教育委员会发布《中华人民共和国义务教育法实施细则》，第 2 条规定盲、聋哑、弱智儿童和少年接受义务教育的入学年龄和在校年龄可适当放宽；第 6 条规定承担实施义务教育任务的学校为：地方人民政府设置或者批准设置的全日制小学，全日制普通中学，九年一贯制学校，初级中等职业技术学校，各种形式的简易小学或者教学点（班或者组），盲童学校，聋哑学校，弱智儿童辅读学校（班），工读学校等；第 18 条规定依照义务教育法第 10 条第 2 款规定享受助学金的贫困学生包括特殊教育学校的家庭经济困难的学生；第 26 条规定盲童学校（班）的设置，由省级或者设区的市级人民政府统筹安排，聋哑学校（班）和弱智儿童辅读学校（班）的设置，由设区的市级或者县级人民政府统筹安排；第 32 条规定省级人民政府应当制定规划、采取措施，加强和发展师范教育，并组织其他高等学校为实施义务教育培养师资，盲、聋哑、弱智儿童学校的师资，由省级人民政府根据实际情况组织培养。

1994 年 8 月国务院颁布的《残疾人教育条例》是中国第一部有关残疾人教育的专项法规，分九个部分：总则，学前教育，义务教育，职业教育，普通高级中等以上教育及成人教育，教师，物质条件保障，奖励与处罚，附则。它的颁布有利于从法律上进一步保障残疾人平等受教育的权利，促进残疾人教育事业的发展。

1995 年 3 月通过的《中华人民共和国教育法》第 10 条规定国家扶持和发展残疾人教育事业；第 38 条规定国家、社会、学校及其他教育机构应当根据残疾人身心特性和需要实施教育，并为其提供帮助和便利。

1996 年 5 月通过的《中华人民共和国职业教育法》第 7 条规定扶持残疾人职业教育的发展；第 15 条规定残疾人职业教育除由残疾人教育机构实施外，各级各类职业学校和职业培训机构及其他教育机构应当按照国家有关规定接纳残疾学生。

1998 年 8 月通过的《中华人民共和国高等教育法》第 9 条规定公民依法享有接受高等教育的权利，高等学校必须招收符合国家规定的录取标准的残疾学生入学，不得因其残疾拒绝招收。

应当说，从 1982 年开始，我国特殊教育的有关立法进入了迅速发展阶段，而 1994 年颁布的《特殊教育条例》更是标志了特殊教育的有关立法的专项化发展。纵观新中国成立以来的法制建设，特殊教育法律法规从无到有，从发端到发展，再到专项法规的出台，都表明我国特殊教育立法有了较大发展。特殊教育立法推动着我国特殊教育的开展，到 1997 年，我国已经基本形成了以随班就读和特教班为主体的、以特殊学校为骨干的特殊教育新格局。但同时我们应看到，在特殊教育法制建设中，还存在一系列问题：立法不完善，违法现象严重，司法制度薄弱，这些问题表明我国特殊教育法制建设尚处于发育时期，还有很长的路要走。

（二）法律、法规结构

我国的教育法规根据制定机关的不同和法律形式的不同呈现出“二元式”的特点，包括中央一级的教育法规和地方教育法规两部分，由高到低又可划分为五个层次：

1. 教育法

它是以宪法为基础的调整教育内部及教育部门和其他部门的教育基本法，它规定了我国教育的基本性质、地位、任务、基本法律原则和基本教育制度等。

2. 教育单项法

它主要调整教育部门内外的关系，大致由《义务教育法》、《职业教育法》、《高等教育法》、《教师法》等部门教育法组成。《中华人民共和国残疾人保障法》可以列入这一层次。

3. 教育行政法规

它是为实施教育法和各单行法而制定的规范性文件，《残疾人教育条例》即属于这一层次。

4. 地方性法规

自治条例、单行条例，如《黑龙江省实施〈中华人民共和国残疾人保障法〉办法》、《北京市特殊教育事业发展规划》以及《上海未成年人保护法》中有关保护残疾儿童的部分条文。

5. 政府的规章

如《关于开展残疾儿童少年随班就读工作的试行办法》、《中国残疾人事业“十五”计划纲要与配套实施方案（2000—2005 年）》等。

根据以上对我国教育法体系结构特征的描述和有关残疾人教育法律法规所处的相对位置，我们可以发现，到目前为止，我国仅有一部特殊教育方面的法律，一部有关特殊教育的行政法规，其余则是大量的行政规章和其他规范性文件，立法数量少，层次不高。

五、对家属及有关人员的教育

从世界卫生组织的大康复概念的康复动力上分析，康复的动力应包括“残疾者本人、他们的家属以及他们所在的社区”。因此从特殊教育的更广义的内涵上看，残疾人教育的内容不仅包括狭义的特殊教育对象（在前文已经详述），还包括残疾人的家长或监护人，为残疾人服务的医务工作者、教育工作者、社会工作者以及其他相关人士。对家属和有关人员的教育的内容中，最重要的是以下两点。

（一）正确认识和对待残疾、残疾人

残疾人士的父母以及家属中有相当一部分人不能正确认识和对待残疾和残疾人，不能科学地认识自己孩子的残疾，把残疾看成是“造孽”、“羞耻”、“倒霉”或者过分自责，因此出现了歧视残疾人、不平等对待残疾人或者过分溺爱、关照等不良的现象。残疾人士的父母以及亲属有人对残疾家庭成员的发展和康复没有信心，或者仅仅是“养活”、“给口饭吃”。同样，社会上有些人也是歧视、蔑视残疾人或者过分呵护、怜悯残疾人。两种极端的认识和态度不利于残疾人的发展和康复。家庭和社会不正确的认识和态度很可能对残疾人产生负面的影响，比如使他们更自卑、消极、退缩，不利于残疾人家庭地位、社会地位的改善。

（二）除了正确的认识和态度，还应使家属、工作人员以及社会有关人士掌握残疾人康复和教育的知识、技能

就家长而言，在度过心理危机时期、树立正确的教育观念以后，需要学习的就是掌握护理、训练、辅导残疾儿童的知识和技能。这方面医院、特殊教育学校及相关服务机构的工作人员应该帮助家长学习相关的知识和技能，如成立家长班。与特殊教育有关的工作人员很多，包括医护人员、心理治疗师、社会工作者、教师等不同职业的人士，一般在本专业有关的教育和训练中都会了解到相关的知识和技能，但是如果是专门从事特殊教育相关的工作，则应该有岗前培训、实习、在职培训以及准入考核。其他社会有关人士，包括特殊学校的行政人员、政府有关部门的工作人员、义务工作者等相关人士，

并不一定直接为残疾人及其家长提供专业的服务，但也有必要了解残疾人的心理、生理、教育方法等的基本知识，以便更好地与残疾人及其家长沟通。

第三节 残疾人教育的理论基础和安置模式

一、理论基础

（一）对残疾儿童观念的轻变

一般来说，特殊教育的对象是残疾人，主要是残疾儿童。人们对残疾儿童的认识的深化促进了特殊教育的发展，可以说，特殊教育是随着人们对于残疾儿童的观念的发展而发展的。关于残疾儿童的看法，不同的历史时期、不同国家、不同文化的人们会有不同的观点。例如，同样是奴隶社会时期，古希腊的城邦国家斯巴达出于奴隶主阶级统治奴隶和平民的需要，认为身体孱弱的儿童不能承担起维护统治的重任，凡是身体孱弱畸形的儿童就被抛弃。同期的雅典也将身体残疾儿弃置路边，亚里士多德提出“让那不准养活任何一个残疾儿童的法律生效吧”。但是与此同期的中国的文献《礼记·礼运》提出“鳏寡孤独废疾者皆有所养”。犹太经典嘱咐：你不应该诅咒聋，也不应该在盲人面前放置绊脚石，而应该诅咒那些使盲人四处流浪的人。

原始部落因为不了解残疾儿童产生的原因，可能会善待残疾儿童，一些原始部落甚至认为弱智者、精神病人是神灵的化身，残疾儿童因而享有崇高的地位。奴隶社会一般对残疾人最为残酷。封建社会，人们逐渐开始正确认识残疾，有些国家甚至制定法律保护残疾人的利益。例如，公元 530 年罗马制定的“拜占庭法典”中有保护残疾人利益的条文。到了 18 世纪和 19 世纪，英国、法国、俄国、澳大利亚以及美国等国家都相继建立了盲校、聋校和智力落后学校，特殊教育对象也不断扩大。

随着人类历史的进步和现代化的发展，特殊教育也从人道主义向现代化发展，人们对于残疾儿童的认识也从妖魔化、神秘化，过渡到生物（医学）的探索，进而发展了社会生态模式的认识。下面作简要介绍。

首先，人道主义是特殊教育的思想基础。任何残疾人事业都是人道主义事业。特殊教育作为一种极其重要的残疾人事业，首先也是一种人道主义事业。历史研究表明，特殊教育在近代的产生，无疑有着政治、经济和科技发展等方面因素的促动，但人道主义仍是它得以孕育和产生的精神温床。我们要时刻记住，在当代社会，特殊教育虽然具有经济效益，但是经济效益不是特殊教育发展的目标，对人的关注才是特殊教育的特点。

其次，以人为本的特殊教育向现代化发展。回溯特殊教育发展的历史过程，我们可以看到，特殊教育正是通过思想发展的现代化来获取其本身发展的现代性的。从 19 世纪至今，特殊教育现代化进程通过人们的特殊教育理念不断更新、不断符合教育规律、不断使人性得到尊崇来促使特殊教育形态发生了巨变，从而使特殊教育获得了新生，具备了越来越浓厚的现代气息，并且这种现代化趋势必将随着时代的发展呈不断上升的趋势。从19世纪初慈善机构对残疾人的隔绝式教育到19世纪中期以后特殊教育的机构逐渐成为社会福利机构系统的重要组成部分；到19世纪末，回归主流思想的产生；直至20世纪90年代，人们提出了全纳教育的理念。这些都是特殊教育通过思想发展的现代化获取自身发展现代性的历程。

第三，从医学模式向社会生态学模式的转变。对于残疾或特殊儿童特殊性原因及其对策的观点，人们的认识有一个发展的过程。在生产力不发达的原始社会、奴隶社会，人们往往从迷信的角度看待残疾儿童，到了封建时代，人们开始对残疾有了一定科学的认识。例如，巴拉萨尔士在16世纪确认弱智是一种病，而非魔鬼附体。到了20世纪五六年代以前，医学模式流行，认为特殊性是儿童内部的生理条件或疾病造成的。因此多从医学角度进行讨论，试图弄清楚儿童自身的不利条件。但是这种看法对于轻度弱智儿童，学习障碍、行为障碍和交往障碍等兼有个人特点和环境影响的分析是不全面的。社会生态学的观点在残疾或特殊性的归因上强调不能仅从儿童本身的身心特征去认识，还应该从儿童生长和学习的环境中找原因，如不良的教学方式、经验剥夺、经济条件差等。在特殊教育的设计上，不能仅仅注意特殊儿童，还要注意考察他们所在的家庭、社区甚至社会环境的影响。

（二）对特殊教育观念的轻变

20世纪60年代以来，特殊教育领域出现了一系列重要的思想或概念。这里主要介绍正常化、最少限制环境、一体化、回归主流、全纳教育的思想。

（1）正常化。美国教育学家唐恩1968年认为让轻度残疾儿童在特殊班或特殊学校接受教育是没有必要的。欧洲纳吉1969年提出，对残疾人的一切措施必须正常化。所谓正常化，纳吉的定义是“要使智力落后的人（和其他残疾人）每天生活的方式和情况尽可能和社会主流的常态相近似”。社会学家米赛指出，对残疾人进行分类、贴标签的现象是一种歧视而不是爱护他们的行为。以上专家的观点和各国特殊教育发展状况相结合引发了一场残疾人正常化的运动。体现在教育上就是普通教育和特殊教育相结合的一体化运动。

（2）最少限制环境。正常化原则直接导致了美国1975年颁布《全体残疾儿童教育法》（PL94－142）中最少限制环境主张的产生。所谓最少限制环境是指加强教育的适当性，保证残疾儿童接受正常教育的权利和义务，尽可能地减少对残疾儿童的限制，创造适合其回归主流的环境。最少限制指：最大限度的自由；与正常儿童相同的生理年龄；与正常儿童相同的智力年龄；非伤害性；非威胁性；非控制性；非侵犯性；最大的尊重；最大限度的适应；尽可能地一体化。环境指影响特殊教育活动的实物、人员、情感和区域等因素。

（3）一体化、回归主流和全纳教育。一体化大约出现于20世纪60年代。一体化的出现必然受到正常化思想的影响，而正常化运动体现在教育上的做法就是普通教育和特殊教育相结合的一体化运动，其目标是残疾儿童和普通儿童尽可能一起受教育。回归主流的概念在20世纪50年代曾讨论过，美国的邓恩于1968年发表报告指出轻度障碍儿童应安置在普通学校学习，只有重度障碍的儿童才需要安置在特殊学校，邓恩同时对标签化提出了批评。从20世纪60年代以来美国特殊教育界便出现了轰轰烈烈的“回归主流”运动。全纳教育是20世纪90年代出现的思潮，其主旨是要求所有儿童在一起学习，而不管他们有无困难和差异。总之，回归主流是一种使特殊儿童尽量在正常教育环境中受教育的哲学思潮，一体化强调的是一步一步向普通教室转化的程序、过程，而全纳教育则与特殊儿童在正常环境接受教育的平等权利有更大的关联。

二、教育安置模式

教育安置模式具有深刻的历史和社会文化背景，教育安置模式指在一定的教育思想、教学理论和学习理论指导下，在某种环境中展开教学活动进程的稳定结构形式。从世界范围来看，特殊儿童教育安置存在着两种最为典型的模式：一种是以苏联为代表的分门别类、以特殊学校为主体的封闭型模式，另一种是以美国为代表的强调尽可能把特殊儿童安置到“最少受限制环境”中去的开放型模式。由于各国的特殊教育安置模式是在各自的社会价值观、经济发展水平、历史文化传统以及教育体制等多种必然和偶然因素交互作用下的结果，因而在评价时，不能简单地对各种特殊教育安置模式做出优劣判断。

（一）封闭型模式

在传统的特殊教育体制中，残疾儿童主要在独立的养护机构或特殊学校（班）接受教育，这种体制被称为“隔离制”（segregation）的特殊教育。当今俄、日、我国的台湾及香港等，都是以隔离制为主的国家和地区。实施隔离制教育的国家或地区则规定，为特殊儿童提供特殊的环境和教育，如日本的《儿童福利法》规定，对身体和智力残疾儿童提供特殊的教育机构和服务，俄罗斯主张特殊儿童应在特殊的环境里接受特殊教育。他们认为决定残疾人社会生活成功与否的关键在于通过教育为他们做好准备，而特殊学校能最好地适应特殊儿童的需要，是保证特殊儿童实现社会生活一体化的基本途径，因此他们坚持以特殊学校安置特殊儿童为主，辅以招收多重障碍儿童的特殊班，并动员社会保障机构和卫生机构建立特殊儿童的教养机构。

（二）开放型模式

从20世纪60及70年代起，美、英等国家在正常化、一体化和回归主流等思潮的影响下，建立了一套新的特殊教育体系。这一体系让残疾儿童尽可能地与正常儿童一起接受教育和生活，人们称之为开放型模式。实施开放型模式的国家规定，儿童不仅有受教育的权利，而且还有在正常环境中受教育的权利。美国《所有残疾儿童教育法》规定，残疾儿童的特殊教育应在最少受限制的环境中进行，即残疾儿童的教育应尽可能安置在正常的，而不是隔离的环境中进行。英国也有类似的法律。图8－4是美国人迪诺在20世纪70年代提出的瀑布式教育服务体系（双流向多层次的安置方式），按照学生的残障程度和接受教育的能力把学生动态地安置在对他来讲是最少受限制的教育环境中，在需要时双向流动，这是回归主流的成果之一。

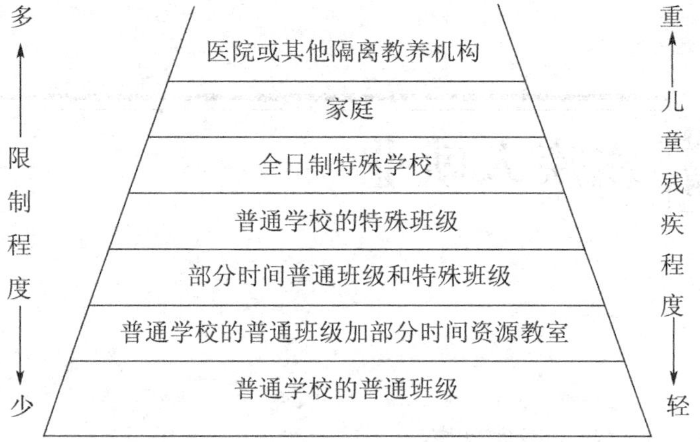

图8－4　双流向多层次的安置方式

（三）我国的特殊教育安置模式

在我国特殊教育机构数量很少、入学人口基数很大的压力之下，回归主流成为能够迅速提高残疾儿童入学率的教育安置思路，结合我国的特点，随班就读的方式成为残疾儿童教育安置的主要方式。当前我国逐渐形成了“以随班就读为主体，以特殊学校和特殊班为骨干”的特殊教育安置模式。

随班就读的模式已经成为我国特殊教育安置的主要模式，其理论依据是一体化原则和全纳教育原则，指特殊需要儿童在普通教育机构中和普通儿童一起接受教育的一种特殊教育模式。它实行就近入学原则，使用的教材与普通儿童相同，必要时会根据儿童的不同教育需要进行调整。教师在教学中贯彻因材施教的原则。实施以集体教学为主的个别化教学，辅导教师协助普通教师处理无法解决的问题。如果特殊需要儿童只是呆在普通教育机构里，并没能获得他们需要的特殊教育和帮助，则只能看做是肢体性随班或社会性随班。肢体性随班是特殊学生只是身体处于普通班级之中，并未获得所需的特殊教育；社会性随班指特殊学生和普通学生能在一起活动，相互接纳和交往。这两种情况的随班都没有给特殊儿童提供适合他们需要的教育，并未真正做到“随班就读”。目前，随班就读在实践中取得了很大成绩，但是也存在一些问题，主要表现在师资力量薄弱，缺乏更多的支持系统。

思考题：

1. 残疾人教育与特殊教育是什么关系？
2. 特殊教育的对象可以分为哪几类？
3. 特殊教育有哪些安置模式？

第九章 残疾人就业

教学重点

- 残疾人就业工作的主要内容
- 残疾人就业的理论基础
- 国际残疾人就业的主要模式
- 我国残疾人就业的主要形式
- 目前残疾人就业存在的问题

第一节　残疾人就业概述

一、残疾人就业的定义

残疾人就业是以职业训练为中心，通过职业评估、教育、培养、就业安置、咨询等工作，协助残疾人具有适当的职业适应能力，从而能够进行劳动就业。劳动就业不仅是残疾人走向社会、参与社会的重要标志，同时还具有两方面的现实意义。对残疾人自身来说，参加生产劳动可以使残疾人获得独立的经济地位和收入，可以使残疾人原已失去的某些器官的功能得到某种程度的恢复，还可以增强残疾人的成就感和自信心，使他们融入社会生活。对于社会来说，残疾人参加生产劳动有利于经济的发展和社会的稳定，同时也是通过发挥残疾人自身潜能，解决残疾人问题的有效途径。

二、残疾人就业工作的主要内容

（一）制定相关政策法规

改革开放以来，我国实施积极的就业政策，确立了“劳动者自主就业，市场调节就业，政府促进就业”的就业方针。在促进残疾人就业方面，积极发挥政府和社会两个方面的作用，努力创造残疾人平等参与社会生活的良好环境。包括宪法在内，我国有近 40 部法律都对保障残疾人合法权益做了明文规定。而为保障残疾人劳动权利及就业的合法权益，也做了相关规定，对残疾人的就业权利、就业帮扶、就业渠道，以及企业用工方式和就业义务等方面均有涉及。

1. 就业权利

1987 年我国批准了《残疾人职业康复和就业公约》（第 159 号公约），结合我国国情，积极履行公约中对各会员国制定实施有关残疾人职业康复和就业的国家政策的要求。1997 年批准了《就业政策公约》（第 122 号公约），公约强调要“向一切有能力工作并寻找工作的人提供工作”。《中华人民共和国宪法》（1982 年颁布）、《中华人民共和国残疾人保障法》（1991 年颁布）、《中华人民共和国劳动法》（1994 年颁布）等均强调了残疾人的劳动就业权利，指出残疾人在政治、经济、文化、社会和家庭生活等方面享有同其他公民平等的权利，规定对残疾人的劳动就业要给予特别的扶持、优惠和保护。

2. 就业帮扶

我国多部法律及相关法规规定政府各部门、社会团体及企事业单位等，要把促进残疾人就业作为它们的一项自身发展计划来抓的要求，试图建立一个从中央到地方的对残疾人就业帮扶的行政网络。《国务院关于做好劳动就业工作的通知》（1990 年颁布）指出：对于有劳动能力的残疾人，要根据条件和可能尽量帮助解决就业问题。《中华人民共和国残疾人保障法》（1991 年颁布），规定国家推动各单位吸收残疾人就业，各级人民政府应当将残疾人事业纳入国民经济和社会发展计划，经费列入财政预算，统筹规划，并协调有关部门做好相关的工作。机关、团体、企事业组织、城乡集体经济组织必须落实残疾人的就业问题。《关于进一步做好残疾人劳动就业工作若干意见的通知》（国办发【1999】84 号）中指出，各省、自治区、直辖市人民政府，国务院各部委、各直属单位机构要进一步制定、完善扶持法规和政策，广泛开展对残疾人的职业培训和就业服务。

3. 就业渠道

借鉴国外经验，与本国实情结合，我国采取集中就业与分散就业相结合的方针，多渠道、多层次、多形式地促进残疾人就业（《中华人民共和国残疾人保障法》，1991 年颁布）。同时，提出大力扶持个体就业和自愿组织起来就业，稳定、搞活集中就业（《关于进一步做好残疾人劳动就业工作若干意见的通知》，国办发【1999】84 号）。针对残疾人个体就业，中国残联、财政部、劳动和社会保障部、国家工商行政管理局专门联合下发了《关于积极扶持残疾人个体就业或自愿组织起来从事个体经营的通知》（1999 年颁发），采取优先办理、减免费用、免费培训等具体措施。

4. 企业单位招用残疾人就业

有关法律法规规定企业有“按比例招用残疾人就业”的义务，对达到或超过一定比例的，国家给予减免税的优惠政策，鼓励企业安排残疾人就业，同时有关法律法规还就残疾人的下岗和再就业问题做了明确的规定。《关于切实做好国有企业下岗职工基本生活保障和再就业工作的通知》（中发【1998】10 号），《关于做好下岗残疾职工基本生活保障和再就业工作的通知》（【1999】残联就字 87 号）均明确规定，要尽量避免残疾人下岗：有生产任务的企业一律不安排残疾职工下岗；用人单位因生产经营出现困难，进行经济型裁员时一般不裁减残疾职工；企业进行改组、改制，尽量避免安排残疾职工下岗；企业因兼并或破产，确需安排残疾职工下岗的，应按国家规定的下岗程序执行，并报当地劳动和社会保障部门备案。

5. 对已下岗的残疾职工要保障其基本生活并帮助再就业

相关法律法规规定对已下岗的残疾职工，有关部门和企业要切实保障其基本生活，并按规定缴纳社会保险费。积极组织残疾职工参加再就业培训，优先推荐就业。要关心离退休残疾人的生活，保证其养老保险金及时足额发放。各级残联要积极协调有关部门做好工作，避免残疾职工下岗，并督促、帮助企业落实下岗残疾职工的基本生活保障和再就业，对违反国家政策或拒不执行有关规定的，要向有关部门反映并及时解决。为及时了解残疾人的失业情况，劳动和社会保障部办公厅颁布了《关于做好残疾失业人员登记工作的通知》（劳社厅发【2004】18 号），强调要做好对失业残疾人的动态管理。

此外，为发展福利企业以吸纳更多的残疾人就业，鼓励残疾人个人创业等，国家给予了税收减免等优惠政策。为保障集中安置，针对福利企业也制定了一些扶持和保护措施。

（二）完善就业服务机构

残疾人劳动就业服务中心是残疾人联合会的直属机构，是为残疾人就业提供服务的专门机构，接受劳动部门的业务指导，是国家劳动就业服务体系的组成部分。目前各市区、县级市都设有残疾人职业介绍所，在社区、街道也有专门负责残疾人就业的工作人员。从机构设置上看，就业服务机构已经形成了从上到下比较完整、互动良好的系统，建立了相对完整的残疾人劳动就业服务网络，有的地区还将残疾人劳动就业纳入劳动监察范围。残疾人就业服务机构的职能是：进行残疾人劳动力资源和社会用工调查；开展残疾人求职登记、劳动能力评估、失业登记、就业咨询、职业培训、职业介绍；组织企业实施残疾人按比例就业，管理残疾人就业保障金；帮助残疾人个体开业；为农村残疾人参加生产劳动提供服务。评价残疾人就业服务机构的服务质量和工作成绩的标准有以下几个方面：

1. 政策法规建设

以政府令或政府文件形式颁布实施按比例招用残疾人就业办法；和有关部门配合，制定调查统计、职业培训和保障金管理等各项政策措施；接受政府委托，进行行政执法或劳动监察年检，与同级人大、政协等部门联合组织执法检查。

2. 服务机构建设

行政区划内市县全部建立残疾人就业服务机构；服务机构有专职工作人员。

3. 按比例就业的实施面

行政区划内市县全面实施按比例安排残疾人就业，不断拓展残疾人就业面。

4. 就业服务

按各级政府制定的年度残疾人就业安置计划，完成年度安置任务；掌握本地残疾人失业登记人数、求职残疾人登记人数和在业残疾人情况；指导下级就业服务机构开展正常的失业登记、能力评估、就业咨询、职业培训、职业介绍、就业后追踪等就业服务；

协助有关部门，制定促进残疾人就业的扶持政策及措施；有为残疾人开展职业介绍的固定场所，建立劳动力资源信息库，与劳动力市场联网并开展服务。

5. 职业培训

要掌握本地区职业教育、技能培训机构的规模、专业结构、培训目标以及劳动力市场信息；制定年度残疾人培训指标、完成年度培训计划；指导下级就业服务中心开展农村实用技术培训；就业保障金中有用于培训的专项支出，且培训费不得少于保障金使用数的50%；指导残疾人培训机构开展中短期培训；建立与劳动培训业务工作例会制度。

6. 保障金使用管理

要建立保障金管理制度，有专职的财会人员和财务管理制度以及齐备的保障金收支情况统计表；保障金采取收支两条线管理，应符合预算外资金管理规定；严格执行保障金的使用范围，有年度收支预决算报表制度；定期对保障金的使用管理进行检查审计；有齐备的保障金减、免审批手续。

（三）促进职业康复

职业康复是使残疾人真正回归社会并以其独立的人格和经济地位参与社会生活的重要手段，劳动是人（包括残疾人）的基本权利，劳动给他们带来经济上的收入、心理上的平衡、人格上的尊严。职业康复可以帮助每一个残疾人成为社会财富的创造者，借助于职业康复，具备一定职业能力的残疾人才能实现真正的回归社会。

职业康复是连续、统一的全面康复过程中的一部分，它针对的对象是满法定年龄、病情基本稳定有就业欲望的残疾人。根据对残疾者调查发现，60%的残疾人具有康复的潜力并需要康复帮助以改善功能。通过职业评定、职业训练、职业咨询和职业指导等方法的帮助，残疾人可实现从依赖他人、缺乏自信心到走向独立，树立生活信心，适应周围环境，重新参与社会生活。根据国际劳工组织对职业康复内容的概括，我们把职业康复的主要内容归纳为以下四个方面：

1. 职业评定

职业评定是职业康复的第一个环节，目的是为了评定残疾人的作业水平和适应职业的可能性。职业评定是一个综合性的过程，涉及身体、心理和职业适应性三个方面，为了预测和判断残疾人的就业潜在能力，必须对职业的基本特性以及残疾者的兴趣、价值观、态度、身体能力、学习及工作的适应性等方面进行评定。通过职业评定活动，可以诊断、指导和预测残疾人的职业发展的可能性，并为科学的职业指导、训练与制定职业康复计划提供依据。

2. 职业咨询

职业咨询是通过人际交往（主要应用说明、指导、扶助等方式），使咨询者提出的有关职业活动的问题得到指导、教育和帮助的过程。残疾人的职业咨询包括：了解残疾人的身体情况、提出职业发展的建议、帮助残疾人求职、解决残疾人职业发展的问题，以及进行调查跟踪服务。

3. 职业培训

职业培训是指对有一定的就业条件而未就业，需转换职业和已就业需要提高技术水平的残疾人所进行的职业技能训练。它包括就业前培训、岗前训练、转岗训练和在职训练等，内容围绕职业技术、工作方法、工作速度、产品质量、劳动保护、人际关系、工作适应能力等方面。政府各有关部门所办的职业培训机构，可根据市场需要和残疾人的具体情况单独开设培训班；残疾人职业培训机构应具备特殊的培训手段和条件，为在普通培训机构中难以接受培训的残疾人提供培训；其他职业培训机构，也应接受残疾人参加培训。对在各类职业培训机构中学习且生活困难的残疾人，残疾人劳动服务机构应酌情给予补贴。农村残疾人职业培训以乡（镇）为单位，依托当地各种形式的实用技术培训和科技扶贫活动，对残疾人进行随班培训或单独设班培训。

4. 职业指导

针对残疾人的特点，职业指导通常开展以下工作：调查分析社会职业变动趋势和劳动力市场供求状况；开展对残疾人个人素质和特点的测试，并对其职业能力进行评价；帮助残疾人了解职业状况，掌握求职方法，确定择业方向，增强择业能力；向残疾人提出培训建议，并负责向就业训练机构推荐；指导用人单位选择招聘残疾人的方法，确定招用残疾人的条件和标准；对从事个体就业和自愿组织起来就业的残疾人，提供和生产经营方面的咨询服务；对在校的残疾学生，提供咨询和服务并进行职业指导。

5. 残疾管理

日本法政大学现代福利系松井亮副教授报告了日本残疾人职业康复的现状后指出："关于支持残疾人就业的状况，从保障权利和禁止歧视观点看，今后宜重新认识残疾人有关团体的参与和规划。"目前，欧美各国正引入"残疾管理"，其目的是预防工人患病或在事故中遭受伤害，对患病或事故中受伤害的工人支援其早期回归工作岗位或确保新的工作岗位。现在，以残疾人能力开发机构为主介绍工作的援助形式已被企业为主的地区性社会资源网络或协调员所代替，并根据每个残疾人的不同需要而开创出多样化的工作场所进行就业支援。

（四）社会工作者的职责

根据生态系统理论，已就业的、或将要就业的、或准备就业的、或"待业"的残疾人，其求职困境绝不孤立于环境之外，而是他们和其所处环境相互作用的结果。社会工作者在对残疾人进行心理测验、工作样本检验和行为评估的同时，应对其所处环境进行生态评估与分析，以促进支持式就业者与工作环境的相互作用。具体而言，社会工作者要承担的职责包括以下几项。

1. 就业前的咨询与评估

就业咨询是就残疾人的从业心理、他们对职业和岗位的兴趣、对从业后的劳动报酬及保护条件进行咨询，解答他们的问题，使其有充分的信心。评估则要对残疾人的身体状况、技能素质与可能从事的职业的要求进行比较，看残疾人是否适合这些工作。

2. 对残疾人的治疗和训练

一旦确认残疾人适合某项工作，还要对他们进行适应性培训。这不但包括对残疾人的心理训练，也包括技能训练，目的是使其能较为顺利地适应岗位的要求，增强残疾人的工作信心。

3. 就业后的随访和持续支持

当残疾人上岗工作后，社会工作者还应进行跟踪式随访，及时了解残疾人就业后遇到的问题，并设法解决。这既包括继续对残疾人做发展性工作，也包括帮助他们建立良好的工作环境，还包括解决某些制度上的问题。

4. 研究雇主心理，做好协调工作

社会工作者必须根据客观的证据，正确判断什么是用人单位（或雇主）最关心的利益，因为用人单位（或雇主）大多是为了某些利益而参与支持式就业活动的。协调社区及用人单位（或雇主）的利益，在过去一般是政府部门的职责，社会工作者参与其中，使社会工作者有机会发挥他们在协调能力及资料收集方面的专长。

5. 生态分析

每个残疾人都是社会体系中不可分的一部分，不适应就业，不可单纯归咎于就业主体的能力，而在于个人生态系统的运行失衡（即适应程度低），主要来自就业主体的能力对工作内容要求和工作场所的期待与需求无法适应或难以适应。当职业康复不成功时，其错误可能不仅是技术上的问题，也可能在于不支持此就业方案的环境。因此，社会工作者必须对社会环境的三大因素进行分析，看看物质生态、社会生态和组织生态的变化因素对就业方案有哪些影响，并随时对就业方案进行改进和调整。

第二节　残疾人就业的理论基础

一、社会学：就业排斥

保障残疾人的劳动权利，是保障残疾人生存权的前提。《中华人民共和国残疾人保障法》规定："国家保障残疾人劳动的权利，各级政府应当对残疾人劳动就业统筹规划，为残疾人劳动就业创造条件。"截至2000年，全国16～59岁年龄段中有2 000万残疾人实现了就业，就业率达82.5%。然而，残疾人择业范围有限等问题也比较突出。资料表明，我国在业残疾人的职业分布呈表9－1所示特点[①]。

表9－1　在业残疾人的职业分布

职业类别	就业残疾人在各行业中的比例/%	全国就就业人口在各行业中的比例/%
专业技术人员	2.11	4.48
机关工作人员	1.24	3.11

① 中国残疾人联合会．中国残疾人事业年鉴（1949—1993）［M］．北京：华夏出版社，1996.

续表 9-1

职业类别	就业残疾人在各行业中的比例/%	全国就业人口在各行业中的比例 /%
工交运输邮电	9.81	16.76
商业服务业	5.55	5.20
农林牧副渔	81.06	70.22
其　他	0.23	0.32

从以上表中我们可以清楚地看出，就业残疾人中从事体力劳动的占96.6%，而从事文化技术等行业的脑力劳动者仅占3.4%。同全国就业人口的总体相比，残疾人的就业领域主要集中于体力劳动。

二、伦理学：价值、公平与正义

保护残疾人，支持鼓励残疾人就业，有其社会学及伦理学的理论基础。社会是一个有机的整体，每个人都是构成社会的最小单位个体。生活在社会中的人都拥有两方面的价值：一方面是人的内在价值或自我价值；另一方面是人的外在价值或社会价值。残疾人同样也不例外，他们有自己的生活理想、职业理想和人格理想。就业则是使残疾人参与生活，改善自身生活状况，提高自身社会地位，实现人生价值的基础。

社会作为一个有机的整体，需要稳定、协调的发展。而这种稳定和协调又需要制度的规范和政府作为协调主体的社会控制。无论是作为西方社会理论基础的“平等、自由、博爱”，还是作为我国“共同富裕”的目标，都包含伦理道德的因素在内。政府作为社会控制的主体，有责任维护社会道德规范，并应因时因地将道德规范上升到法律的高度，由此维持社会秩序、保障社会整体协调发展。

保护残疾人权益，支持残疾人就业，还涉及社会的公平和正义问题。罗尔斯强调：“财富和权利的不平等，只有在他们最终能对每一个人的利益，尤其是对地位最不利的社会成员的利益进行补偿的情况下才是正义的。这些原则拒绝某些人的苦难可以从一种更大的总体改善中得到补偿这种借口去为体制进行辩护。”分配正义要求把“基本生活需要”作为一种人权加以确定。残疾人有权利参与劳动，参与分配，作为弱势群体他们应该受到保护，这是基本的人权保障。

三、经济学：成本与效益

从经济学的角度讲，保障残疾人的权益，促进残疾人就业有其可行性。首先企业有能力按比例安置残疾人，因为，以盈利为目的的企业或多或少地拥有生产者剩余（亏损企业除外）。在可承受的比例范围内，企业有能力拿出一定的生产者剩余用于残疾人就业。这只是生产者剩余减少的一种情况。在实际中，企业也有很大的可能因雇佣残疾人使生产者剩余增加。对于企业而言雇佣残疾人的成本是：①雇佣残疾人的效率损失

（同正常人相比）。②因雇佣残疾人增加的劳保福利成本。但这也是相对的，因为企业也从中得到了不小的收益，政府对安置残疾人就业的企业也进行必要的补偿：a. 因雇佣残疾人而降低的工资成本；b. 因雇佣残疾人而得到的税收优惠；c. 因雇佣残疾人而得到的社会认可和社会声誉。在利益权衡之下，企业雇佣残疾人并不一定使生产者剩余减少。因此，综合来看，企业按比例安置残疾人有其理论上的可行性。

从整个社会的角度来讲，首先，社会总的消费者剩余与生产者剩余之和为社会总剩余，这是政府实行各种福利政策，采用政府采购、税收优惠等经济杠杆支持残疾人就业以及采用开办福利工厂等多种形式集中安置残疾人的经济基础。其次，更具“边际效用递减”的规律，财富在富人和穷人之间的效用是不同的，穷人的边际效用较富人的大，实行社会财富的再分配，一方面可以使社会更加公平，另一方面更重要的是使社会总效用得到优化。

从理论上看，企业雇佣劳动力也并非都是“整个”的，在某些工作岗位上客观存在着需要非整数个劳动力，如0.5，0.8个劳动力，而劳动能力不足的残疾人则可以补充这个需要，这也是残疾人按比例分散就业的一个解释。

因此，对具有一定劳动能力的残疾人人力资源而言，他们有开发利用的经济价值，企业在符合成本—效益的原则下，雇佣残疾人有增加企业生产剩余的可能。政府作为社会责任的主体，有权力也有义务进行社会财富的再分配，从而维护社会公平，优化社会效用，促进全社会形成扶残、助残的价值观念。所以，发展残疾人就业事业，解决残疾人就业问题，不仅有其伦理学依据，而且还有经济学基础，在理论上是可行的。

四、其他理论分析

残疾人的身体状况是其与健全人群区分的主要标志之一，研究残疾人就业和保障问题的专家卢连才将多重残疾分为六类：视力残、言语残、肢体残、听力残、智力残和精神残，再将社会上所有的工作岗位对劳动者生理素质的要求划分为同样的类别，得出以下结论：

岗位素质要求：视力、言语、肢体、听力、智力和精神。

劳动者素质：视力残、言语残、肢体残、听力残、智力残、精神残。

若各个岗位对劳动者的身体条件没有限制，或者劳动者是健全人，那么，按上述对应关系，劳动者可选择工作岗位的组合数为 $n \cdot n = 6 \times 6 = 36$。

若劳动者只因一种残疾受限，例如视力残疾者不能从事要求视力的工作，则视力残疾者只能从其他五类岗位中挑选自己的工作岗位。故此，若工作岗位对劳动者的某一类残疾有限制，劳动者选择工作岗位的组合数为 $n(n-1) = 6 \times 5 = 30$。

以此类推，残疾者选择劳动岗位的组合数为 $n(n-k)$，k 为某劳动者的残疾种类数。

若健全人的就业机会为100%，则有劳动能力的残疾人的就业机会只有 $P = n(n-k)/(n \cdot n) = (n-k)/n$。

也就是说，当劳动者有一类残疾时，就业机会相当于健全人的 5/6 即 83%；当劳动者有两类残疾时，就业机会相当于健全人的 4/6 即 67%。从这一比值可以看出，随着劳动者残疾类型的增加，就业机会相应减少。残疾人的身体状况是影响其就业的一个重要因素。

第三节　残疾人就业的模式

就业模式是对一种主要就业形式的抽象概括。世界发达国家的残疾人就业模式都是以一种就业形式为主，辅以其他就业形式。下面我们对国际上几种主要的就业模式进行比较和分析，以探索适合我国残疾人的就业模式。

一、国际残疾人就业的主要模式

（一）供养模式

这一模式是指发给残疾人残疾金，由政府养起来。主要的代表国家是北欧的高福利国家。值得注意的是，他们也并非把残疾人全部都养起来，有不少残疾人也在机关、团体和企事业单位从事力所能及的工作。

（二）保护雇佣模式

保护雇佣是促进残疾人就业的重要措施，各国在实施保护雇佣模式时，一般根据残疾的类型和劳动能力情况建立相应的保护性就业场所，并给予一定的经济补助，在税收等方面给予必要的优惠。保护雇佣对中度残疾人的就业具有十分重要的意义。其代表国家有英国、瑞典、荷兰和德国。

1. 英国的保护雇佣

英国强调残疾人就业应尽可能采用一般性雇佣形式，并为不能进入一般雇佣部门的残疾人制定了专门的保护性雇佣制度。1944 年英国残疾人雇佣法确定设立保护雇佣场所，1958 年该法规定重度残疾人保护雇佣设施由地方政府负责，以强化保护雇佣。还为重度残疾人补助必要的经费。一般残疾人在保护性专门职业场所工作的同时，也要努力向一般雇佣过渡，为此，英国于 1973 年建立了保护产业组制度，把重度残疾人编组派往民间协助企业，得到正常的工资。

2. 荷兰的保护雇佣

荷兰对参与一般就业雇佣困难的残疾人设立了社会雇佣制度。1969 年的社会雇佣法的制定强化了这一制度，该法规定，无论什么样的人都有社会雇佣权利，不能得到一般劳务市场雇佣机会的残疾人，必须由国家保障其就业权利。政府创造社会雇佣场所为残疾人提供就业机会，并提供职业康复服务。社会雇佣的重点是希望有工作能力的残疾人，只要有地方负责为其提供就业场所，其运营可以由地方个体进行也可以委托给法人。对希望社会雇佣的残疾人，地区委员会要审查其是否符合条件，有无一般雇佣的可能性，适合什么样的工作，劳动条件原则上与一般雇佣相同，工资按其技能、责任水平定，对在社会雇佣场所工作的残疾人也要促进一般雇佣。当被社会雇佣的残疾人因生产能力低下，需要增加专业职员、设施、设备时，地方政府则给予援助。

(三) 按比例就业模式

按比例就业模式规定各用人机构有义务雇佣一定比例的残疾职工。用法律与行政措施要求雇佣机构执行最低的比例，并对执行好的机构给予一定的奖励。对未达规定的机构给予处罚。这一模式一般与雇佣缴纳金措施或雇佣奖励措施相结合，配套实施。这一模式以法律的形式规定了各用人机构应该雇佣一定比例的残疾人，使残疾人能克服心理障碍融入所处的环境，更好地参与社会生活。生产经营单位和其他用人单位按比例安置残疾人劳动就业，是近年来国际社会提倡和普遍采用的有效办法，也是目前我国解决残疾人分散就业的主要办法之一。《残疾人保障法》对此也有明确规定："国家推动各单位吸收残疾人就业……机关、团体、企业事业组织、城乡集体经济组织，应当按一定比例安排残疾人就业，并为其选择适当的工种和岗位。"

按比例就业模式的核心，一是以法律的形式规定各用人机构按一定比例雇佣残疾职工，二是确定执行的保障措施，并对执行情况好的机构给予奖励，对于执行不好的机构给予一定的劝告、教育或处罚。目前，世界上许多国家都采用了按比例就业模式，但执行的具体比例和奖罚方法都有所不同。

1. 收税按比例就业制度

对于达不到规定的雇佣残疾人比例的机构征收一定的税收，用于残疾人福利事业。代表国家有德国、法国、澳大利亚和荷兰等。德国的《重度残疾人法》规定重度残疾人的就业比例及适用范围，在雇佣有 16 名以上劳动者的民营企业和国营机构有义务雇佣 6% 的重度残疾人。没有完成法定使用率的用人机构（含国家机关），按法定雇佣率不足的数量向专门机构缴纳税金，缴纳后仍有义务雇佣重度残疾人。法国规定在雇佣 10 人以上的用人机构要雇佣 10% 以上的残疾劳动者。对有的用人机构，因生产性质对劳动者有特殊要求时可降低雇佣残疾人的数量，但不能低于雇佣义务数的一半。法律规定被接受按比例雇佣的残疾人是指由于身体或精神残缺或减退所致就业或工作能力部分减退的，由职业指导、职业安置专门委员会确认。在实际雇佣过程中，用人机构在没有正当理由不雇佣残疾人时，应缴纳税金。税金的计算方法是最低工资乘以不足的残疾人数乘以日数乘以 3 倍，另外用人机构要每年报告残疾人的雇佣情况，不合格者要缴纳 1 年的税金。

2. 不带税金制的按比例就业制度

不带税金制的雇佣率方法是指虽然实施按比例就业制度，但对于未达到就业比例的用人机构并不征收惩罚性税金。使用这种办法的代表国家是英国。英国从 1919 年开始建立按比例就业制度，1944 年制定了《残疾人（雇佣）法》，该法规定了建立残疾人登记制度、雇佣率制度以及指定职种制度，并要求配备职业训练设施及重度残疾人保护雇佣设施。该法规定，雇佣 20 人以上的用人机构要雇佣 3% 以上的残疾人。另外停车场和电梯两个职种只能雇佣残疾人。

3. 按比例就业制度的配套措施

为保证按比例就业制度的实施，各国还辅以相应的配套措施，以帮助落实相应的法规，从而使残疾人从按比例就业制度中获得最大利益。这些措施包括建立残疾人就业服务系统（包括向残疾人提供就业信息、就业训练、职业评定）、按比例就业的监督机制，如成立专门的监督机构等。

（四）平等就业模式

一些国家认为，在残疾人就业问题上，用人机构具有十分强烈的平等意识，因此，不需要制定特殊的法令强制有关的用人机构雇佣一定比例的残疾人，而是运用其他的法律来保障残疾人平等参与社会生活与就业。采用这种模式的代表国家是美国和瑞典。在美国，推进以职业自立为目的的职业康复措施，强调用人机构平等对待残疾人，无歧视地对待残疾人就业并制定了具体促进残疾人雇佣的措施。在瑞典，人们希望所有的残疾人在无特殊法律的情况下，以与健全人执行相同的政策，使残疾人在各领域受到平等待遇。

以上四种模式对保障残疾人权益各自发挥了一定作用。从社会进步的角度看，这四种模式可以说是一个从低层次到高层次逐步发展变化的过程。世界上现有的残疾人就业模式一般都是多项就业模式的组合，而且绝大多数是集中与分散就业两种形式的结合。一般来说，对重度残疾人大都采取供养（被动保护）和保护雇佣模式，即集中就业的形式为主；对于其他残疾人则以分散就业，如以平等就业模式或按比例模式为主。我国目前实行的是由集中就业、按比例就业、个体就业或自愿组织起来就业三种就业形式相结合的残疾人就业模式，以下我们对我国残疾人就业的主要形式进行探讨。

二、我国残疾人就业的主要形式

1991 年 5 月 15 日颁布实施的《中华人民共和国残疾人保障法》的第四章明确规定："残疾人就业，实行集中与分散就业相结合的方针，采取优惠政策和扶持保护措施，通过多渠道、多层次、多种形式，使残疾人劳动就业逐渐普及、稳定、合理。"

（一）个体就业

个体就业是指残疾人从事独立的生产、经营活动，取得劳动报酬或经营收入。根据残疾人保障法和有关税收法律、法规的规定，我国工商行政管理、税务等有关部门在核发营业执照、办理有关手续、减免税费和落实营业场地等方面给予残疾人以优先和照顾，要制定、完善扶持残疾人个体就业或自愿组织起来就业的优惠政策，各级残疾人就业服务机构要认真做好扶持残疾人个体就业或自愿组织起来就业的工作，在选择项目、申办营业执照等方面积极、主动地做好服务，并帮助他们解决生产经营过程中遇到的困难。要积极协助有关部门，逐步将从事个体就业或自愿组织起来就业的城镇残疾人纳入社会保险范围。

在农村，则是指因地制宜，通过多种形式扶持残疾人参加养殖业、种植业和家庭手工业等多种力所能及的劳动。个人自谋职业是最能体现残疾人"自尊、自信、自强、自立”的就业模式。但又是实际意义上最分散的一种就业模式。因为过于分散，对于残疾人权益的保护也就最容易产生疏漏。虽然它无需政府在财力上过多的投入，却需要政府及社会力量给予更多的关心、引导和经营上的扶助及税收等政策上的优惠。个体就业是方式最多样及最灵活的一种就业形式。

（二）集中就业

集中就业是指国家和社会举办专门性的生产或工作单位，安排各类具有一定劳动能力的残疾人就业。其中，社会福利企业是集中就业的主要场所和途径。1994 年 7 月 4 日，国家税务总局下发了《关于民政福利企业征收流转税问题的通知》，要求各地政府按通知对福利企业采取税收优惠政策，鼓励福利企业安置残疾人就业。

随着市场经济的深入发展，市场竞争机制的完善，残疾人集中就业的主要场所——社会福利企业遇到了前所未有的困境。福利企业“脱困”成为残疾人就业问题的焦点和难点。和其他就业模式相比，福利企业最需要国家给予财政政策和货币政策以及其他政策的支持，否则，“先天不足”的劣势使福利企业无法在市场中立足。

作为一种就业模式，集中就业有其不可替代之处。集中就业，集中管理，节省了残疾人在市场上寻找工作的成本，而且福利企业一般邻近社区，便于残疾人就近就业，有利于残疾人的生理、心理健康。更重要的是集中就业可以更大限度地安排残疾人就业，无论是在雇佣的残疾人种类，还是雇佣的残疾人的残疾程度上，都比分散就业规模大，且就业限制的条件少。比如，分散就业一般只雇佣轻度残疾人参加，而集中就业模式下，一些重度残疾人也可以找到自己的岗位，实现自己的人生价值。所以，集中就业仍是残疾人就业的主要形式。

（三）按比例就业

残疾人按比例就业是指依据《中华人民共和国残疾人保障法》的有关规定，机关、团体、企业事业组织、城乡集体经济组织，应当按照一定比例安排残疾人就业，并为其选择适当的工种和岗位。省、自治区、直辖市人民政府可以根据实际情况规定具体比例。

按比例就业应以市（直辖市、省辖市、县级市）为基本实施单位，以《中华人民共和国残疾人保障法》和省级人大的“残疾人保障法实施办法”为依据，以市政府令形式在全市统一实施，不宜在一个市内出现不同政策和实施办法。一个地区所辖的各县开展按比例就业工作，原则上亦应在行署统一布置下实施，不应有大的差异。机关、团体、企业、事业单位、城乡经济组织，要按照本省（自治区、直辖市）制定的有关法规所规定的具体比例，安排残疾人就业；暂时未达到比例的，应按财政部发布的《残疾人就业保障金管理暂行规定》交纳残疾人就业保障金。对于安排残疾人就业超过规定比例或成绩突出的单位，要给予精神和物质奖励；对于拒不执行按比例安排残疾人就业规定的，要予以批评、教育，责令改正。

“残疾人就业保障金”是指在实施分散按比例安排残疾人就业的地区，凡安排残疾人达不到省、自治区、直辖市人民政府规定比例的机关、团体、企业、事业单位和城乡集体经济组织，根据地方有关法规的规定，按照年度差额人数和上年度本地区职工年平均工资计算缴纳用于残疾人就业的专项资金。中华人民共和国财政部于1995年制定发布了《残疾人就业保障金管理暂行规定》，规范了就业保障金的收取、保管和使用办法，规定专款专用。残疾人就业保障金的使用范围：补贴残疾人职业培训费用；奖励超比例安置残疾人就业的单位及为安排残疾人就业做出显著成绩的单位；有偿扶持残疾人集体从业、个体经营；经同级财政部门批准，适当补助残疾人劳动服务机构经费开支；经同级财政部门批准，直接用于残疾人就业工作的其他开支。

（四）社区就业

开展社区残疾人工作是“十五”规划的重要内容之一，中残联、民政部等14个部门制定的《关于加强社区残疾人工作的意见》对发展社区残疾人工作有详细的指导和说明。

社区建设不应只关注残疾人服务机构的建设，社区建设必然会创造工作岗位。国内外的实践和经验表明，社区就业的岗位涉及广泛，门类复杂，一般技术含量低，工作方式灵活，能吸纳较多低素质的劳动力就业，且上班距离短，可照顾到残疾人身体行动不便的特点，适宜缺乏竞争条件的残疾人就业。例如，现在在广州市各区和县级市推广的“庇护工场”、“工疗站”等，都是可行的社区就业模式。但由于社区就业多为非正规就业，欠缺社会保障机制的保护。政府和残联可以组织残疾人的社区就业体系，在社区发展公益性劳动组织，直接安排欠缺竞争条件的残疾人，并由政府有关部门认定其就业困难程度，分别给予岗位补贴，从而建立起残疾人社区就业的托底机制。

第四节　我国残疾人就业的现状与对策

一、我国残疾人就业现状[①]

“十五”期间，在城乡就业压力进一步加大的情况下，残疾人就业仍得到进一步的改善。5年来，城乡572.6万残疾人得到职业培训和实用技术培训；城镇新安排残疾人就业167.3万人，是“九五”期间的1.5倍；农村残疾人累计就业比“九五”期间增加了近200万人。

（一）城镇残疾人就业

城镇残疾人就业人数较“九五”期间有了较大的增长。截止到2005年底，全国城镇就业人数累计达到463.6万，其中按比例就业140.2万人，集中就业124.1万人，个体就业199.2万人。三种形式就业人数分别比“九五”增长了43万、28万和61万（详见图9－1～图9－4）。

---

① 本段的数据均来源于《中国残疾人事业“十五”计划纲要执行情况统计公报》. 残联发［2006］11号. 引自http：//www.cdpf.org.cn/shiye/index.htm.

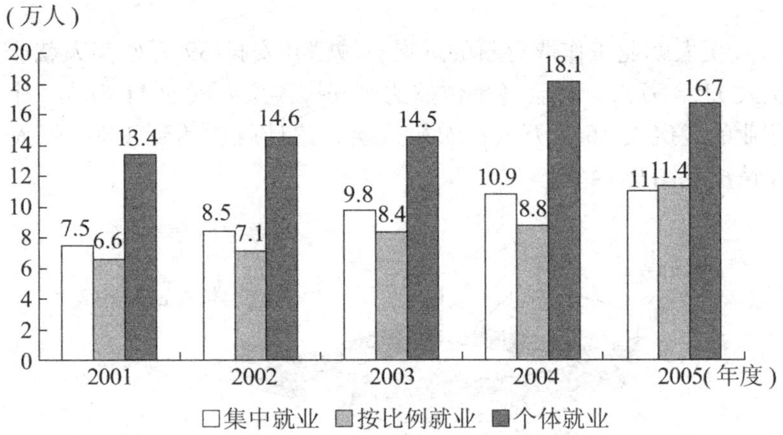

图 9-1　"十五"期间城镇残疾人集中、按比例、个体就业情况

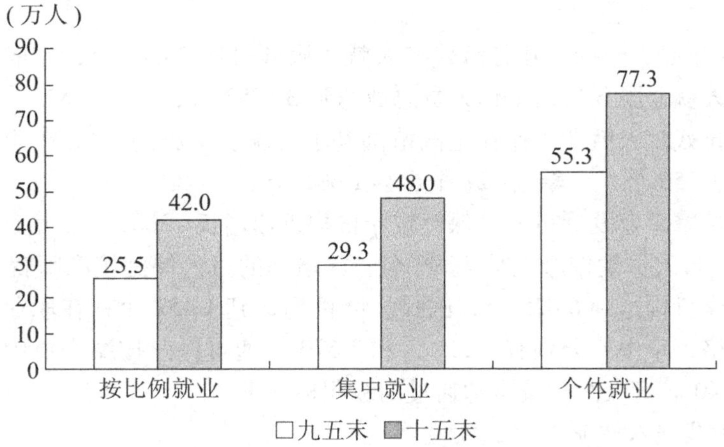

图 9-2　"九五"末、"十五"末新安排城镇残疾人就业情况

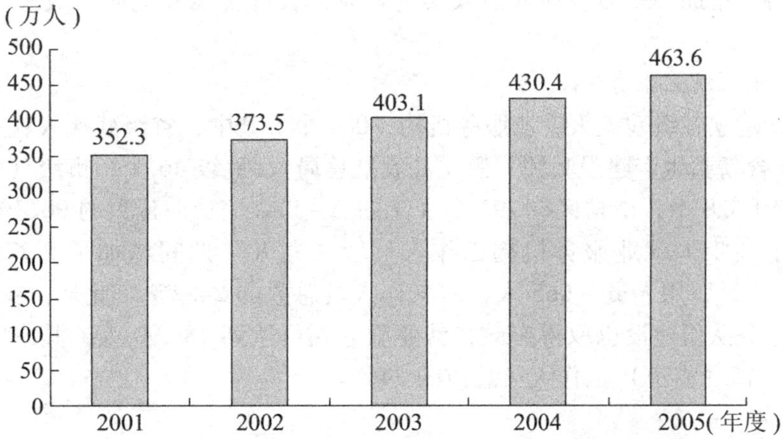

图 9-3　"十五"期间城镇残疾人累计就业情况

2005 年，残疾人就业工作取得新的进展。城镇新安排 39 万残疾人就业。其中，集中就业的残疾人 11.3 万人，社会各单位按比例安排残疾人就业 11 万人，个体就业和自愿组织起来就业的残疾人 16.7 万人；农村残疾人累计就业达到 1 803 万人。截至 2005 年底累计就业情况见图 9－4。

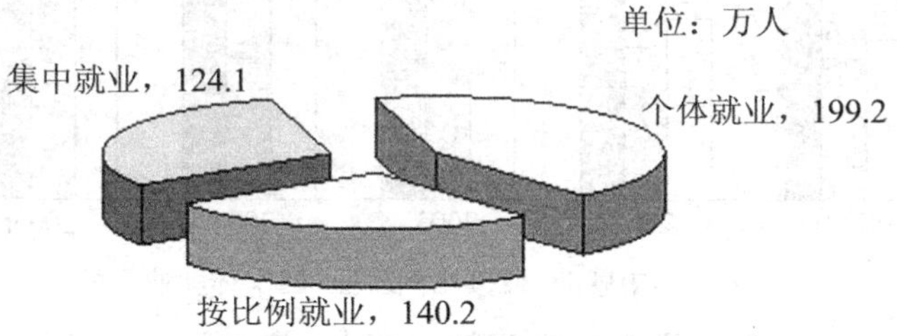

图 9－4　全国城镇残疾人累计就业情况（截至 2005 年底）

截至 2005 年底，全国已建各级残疾人就业服务机构 3 048 个，完成应建机构数的 96.7%；残疾人就业服务机构工作人员总数达到 30 983 人，其中 7 523 人为聘用人员。

按比例安排残疾人就业工作在全国范围基本实施。实施的有省 31 个、地区 51 个、市（含县级市）656 个、市辖区 827 个、县 1 601 个。

盲人保健按摩事业发展迅速，保健按摩机构迅速增长。2005 年，培训盲人医疗按摩人员 5 075 名，盲人保健按摩人员 7 399 名，已培训的盲人保健按摩师就业率达到 95% 以上；保健按摩机构达到 6 625 个，医疗按摩机构达到 1 451 个；在职业技能鉴定和专业技术职务资格评审中，分别有 1 235 人和 3 670 人通过医疗按摩人员中级和初级职称评审，全国有 40 名盲人医疗按摩师通过高级职称评审。

（二）农村残疾人就业

为农村残疾人提供实用技术培训达到 433.5 万人（次），通过资金、技术、项目等多方面的扶持，帮助 200 万农村残疾人实现就业，农村残疾人就业人数累计达到1 803 万人。

（三）残疾人就业服务

全国累计建立各级残疾人就业服务机构 3 084 个。其中，省级残疾人就业服务机构达到 33 个（含新疆生产建设兵团、黑龙江农垦总局），地级 46 个，市级（含县级市）648 个，县级 1 528 个，市辖区级 793 个（见图 9－5）。完成应建数的 96.7%。

县级以上残疾人就业服务机构工作人员较“九五”期间增加了 2 771 人，达到 12 693人。其中，聘用人员 3 065 人，占工作人员总数的 24.2%。此外，乡镇（街道）残疾人就业服务队伍建设也取得突破，就业服务人员达到 18 290 人，其中聘用人员为 4 458人，占乡镇（街道）工作人员总数的 24%。

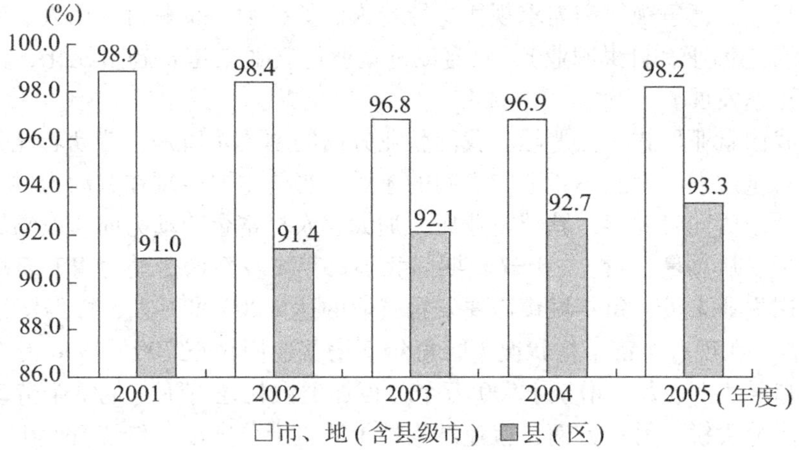

图9-5 "十五"期间市、县(区)残疾人就业服务机构发展情况

(四)实施按比例就业

全国实施按比例安排残疾人就业的行政单位(含新疆生产建设兵团、黑龙江农垦总局)达到3 166个,其中省(区、市)31个,地(市)707个,县(区)2 428个,按比例就业实施面在"九五"的基础上进一步扩大(见图9-6)。

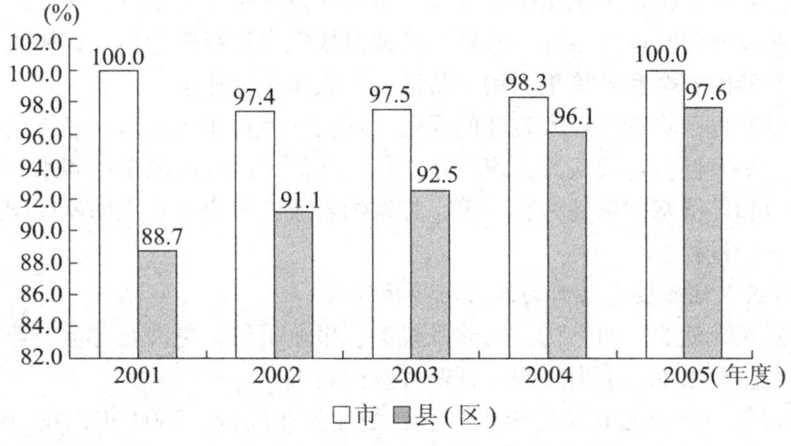

图9-6 "十五"期间市、县(区)实施按比例就业情况

二、残疾人就业的问题分析

(一)残疾人就业面临的背景和环境

随着改革开放的深入和现代化建设步伐的加快,残疾人就业客观面临的背景和环境主要表现在两大方面:

第一,市场经济的形成、发展和不断完善。市场体制和运行机制的建立和完善,使市场在资源配置中发挥着基础性作用。在劳动力资源配置中,市场导向的就业机制已经

形成，价值规律、竞争规律和需求规律主导着人们的行为，企业自主用人、劳动者自主择业（包括自主创业、自谋职业）、政府促进就业等就业渠道日趋多元化，灵活多样的就业形式正迅速发展。

第二，我国就业形式十分严峻。我国就业方面的主要矛盾是，劳动者充分就业的需求与劳动力总量过大，素质不相适应之间的矛盾。当前主要表现在劳动力供求总量矛盾和就业结构性矛盾同时并存，城镇就业压力加大和农村富余劳动力向非农领域转移速度加快同时出现。从总量上看，“十五”期间我国每年城乡新增劳动力将升至峰值，加上现有城镇下岗失业人员，每年城镇需要安排就业的达 2 200 多万人，按经济增长速度保持在 7% 左右，在现有经济结构状况下，每年新增就业岗位仅 700 ～ 800 万个，年度供大于求的缺口从 1 400 万人增至 1 500 万个，再加上农村还有 1. 5 亿富余劳动力，供大于求的矛盾十分尖锐。另一方面，就业结构性矛盾也十分突出。传统行业出现大批下岗失业人员，许多人再就业困难，而新兴的产业、行业和技术职业需要的素质较高的人员又供不应求。加入 WTO 后，国际经济流动和世界经济结构调整对我国的影响更加直接，不同地区、不同行业劳动力供求的不平衡性还会加剧，劳动力素质与岗位需求不适应的矛盾会更加突出。

（二）残疾人就业保障支撑主体的主动性与困难度

政府作为残疾人就业保障的支撑主体，当前最主要的问题是有组织地开发一批适合残疾人从事的就业岗位，特别是把开发社会服务就业岗位作为重点；有针对性地开展面向残疾人的职业介绍和职业指导；有针对性地对残疾人进行职业培训；积极开展残疾人就业援助，政府的资金和政策集中用于帮助残疾人实现就业上。

当然，政府也面临一些较大难度的问题。现实的就业供求矛盾，经济结构调整的结果和调整的不平衡性，与残疾人普遍存在文化层次低、就业技能单一和水平低之间的矛盾，政府财力和经济基础承受力有限等，都制约着政府解决残疾人的就业问题，残疾人就业尚需要一个过程。

（三）残疾人就业接受层面的潜力与排斥因素

从接受残疾人就业层面上讲，既涉及机关、事业单位，更涉及各类企业，但主要是企业。就各类企业来说，潜力表现在开辟就业门路上。

（1）发展第三产业尤其是传统服务业，增加就业岗位。2004 年，我国第三产业产值从业人员占全部从业人员的比重为 30. 6%。而发达国家，如美国为 74. 5%，法国为 74%，英国为 72. 8%，日本为 63. 1%，德国为 62. 6%。即使发展中国家，如印度、马来西亚等国也已达到 50% 左右。据国家统计局统计测算，我国第三产业产值每增长一个百分点平均增加就业岗位达 85 万个。据国际经验，人均 GDP 达到 1 000 美元是第三产业加速发展的转折点。

（2）发展非公有制经济和劳动密集型企业，拓宽就业门路。发达国家 90% 的人是在中小企业就业的，而这些企业恰恰是就业容量最大的。这些企业在解决就业问题尤其是残疾人就业问题上发挥了不可替代的作用。

（3）国有大中型企业，主辅分离，转业转制，也创造了大量就业岗位。

当然，从接受残疾人就业层面上讲，也有许多排斥因素：企业深化改革，减员增效，效益第一；经济结构和产业结构调整，经济增长方式提升；市场公平竞争法则，择优选择，优胜劣汰；文化心理观念，社会普遍存在的一些偏见，这些因素对残疾人就业都是排斥的。

（四）残疾人就业的自我适应度与潜力因素

据对目前无职业的残疾人的调查发现，残疾人的身体条件在所有主观原因中占的比重最大，为72.98%（详见表9－2），说明残疾人的身体状况是影响就业的第一大主观原因。

表9－2　影响无职业者就业的主观原因（多项选择）①

影响就业的主观原因	学历	年龄	专业	能力	身体条件	其他	总人数
人数（人）	101	130	34	75	208	17	285
百分比/%	35.44	45.61	11.93	26.32	72.98	5.96	
排序	3	2	5	4	1	6	

残疾类型与就业率之间也存在着一定的相关性，就业率从高到低的残疾类型依次是：智力、其他、多重、视力、听力、精神、肢体、语言。其中智力残疾的就业率最高（如图9－7所示）。

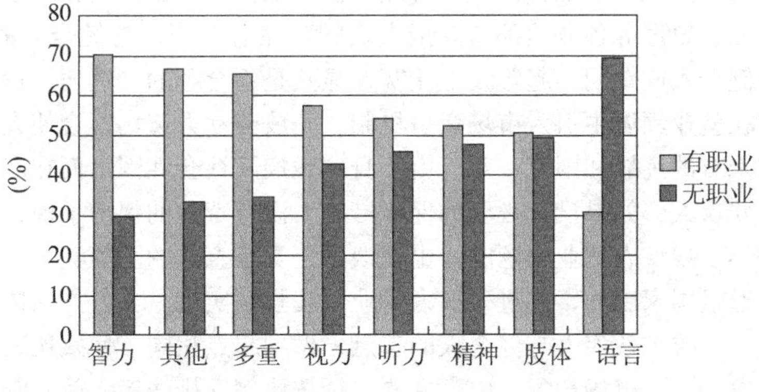

图9－7　不同类型残疾人的就业情况分析②

此外，残疾人的文化素质低（详见表9－3），技能水平单一，心理素质较差，就业意识消极等也是影响残疾人自我适应度的关键因素。

①②　张淇，吴江，等著．中国残疾人就业与保障问题研究．北京：中国劳动社会出版社，2004.

表9－3 广州市残疾人受教育水平分布①

文化程度	文盲	小学	初中	高中	中职及技校	大专及以上	合计
人数（18～50岁）	7 627	12 448	11 833	7 420	1 014	992	41 334
百分比/%	18.5	30.1	28.6	18.0	2.5	2.4	100.0

从实际调查情况来看，在失业残疾人愿意就业的原因中，家庭经济困难列第一，本人应自立自强列第二（详见表9－4）。由此可见，绝大部分残疾人存在着避免下岗失业和提升就业职位的潜力。我们应积极创造条件让能就业而尚未就业的残疾人就业。

表9－4 失业残疾人愿意就业的原因（多项选择）②

愿意就业的原因	家庭经济困难	本人应自立自强	有工作生活充实	增加社会交往机会	为社会做贡献	社会压力	总人数
人数（人）	222	135	122	66	34	23	602
百分比/%	77.89	47.37	42.81	23.16	11.93	8.01	
排序	1	2	3	4	5	6	

三、残疾人就业的对策研究

（一）残疾人就业工作的重点应当是拉平起点和保障过程公平

由于残疾人在生理、心理各方面的特点，使得他们在社会中一直处于弱势地位，在社会生活、就业、教育等各方面都与健全人之间存在着差距，与健全人的起点不相同。如果残疾人与健全人放在同一起跑线上比赛，显然是不合理的。然而，竞争是市场经济的基本特征，在就业领域中引入市场竞争机制，开放劳动力市场，会使大部分残疾人的就业面临前所未有的挑战和困境。对于由于身体残疾及社会性因素而在严酷的市场竞争中处于劣势的残疾人，如果没有必要的保障措施，没有特殊的保护手段，完全依靠社会道义，是解决不了残疾人就业问题的，也就谈不上真正意义的平等竞争。因此，必须通过社会力量，通过国家层面，通过残疾人就业立法强制实施，在各方面体现对残疾人的就业保障：第一，拉平残疾人与健全人的起点，做到起点相同，使残疾人和健全人在一条起跑线上出发，参与市场竞争。内容主要包括按比例安排残疾人就业制度、残疾人就业保障金的征缴、城镇残疾人最低生活保障制度以及在福利企业得到的各种优惠政策等；第二，通过就业保障政策对残疾人参与竞争的中间过程给予保护，保证竞争过程的平等性，包括在企业就业的残疾劳动者获得的社会保险、个体就业或自愿组织起来就业的残疾人获得的优惠政策。

① 李江涛，蔡国萱，等著．文明的尺度．广东：广东人民出版社，2005.

② 张淇，吴江，等著．中国残疾人就业与保障问题研究．北京：中国劳动社会出版社，2004.

(二) 促进残疾人就业需要制度保障

这些制度主要有：

第一，相关法律制度。目前，我国已初步形成以宪法为核心，残疾人保障法为基础，以有关法律、行政法规、部门规章、地方性法规、规章为配套，以县、乡、村扶助残疾人的优惠规定为延伸的残疾人事业的法律、法规体系。但仍存在不少问题，例如，很多残疾人不会用法律维护自己的合法权益，残疾人就业法律保障在一些地方没有引起足够的重视，法规不完善、政策不规范、执法力度不强，在新形势下，保障残疾人合法权益又遇到了一些新情况新问题，等等。我们必须深入宣传和认真实施残疾人保障法，健全和完善法律体系。

第二，组织管理制度。我国残疾人组织管理体系是由政府成立的协调机构，负责协调全国残疾人事务，并指定以残疾人协调委员会为主，若干个中央政府部门实施统一合作，具体的工作由半官方、半独立的残疾人联合会来实施。残疾人联合会在残疾人工作中发挥了积极作用，初步形成了一个由国家、集体和社会力量共同举办的多层次、多类别、多种服务内容和服务方式的城乡残疾人事业社会化管理体系与服务网络。但现行管理体系中也存在一些不足之处，包括工作被动和表面化，工作人员服务观念不强，组织体系建设不完善，统计体系不健全。

第三，就业服务机构。在残疾人就业服务方面，要推行一条龙服务的运作方式，将残疾人的求职登记、职业评估、职业中介、档案挂靠、政策法律咨询、素质测评、职业指导、职业培训、职业介绍等各项服务功能结合在一起，实行一站式和一条龙服务。残疾人就业服务机构的职责包括：鉴别残疾人可以从事的劳动和工作岗位；寻求办法解决残疾人在求职、保持稳定的工作过程中遇到的困难；同用人单位联系，说服他们雇佣残疾人；为用人单位提供各种咨询和建议；同其他有关的机构和组织保持联系。残疾人就业服务人员应明确自己的职责，发挥纽带的作用。

(三) 促进残疾人就业需要环境保障

第一，硬环境——无障碍环境。从广义上讲，无障碍建设对老年人、妇女、儿童以及一切有困难的人都能提供一种方便、一种帮助，使他们的生活更安全、更舒适。因此，无障碍环境具有延伸性，它不仅是残疾人走出家门、参与社会生活的基本条件，也是方便老年人、妇女、儿童和有伤病的人，以及携带重物的人和其他社会成员的重要措施。目前，我国的无障碍环境建设还存在着一些障碍。例如，有的单位为了符合无障碍环境对设施的改造，只重数量达标，不管效果如何，从而使无障碍设施的改造流于形式、形同虚设，不能达到真正方便残疾人的目的，造成建设资金的浪费。另外，对已建成的无障碍设施不能正确维护和正确使用的现象也屡见不鲜，如挤占盲道等。因此，建设行政管理部门、民政部门和残联等要切实加大监管力度，对已建的无障碍设施要加强维护、管理，杜绝损坏、占用。

第二，软环境——社会观念和意识。社会观念和意识是残疾人就业需要的软环境。旧残疾人观中很突出的一点就是视“残”为“废”，不让残疾人进入生活主流，把他们与社会、与健全人隔离开来。其结果是抹杀了残疾人的创造性，是对残疾人的歧视。我们应引导全社会树立新残疾人观，消除对残疾人的歧视和偏见，使人们认识到残疾人作为公民在就业及其他权利上的平等。

（四）促进残疾人就业需要信息保障

信息系统建设是残疾人就业的“指路牌”。我国残疾人事业信息工作的主要问题是：统计体系不健全、数据缺乏、信息公布不及时、查找困难、信息沟通不畅等，我们应重视残疾人基本情况的调查工作，完善就业率统计，并增加就业效果统计。

（五）促进残疾人就业需要网络保障

社会支持网络作为一种方法和策略，在社会工作中有广泛的使用价值和意义。围绕促进残疾人就业社会支持的目标，我们应建立一种整合的残疾人就业支持网络，以政府为主导，以社区为平台，以残疾人家庭为依托，以社会工作者为纽带，各种社会力量共同参与，持续互动，使支持网络的作用在互动中发挥到极限。社会工作者秉承其助人自助的专业理念和方法，就能够成为残疾人与社会支持系统之间的成功联结者。在支持残疾人就业的过程中，社会工作者不仅是项目的计划者、促进者，同时也扮演着调节者、管理者、协调者、教育者等多重角色，他们能灵活运用个案工作、小组工作、社区工作等专业方法，使有限的资源发挥最大的效用。

思考题：

1. 残疾人就业的四种模式分别是什么？其中哪种（些）模式比较符合我国的国情？为什么？
2. 为什么解决残疾人就业问题在理论上是可行的？
3. 社会工作者如何介入解决残疾人就业问题？

第十章 残疾人社会政策

教学重点

- 残疾人社会政策的制定和评估
- 国外残疾人社会政策实践
- 我国残疾人社会政策的调整
- 残疾人社会政策与社会工作实务的整合
- 残疾人社会政策实例分析

第一节 残疾人社会政策

一、残疾人社会政策的定义

残疾人社会政策，以残疾人为主要受益群体。要明确其定义，首先需要对“残疾人”这一群体概念有清楚的认识。这其中涉及了缺陷、残疾和障碍三个概念的区分。根据卫生工作的经验，世界卫生组织对缺陷、残疾和障碍三者分别做了如下界定：

（1）缺陷。其是指心理上、生理上或人体结构上，某种组织或功能的任何异常或丧失。

（2）残疾。其是指由于缺陷而缺乏作为正常人以正常方式从事某种正常活动的能力。

（3）障碍。其是指一个人由于缺陷或残疾而处于某种不利地位，以至限制或阻碍该人发挥按其年龄、性别、社会与文化等因素本应能发挥的正常作用。障碍的有无及程度是由残疾人与其生活环境之间的关系所决定的。当残疾人遭受到文化、物质或社会方面的阻碍，不能利用其他人可以利用的各种社会系统时，就产生了障碍。障碍是指与其他人平等参加社会生活的机会的丧失，或是这种机会受到限制。

基于以上概念，联合国在《关于残疾人的世界行动纲领》中将残疾人定义为由于缺陷而缺乏作为正常人以正常方式从事某种正常活动的能力的人。残疾人并不是一个单一性质的群体，而是存在群体内部的分化，具有多个亚群体，一般包括精神病患者，智力迟钝者，视觉、听觉和言语方面受损者和行动能力受限者等群体。

社会政策一般是以受益群体的需求为基点而制定的。残疾人社会政策是指政府或其他社会组织从残疾人的基本需求出发，提供各种社会服务，保障残疾人的合法权益，使残疾人无障碍地参与社会生活的各种政策行动。这些政策行动包括的内容比较广泛，而且针对不同残疾人群体设定了一定的专门措施。一般而言，世界各国和国际社会有关残疾人的社会政策主要包括如下内容：

（1）有关残疾人基本生活保障的政策　即有关如何为残疾人提供维持其基本生活费用的政策，主要用来解决残疾人基本生活保障的问题，使残疾人不至于陷入生存危机。

（2）有关残疾人的日常照顾服务的政策　即有关由谁和如何为残疾人提供日常的照顾服务，以及由谁承担残疾人日常照顾服务费用，其主要用来解决残疾人的日常照顾服务问题。

（3）有关残疾人医疗保健和康复服务的政策　即有关由什么机构和如何为残疾人提供医疗保健和康复服务，以及由谁来承担和如何承担残疾人的医疗保健和康复服务费用，其主要用来解决残疾人的医疗保健和康复服务问题。

（4）有关残疾人教育的政策　即有关由什么机构和如何为残疾人提供平等的教育服务的政策，主要用来保证为残疾人提供平等的受教育机会，使其能够提升自身素质，增强平等参与社会生活的能力。

（5）有关促进残疾人就业的政策　即有关积极扶持、规范残疾人就业服务体系，加强残疾人职业培训，使失业登记的残疾人都能够得到职业指导和职业培训，促进残疾人就业。

（6）有关方便残疾人行动的基础设施和相关制度的建设的政策　包括在城乡公共基础设施建设中的无障碍设计，适合残疾人的居住条件，在公共交通和公共文化娱乐设施服务中对残疾人的优惠，等等。

（7）有关丰富残疾人精神文化生活的政策　即有关为残疾人提供宽松、关爱的社会环境、充足的活动场所和活动设施，以及开展丰富多彩的文化娱乐活动。

（8）有关残疾人权益保护的政策　即有关宣传、贯彻、执行涉及残疾人权益保护的各项法律、法规，以切实保障残疾人权益，确保残疾人的合法权益不受侵犯。

二、残疾人社会政策的制定与评估

作为社会问题的一种现代解决方式，社会政策的实施旨在有效地缓解其所针对的社会问题，满足与此相关的个人需要和社会需要。社会政策的制定，一般满足从个人和社会需要、解决社会问题出发，由此受某一时期宏观环境对该受益人群的需要与问题的界定和解析所影响。而社会政策评估，则是对某一特定时期社会政策实施成效所作的研究和分析，其主要目的在于进一步完善和发展相关政策。

（一）残疾人社会政策的制定

残疾人社会政策的制定，一般包括了收集和分析相关问题与相关需求的信息、政策方案的设计和论证、最终的政策通过和发布等一系列步骤。在具体操作中，残疾人社会政策一般基于一定的价值观和规范而建立，在其中残疾如何被界定和解释，对残疾人社会政策的制定存在决定性的影响。这些价值观和相应的解释，构成了残疾人社会政策的基本取向，是了解残疾人社会政策制定的关键所在。残疾人社会政策的基本取向在过去一直在变迁：从近代的慈善、旧式的法规和医疗模式到现代的旨在增能、保障残疾人权利的权利模式的调整。总体来看，整体取向是从基于需要向基于权利的发展。

医疗模式和权利模式，是目前残疾人社会政策的两种基本政策取向。在 20 世纪 80 年代以前，残疾人社会政策的医疗模式一直占主导地位。医疗模式聚焦于残疾人的生理、心理的缺陷，以残疾医疗和康复作为首要问题，将残疾人视作需要社会进行医疗救治的弱势群体，具有明显的救助特点和社会烙印。随着社会的进步，权利模式逐步形成，并日渐取代医疗模式成为主流。权利模式首先将残疾人同等视作国家的公民，政府有责任赋予残疾人与其他公民一致的平等权利，去除社会上所存在的各种歧视性障碍，为残疾人充分参与社会生活提供保障和支持，同时残疾人也应当努力履行公民的责任和义务，为改善社会作出贡献。与这两种模式紧密相连的是个人模式与社会模式的划分。残疾的个人模式聚焦于个人的适应和资源，将残疾视作个人的悲剧或个人的医疗问题，倾向于作医学的解析和管理。作为一种极端事例，近代英国曾为了净化基因的目的而对残疾人实施遣送出国的政策。残疾的社会模式，强调外部物理、社会和心理障碍对残疾人的限制和约束，不将残疾人视作个人悲剧的受害者，而视作身处一个缺乏关怀和充满压迫的社会的集体受害者。残疾人所面临的问题，并不单纯是生理或心理缺陷所导致的结果，而更主要的是源于社会、舆论、医疗、经济以及政治环境对这些缺陷的制约。环境性障碍清晰地表明了残疾的社会建构，后者刻板地界定“正常”的定义，最终造成了残疾人社会功能缺失的形成。社会模式这一理论取向对英国 1995 年颁布的反残疾歧视法案中起到了主导性的影响。该法案针对在雇佣和产品服务提供领域因残疾所存在的直接或间接歧视，规定雇主和服务提供商有义务向残疾人提供就业岗位、产品与服务。英国 1995 年的法案与近代时期的遣送政策对比，充分显示了政策的基本取向对政策的主导作用。对残疾成因的不同解释，构建了差异显著的政策举措。

当前，社会投资模式作为一种残疾人社会政策的新取向，正逐步发展并扩大其影响。该模式认为，残疾人权利的实现需要一系列的资源作支持，残疾人社会政策的制定应当对特定类别残疾的个体予以更多的重视，从生命设计的高度出发解决其生活困难、满足其需要，将残疾人社会政策视为一种能够提供清晰公共预算的社会投资，通过资源支持协助残疾人在各个方面获得独立、自主地掌握开支、管理和资源分配的能力，最终促进社会的整体发展和进步。在根本上，残疾人社会政策应当建立在更广阔的基础上，将残疾视作人类的共同风险。随着经济社会的发展，人们预期寿命的延长，未来社会中每一个人都有因为疾病、意外、老化而有可能经历残疾的来临。残疾不再是少数人的问题，身心残疾有可能会成为所有人们的生活经历之一。这为残疾人社会政策制定提供了一个更为广阔的视角：残疾人社会政策，应当超越对残疾人群体的简单聚焦，在将全体人口作为受益对象的基础上制定。

（二）残疾人社会政策的评估

对现代国家而言，政府用于社会政策的财政开支是在某一特定范围内划拨的，只能有限地分配到残疾人社会政策领域。在资源支持有限的情况下，残疾人社会政策的有效性日渐变得越来越重要并备受社会各界关注。要保证政策的有效性，对政策的实施成效进行评估是一种重要的方法。一般而言，残疾人社会政策评估是指根据一定的标准和程序，考察某一具体政策的实施状况，对政策的效果、效能及价值做出检测、评价和判断。评估的开展，有助于检验政策方案的效果，从而明确政策的改进方向，更合理有效地配置资源，满足残疾人个人和社会需要。

以残疾人就业政策为例，所实施的政策如何影响雇主和残疾人对一个国家成功地使残疾人融入劳动力市场至关重要。政策可以促进残疾人积极地参与到劳动力市场中，同时也可在多个方面和不同程度上推动雇主雇佣残疾人。现行的残疾人社会政策实践有多种措施来达到这一效果，如规定雇主必须雇佣一定比例的残疾人，或禁止雇主解雇特定类别的工人，或使残疾人具有足够的经济吸引力而得到雇主的雇佣。由不同的政策取向所制定的残疾人社会政策，对特定措施会有所侧重或忽略，这将会产生不同的政策后果。开展系统的政策评估，有助于有效地提升相关政策的实施成效。一些研究者曾对荷兰和丹麦的残疾人就业政策作评估，其后发现：

（1）在荷兰，将残疾人整合入劳动力市场的责任在很大程度上归于雇主，荷兰的残疾人就业政策不但给予了雇主巨大的动力去预防由工作导致的残疾，而且通过立法使雇主承担雇佣残疾人的责任；

（2）荷兰的上述政策强化了在职残疾人与无业残疾人的分化，在促进在职残疾人融入社会的同时，在一定程度上阻碍了无业残疾人进入劳动力市场；

（3）在丹麦，雇主则受到保护，几乎没有任何正式或经济上的责任去雇佣残疾人，这些责任归于公共权力组织；

（4）丹麦的上述政策促进了无业残疾人融入劳动力市场，但同时也缺乏对在职残疾人的足够支持；

（5）荷兰和丹麦的残疾人就业政策尚存在提升的空间，应当进一步完善以促进残疾人更充分地融入劳动力市场。这些评估研究，为相关政策项目的改进提供了路径。

作为政策评估的基本依据，政策评估的标准一般包括两大类：

（1）事实标准　具体包括行动标准（评定一项政策行动进展情况是否已经达到预期）、效率标准（评定投入产出率的高低）和效益标准（评定一项政策行动的成效）。

（2）价值标准　具体包括社会进步标准（评定政策行动是否有利于社会发展）、社会健康标准（评定政策行动是否有助于维持社会稳定、促进社会整合）和社会公正标准（评定政策行动是否维护了社会公平、符合大多数社会成员的根本利益）。在此基础上，对评估标准操作化设定出可具体测量的政策指标。

一般而言，政策指标所代表的是净经济利益、主观性福利与公平性等三类政策标准：

① 净经济效益是以货币性价值当作衡量的单位，最具代表性的是某一政策的成本效益分析；

② 主观性福利是衡量政策利害关系人对某一政策感到满足或快乐的程度，即政策关系人的感受或情绪；

③ 分配价值的公平性强调福利分配的情形基于社会福利的总和，其政策指标上的意义往往表现在对于需要者或弱势群体的照顾。整体政策指标体系的建立和不断的资料收集，能够系统地分析或描述主客观情况的变迁，以一种时间序列资料实现对社会政策实施成效的长期比较与分析，促进政策的完善和发展。

政策评估过程大致可分为以下步骤：

（1）评估准备阶段　具体需要确定评估对象、制定评估方案和准备评估条件；

（2）评估实施阶段　收集被评估政策的信息、分析被评估政策信息并进行价值判断；

（3）评估总结阶段　处理评估结果和撰写评估报告。

在具体的评估方法上，可分为定量方法和定性方法两种基本形式。定量方法包括社会实验方法、经济计量方法、调查研究方法等，而定性方法包括个案访谈、焦点小组、典型单位文献分析等。在一般意义上，定量研究能够收集广泛而具有普遍性的总体资料，对社会政策成效的整体面貌作全面而简洁的呈现；而定性研究则可以提供丰富而详尽的个案资料，对社会政策成效作深入的描述。定量和定性的混合研究，被国外越来越多的学者认为有助于对复杂的社会现象做完全的解释。综合使用定量和定性两种方法，有助于提升评估的作用。

第二节　国外残疾人社会政策实践

经过几十年的发展，欧美发达国家建立了相当健全的残疾人社会政策体系。其中经历了从医疗模式到权利模式、从个人模式到社会模式的转向，欧美的残疾人社会政策日趋合理化和人性化，在多个方面值得我们学习和借鉴。以下从政策取向、政策制定、政策操作性等维度出发，对瑞典和美国的残疾人社会政策作简单介绍。

一、瑞典残疾人社会政策

作为传统的社会福利国家，瑞典残疾人社会政策的首要目标是保证残疾人拥有权利主导其生活，如同其他公民一样拥有机会行使其权利，并履行其义务。在社会政策的基本原则上，瑞典政府提出了正常化的理念。这项理念包括以下几项重点：①正常的一日作息；②正常的一周复康实施；③正常的生命周期发展；④公平对待，无差别待遇；⑤保持与异性的交往；⑥维持应有的经济生活水平；⑦居住环境能维持与一般大众相当的水准。从20世纪60年代开始，瑞典残疾人社会政策的目标就是向残疾人提供机会让其能和其他人一样生活。在2000年，瑞典进一步采纳了“从病人到公民”的全国行动计划，将残疾人社会政策的重点，从以往的福利与社会事务进一步扩大为民主与公民权利事务。这使整个政策具有轮廓鲜明的公民取向色彩，务求将残疾人融入瑞典社会的主流中，而非仅仅局限于健康照顾与社会服务领域。同时，政策制定者也务求引入一项具有广泛基础的解决措施，建立能够接纳各种视角并得到各种公民理解的社会。这一政策取向的一个特点就是回避为某一群体制定特定的措施，避免不必要的开支。由此，目前瑞典残疾人社会政策聚焦于以下三点：①识别和去除阻碍全面社会参与以及一致平等的障碍；②防止和反对歧视；③促进残疾人内部的性别平等。

由正常化的政策理念出发，瑞典的残疾人社会政策着重于建立一个能使残疾人和其他人共同生活的社会环境。在面向残疾人的立法中，并没有特别为残疾人采取单独的立法，而是在各领域的相关立法中综合地加以融入实施，将与残疾相关的法律法规，分散在儿童福利法、建筑法、教育法、劳动法等各项法案中。1994年，瑞典制定一项面向特定功能缺陷的残疾人的支持与服务的法案，作为一项权利法案弥补其他法律的不足，为重度残疾人提供更多的支持以帮助他们维持独立的生活，保障他们平等的生活条件以及全面的社会参与。该项法案所涵盖的支持包括日常生活的个人救助、咨询服务、居家特殊服务以及费用减免。同时，该法案只适用于特定的残疾人群体，其他残疾人均通过社会服务法案寻求援助，以体现正常化的理念。

在残疾人支持体系的组织上，瑞典采取以下分工方式：①中央政府和国会确立残疾人社会政策的指导大纲，原则上通过立法进行；②政府部门对特定领域（包括教育、健康照顾、就业等）的支持负有全面责任，需要推动这些领域的发展，并保证已有政策的实施；③郡政府负责健康与医疗照顾；④市政府负责学校与社会服务等事务。中央政府一般只负责制定残疾人社会政策的方向与目标，这给地方政府提供了广阔的空间诠释政策目标并制定符合地方实际情况的具体措施。在政策的制定上，瑞典的残疾人志愿组织在其中发挥着重要的作用，在过去50多年的时间里显著地影响着政策的方向，并与各级政策制定部门建立了良好的关系。这些组织大部分从属于瑞典残疾人协会。这个协会一直寻求影响政府在残疾人领域的政策。通过报告残疾人的处境和地位，志愿组织为政府部门制定政策提供了关键的信息。同时，通过表达残疾人的需求和问题并提出政策的改进建议，志愿组织影响着瑞典的公众舆论。目前大约有50个志愿组织获得政府的资助开展其活动。政府部门设立了一个残疾人委员会，以此作为政府与残疾人志愿组织交流信息和讨论事务的平台。

二、美国残疾人社会政策

作为一个法治社会，美国政府主要是通过制定并严格地实施法律，为残疾人提供学习、就业和生活上的各类保障，其残疾人社会政策主要通过法律的形式加以确立。在立法上，美国建立了相当健全的法律体系，除了建立了一般法外，还针对不同残疾类型和不同残疾问题建立了完善的专门法：①一般法，如《美国残疾人法案》；②针对不同残疾类型的专门法，如《1938 年瓦格纳之日法案》（针对盲人）、《1967 年小学、中学教育修正案》（针对聋、盲儿童）等；③针对残疾人所面临的不同问题的专门法，如《公平居住法案》、《电信法案》、《航空运输便捷法案》等。

作为一般法，《美国残疾人法案》于 1990 年通过，1992 年正式开始生效。作为一个划时代的联邦法案，该法案向 4 300 万美国残疾人提供了必要的服务和就业机会，务求在公民需求的合理满足和私人与公共供给能力之间寻求平衡，去除非法歧视并拉平残疾人与其他公民的活动空间。该法禁止在雇佣、国家与地方管治、公共居留、商业设施、交通以及电信等领域基于残疾的歧视。其将残疾人界定为以下 3 类：①存在生理或心理缺陷以致一种或多种生活行为受到限制的人；②具有上述缺陷的记录或历史的人；③被其他人视作存在上述缺陷的人。《美国残疾人法案》具体包括五大部分：第一部分禁止城市和乡镇的雇主歧视符合资格但残疾的求职者或雇员，涵盖雇佣的所有方面，包括求职申请过程和雇佣、培训、赔偿、提升以及其他所有雇佣的项目、条件或特权，规定雇佣了 15 人或以上雇员的雇主应当给残疾人提供所有与雇佣相关的机会；第二部分禁止联邦和地方政府在其项目和行动中歧视残疾人，规定联邦和地方政府应当给予残疾人平等机会以从政府项目、服务和活动（如公共教育、雇佣、交通、健康照顾、社会服务、法庭、投票等）中获益；第三部分禁止提供公共居留服务的私人或公共组织（如酒店、旅馆、交通系统等）基于残疾而拒绝向残疾人提供产品和服务，规定其必须遵守无歧视的原则以及相应的建筑标准；第四部分致力于使电信行业向听力或言语缺陷的残疾人提供设备和服务，规定服务提供商应当建立全国化的电信服务，使这些残疾人能够在第三方的协助下与其他人联络和交流；第五部分包括一些其他方面的条款，涉及该法案的建构和应用问题，其中包括事务争议的解决方案。

在专门法上，美国政府在一般法的指引下对相关领域的残疾人事务在具体措施和程序上做出全面和操作性强的刚性规定。长达 162 页的《2004 年残疾个体教育促进法案》就是其中的典型例子。作为国家层面的特殊教育法，《2004 年残疾个体教育促进法案》在《1997 年残疾个体教育法案》基础上完善和制定，旨在通过完善问责制度，提高残疾儿童父母的参与度，使用有效的措施和设施，为教师、政府以及地方学校提供更广阔的空间并减轻其文书工作负担等措施，协助残疾儿童更好地学习。该法案规定公共学校必须在宽松、适宜的环境中向所有适龄残疾儿童提供教育机会，并为每个残疾儿童制定合适的个体教育方案，具体包括四大部分：①一般条款；②残疾儿童教育援助；③残疾的婴儿和幼儿早期干预计划；④促进残疾儿童教育的国家行动。依据儿童身心发展的不同阶段，该法案对残疾儿童做了有针对性的分类，在此基础上制定了相应的特殊教育方法和措施，对不同年龄、不同残疾类型的残疾儿童设定了专门的教育计划、家庭服务计划等措施的具体实施细节，做了非常严格的规定，具有相当高的可操作性。

第三节 中国残疾人社会政策的调整

新中国成立之后，中央政府一直十分重视残疾人事业，在过去近60年时间里逐步建立起了残疾人的社会政策体系。在立法的层面，《中华人民共和国宪法》《民法通则》《民事诉讼法》《刑法》《治安管理处罚条例》《劳动法》《教育法》《婚姻法》《妇女权益保障法》《未成年人保护法》《继承法》《产品质量法》《消费者权益保护法》《个人所得税法》等37部法律法规，以及《中华人民共和国残疾人保障法》《残疾人教育条例》《残疾人劳动就业条例》等专门法律法规，对残疾人的各项权益保障做了明确的规定。在行动方案的层面，中央政府先后制定了国家发展残疾人事业的四个五年计划：《中国残疾人事业五年工作纲要》《中国残疾人事业"八五"计划纲要（1991—1995年）》《中国残疾人事业"九五"计划纲要（1996—2000年）》和《中国残疾人事业"十五"计划纲要（2001—2005年）》及与其配套的残疾人康复、教育、就业、文化、体育、生活保障、扶贫、辅助用具等具体实施方案。同时，一系列的交流合作项目得到启动和实施，包括康复领域的"长江新里程计划项目"、"视觉第一：中国行动项目"以及教育领域的"中国残联与欧盟残疾人职业教育与培训项目"、"中国残联与香港嘉道理慈善基金会合作项目"、"'中西部'盲童入学项目"等。

2006年，中国残联发布《中国残疾人事业"十五"计划纲要执行情况统计公报》。该公报指出，中国残疾人事业"十五"计划纲要执行情况良好，规定的各项任务得到了顺利完成，残疾人的各方面状况得到进一步的改善。

一、《中华人民共和国残疾人保障法》的修订

2005年，中国启动了对《中华人民共和国残疾人保障法》的修订。在"总则"的残疾人定义中，将残疾人界定为"在心理、生理、人体结构上，某种组织、功能丧失或者存在障碍，使其日常生活或者社会活动受到持续性限制的人"。用"存在障碍"替代了过去"不正常"的用词，同时用"日常生活或者社会活动受到持续性限制"替代"全部或者部分丧失以正常方式从事某种活动能力"，充分体现出正常化的政策理念。在这一部分里还补充纳入了"符合残疾标准的残疾人可以向残疾人联合会申领《中华人民共和国残疾人证》；残疾人状况应当纳入全国人口普查、抽样调查等相关调查和统计项目"等条款，在法律层面保证中国残疾人的生存和发展状况可以得到系统的反映，以更好地制定相关的政策。同时，在"权利"条目中加入"全国人民代表大会和地方各级人民代表大会的代表中，应当有一定比例的残疾人代表。立法或者制定其他规范性文件、政策，直接涉及残疾人利益的，应当征求残疾人和残疾人联合会的意见。残疾人和残疾人联合会有权向各级国家机关提出有关残疾人事业发展和残疾人权益保障的意见和建议，对于合理的意见和建议有关部门应当听取和采纳"等条款，保证残疾人的意愿能够在政策中得到更好的体现。

在《中华人民共和国残疾人保障法》的其他条款的修订中，对康复、教育、劳动就业、文化生活、法律责任等条款的规定做了完善和补充，将“福利”章节和“环境”条款分别更名为“社会保障”章节和“无障碍环境”条款，同时专门纳入了人身、财产和婚姻家庭条款，在体系上更加完整和明晰。这些部分的主要修订如下：

（1）在劳动就业条款，新增加了“第三十四条（就业服务）”条目，规定“政府有关部门举办的公共就业服务机构，应当为残疾人提供优先、便捷的服务。残疾人联合会所属的残疾人就业服务机构应当根据需要组织开展免费职业培训，为残疾人提供特殊就业服务，帮助残疾人实现就业”，确定了政府和残疾人联合会所属的残疾人就业服务机构向残疾人提供就业服务的责任。

（2）在“文化生活”章节，新增加了“第四十一条（理解与互助）”，规定“国家和社会促进残疾人与其他公民之间的相互理解和交流，宣传残疾人事业和扶助残疾人的事迹，弘扬残疾人自强不息的精神，倡导团结、友爱、互助的社会风尚”，将建设残疾人与其他公民和谐共处的社会环境上升为国家意志。

（3）“社会保障”章节在坚持原有规定并完善的同时，在第四十三条（社会保险）中新增加了“对缴纳社会保险费、新型农村合作医疗费确有困难的残疾人，政府应当给予补贴”的条款，而且新增加的第四十四条（最低生活保障和残疾补贴），规定“各级人民政府应当确保符合条件的残疾人享受最低生活保障，并根据残疾人的不同情况实施分类保障，适当提高标准。无就业能力的重度残疾人，全额享受最低生活保障金。对生活不能自理的残疾人，政府给予残疾补贴”。另外，新增加的第四十八条（鼓励公益事业），规定“国家发展残疾人慈善事业，鼓励和支持开展服务于残疾人的公益活动”。

（4）在“无障碍环境”章节，增加了一些保障残疾人权益的条款。新增加第五十一条（信息交流无障碍），规定“国家应当采取措施保障残疾人信息交流的无障碍。各级人民政府应当使政务公开信息无障碍。通过开办电视手语节目、加配字幕、政府网站无障碍设计、推广手语，提供手语翻译、书面语交流援助，采用特殊通讯设备等辅助技术或者替代技术实现信息交流无障碍”。新增加第五十二条（公共服务无障碍），规定“从事公众服务的机构和场所应当为残疾人创造无障碍环境，提供无障碍服务。各级人民政府应当制定相关规定保障残疾人能够利用各种交通工具出行，根据特别扶助的原则，设置相应的残疾人专用停车位并减免相关费用”。新增加第五十三条（选举权的无障碍行使），规定“选举场所应当符合无障碍要求，并为残疾人行使选举权和被选举权提供适当的便利，应当为盲人提供盲文选票，未提供盲文选票的，应当有专门的工作人员予以协助”。新增加第五十四条（残疾人辅助设备的研发），规定“国家鼓励、扶持新型、实用的无障碍辅助设备、交通工具的开发、研制，并推广使用”。这些条款为残疾人无障碍地参与社会生活提供了各个方面的法律保障。

（5）将“法律责任”章节进一步补充为“法律救济与法律责任”章节，将原设的行政责任、民事责任、行政处罚与刑事责任进一步扩充并明晰为不履行职责的法律责任、侵害受教育权的法律责任、侵害平等就业权的法律责任、违反按比例安排残疾人就业规定的法律责任、违反无障碍设施规定的法律责任、公共服务机构和商业机构歧视残疾人的责任、违法生产销售残疾人辅助器具的法律责任、侵犯残疾人人身权利和其他权利的法律责任，同时明确了残联的维权职责、残疾人法律责任的承担以及法律援助与司法救助的申请资格。其中在残疾人法律责任的承担方面，规定残疾人因残疾不能辨认或者控制自己行为造成危害结果的，不承担行政责任、刑事责任；不能完全辨认或者控制自己行为造成危害结果的，依法从轻、减轻或者免除其行政责任、刑事责任；残疾人因残疾不能辨认或者控制自己行为侵害他人合法权益，依法应当承担民事责任的，应当酌情减轻或者免除其法律责任。

（6）新增的人身、财产和婚姻家庭章节，包括以下条目：第五十五条（生命健康权和自由权）、第五十六条（人格尊严）、第五十七条（隐私权）、第五十八条（侵权致残赔偿）、第五十九条（扶养人、监护人责任）、第六十条（监护监督人）、第六十一条（对婚姻的保护）、第六十二条（婚姻家庭的照顾原则）、第六十三条（遗产分割照顾和必留份）、第六十四条（集体经济组织平等收益权）以及第六十五条（征收、拆迁补偿）。这些条款对残疾人的人身、财产和婚姻家庭等方面做出全面的保障。其中在人格尊严方面，规定残疾人的人格尊严受法律保护，禁止以书面、口头等形式丑化残疾人的人格，禁止侮辱、诽谤残疾人；精神病院、福利院等残疾人较为集中的单位应当尊重残疾人的人格尊严，为其提供人道主义服务。这在法律层面使残疾人的人格尊严得到保障。在隐私权方面，规定未经本人或者其监护人的同意，任何个人和组织不得披露、传播残疾人的医疗资料、康复资料或者其他个人隐私。

二、中国残疾人事业“十一五”发展纲要（2006—2010年）

2006年，中国公布《中国残疾人事业“十一五”发展纲要（2006—2010年）》。该纲要在肯定中国残疾人事业“十五”计划纲要执行情况的同时，指出：由于客观条件和残疾人自身障碍的影响，残疾人总体生活状况与社会平均水平还有较大差距；相当多的残疾人贫困状况没有得到根本改善，基本生活需求难以稳定保障；残疾人在康复、教育、就业等方面存在许多困难；改善残疾人参与社会生活的环境和条件的长效机制还不健全；建设残疾人小康生活的任务尤为繁重。从这些问题出发，“十一五”发展纲要设定了以下总目标：

（1）残疾人基本生活总体初步达到小康水平；

（2）全面推进残疾人“人人享有康复服务”工作，通过实施重点工程，使830万残疾人得到不同程度的康复；

（3）扶助农村贫困残疾人脱贫，并实施残疾人危房改造工程，改善32万户农村贫困残疾人家庭居住条件；

（4）进一步将残疾人纳入社会保障体系，保障基本生活；

（5）基本普及残疾儿童少年义务教育，积极开展残疾儿童学前教育，发展残疾人中等教育、高等教育和职业教育，切实保障残疾人接受教育的权利；

（6）有就业需求的残疾人得到职业指导和职业培训，残疾人就业规模进一步扩大，就业水平进一步提高；

（7）残疾人文化生活水平进一步提高，体育活动得到普及；

（8）残疾人事业的法制建设及无障碍环境建设进一步加强，残疾人的权益保障状况持续改善；

（9）残疾人组织体系进一步完善，为残疾人服务的能力进一步增强。

与“十五”计划纲要对照，“十一五”发展纲要在具体领域的主要措施上做了以下调整：

（1）在康复部分，提出了要加强二级以上综合医院康复医学科建设，推动基层卫生机构开展肢体残疾康复训练与服务；完善中国康复研究中心和省、市（地）级康复中心的功能与条件；组织肢体残疾人在社区和家庭广泛开展康复训练；对麻风畸残人员实施手术矫治或配备辅助用具；做好手术矫治、辅具适配、功能训练的有机衔接；帮助贫困肢体残疾儿童接受手术矫治与康复训练。

（2）在教育部分，提出了要将残疾儿童少年入学指标列入义务教育评估验收指标体系，统计义务教育对象必须包括适龄残疾儿童少年，同时继续办好北京听力语言康复技术学院；加强盲文和手语的研究并做好推广工作，继续研制专业手语和盲文符号，组织开展盲文、手语特殊教育培训，规范教材的编审和出版工作，为盲人、聋人接受义务教育、高级中等教育和高等教育创造条件。

（3）在就业与社会保障部分，突出强调了要鼓励社会力量依法兴办福利企业，集中安排残疾人就业；完善优惠政策和措施，扶持福利企业稳定、健康发展；在有条件的地方开办福利性工疗机构、庇护性工场，为精神病人、智力残疾人就业创造条件。

（4）在扶贫部分，强调了要继续开展农村贫困残疾人危房改造工作，努力解决城镇贫困残疾人住房困难问题；对中西部地区贫困残疾人危房改造给予补助；东部地区要对贫困残疾人住房状况进行摸底调查，安排资金帮助贫困残疾人改善住房条件。

（5）在文化、体育部分，突出强调了各级残疾人联合会要为残疾人开展文化、体育活动设立专门场所，对残疾人开放并提供周到服务；县级以上残疾人联合会要定期举办文化、体育活动，丰富基层残疾人文化、体育生活。

（6）在社会环境部分，提出了要广泛动员公共媒体宣传残疾人事业的成就和优秀残疾人、残疾人工作者的先进事迹，宣传社会各界扶残助残取得的成效。

（7）在维权部分，突出强调了有关部门要对因企业转制、国家征用土地、城市拆迁等造成残疾人生活困难、权益受损等突出问题，按相关法律、法规和政策维护残疾人权益；加大对重大、典型侵害残疾人合法权益案件的查处力度。

第四节　残疾人社会政策与社会工作实务

作为现代社会应对社会问题的重要机制，社会工作和社会政策是紧密联系的两个社会项目领域，分别在微观层面和宏观层面发挥其作用，二者紧密联系共同组成了一个促进社会问题解决的“微观—宏观”一体化系统。在一体化的系统里面，微观和宏观的顺利对接是机制整体良性运行的关键，二者的整合是充分地发挥各自功能的必要保证。尽管覆盖两个不同的领域，社会政策与社会工作仍有很多共同之处：二者运用多个相同的概念、理论、视角和学科知识，在学科上也是最相近的。社会工作和社会政策的整合是多方位的，其中一个相当关键的方面是在实务领域的整合。有效的社会工作服务需要丰富的社会政策知识，而制定和完善有效的社会政策需要对社会工作服务具备足够的认识。

社会工作与社会政策在实务领域的整合，并不是在任何制度形态下都是协调一致的。例如，在美国残补型的社会政策体系下，社会政策只会在其他社会设置失效的情况下，通过一定的、带有社会烙印的方式提供最低限度的必要救助，而且设定了多项标准要求受到救助的个体努力去达到，按照特定的要求主导自身的行为。这与社会工作的最基本理念“助人自助、案主自决”是存在一定距离的。该理念坚持每个人都应得到尊重和平等对待，并且具有自决的权利，而不是遵从特定规定去行动。

一、社会工作领域的整合

作为解决社会问题的一种微观方式，社会工作的作用具体通过实务工作得以实现。社会工作实务聚焦于社会的需求，紧随社会的现代化进程而日益趋于专业化。社会政策方案和社会工作实务的有效整合，是社会工作专业化的重要基础。社会工作实务的有效开展，需要社会工作者了解社会政策如何影响服务方案以及实务工作如何影响政策走向。总体而言，社会政策影响了社会工作实务的每一个方面。在通常情况下，社会工作者都是在现行社会政策架构下向案主提供服务。政策内容及其变化都将对案主所遇到的问题及其问题的解决产生影响，社会工作者需要对不断改变的政策内容和政策变迁保持一直的关注。前来向社会工作者寻求帮助的案主，一般是因为其所面临的困难已经无法从家庭或社会交往网络等非正式系统那里得到足够的协助，进而前往作为社会政策实施实体的社会服务机构求助。社会工作者依托该机构向案主提供服务。

和其他服务活动一样，现代社会工作实务遵循一定的程序。不同的学者对这一程序有不同的阶段划分，但一般都包括评估、计划、行动和结案四个基本阶段。这四个基本阶段构成了社会工作实务的一般工作过程。在评估阶段，实务工作者明确识别案主的问题和需要，并通过各种途径收集案主个人及相关情境等描述性资料，识别为协助案主解决问题或满足需要可以运用的资源以及必须破除的障碍。作为社会工作实务过程中的基础性步骤，评估在很大程度上决定着助人活动的最终成效，而且，在最后的结案阶段，实务工作者也需要运用一系列的指标对介入行动的效果做出评估，在行动达到预期目的的情况下予以结案。如果评估的结果显示行动没有达到预期目的，则需要安排合适的转介，让其他实务工作者对案主的问题作进一步的介入和应对。

作为西方社会工作发展中一个持续和日趋一致的主题，“人在情境中”视角被欧美和港台地区学者普遍认为是现代社会工作的主导视角，对专业社会工作的理论基础及其实践取向产生核心影响。其基本观点在于：人类行为和社会环境是相互影响的，但彼此的影响并不对等，而以社会环境的影响更大。专业社会工作者基本使命的完成，需要对个体和情境的双重聚焦。其中，情境是指个人所处环境的重要组成部分，对案主问题的产生和解决具有重大影响。一方面，案主的问题一般源于其与情境中的某一或某些部分的互动出现障碍，同时无法或未曾充分利用情境其他部分的资源所致（这是促使案主向实务工作者求助的主要原因）；另一方面，从问题的应对出发，修复案主与情境中某些部分的互动，或增强情境中其他部分的资源支持或二者一同进行，是解决问题的主要路径。因此，情境层面的评估，是更深入地分析案主问题以全面有效地加以解决的关键。情境的整体结构，一般可以划分为非正式系统（如家庭、朋友、同事等）、正式系统（如社区组织、工会、学校、医院、社会福利机构等）和社会系统（如文化、经济、法律等）三部分。其中，正式系统和社会系统，均明显地涉及社会政策的内容。例如，在学校系统中，是否存在特定的社会政策项目对处于弱势地位的学生进行支持。这种支持的一个典型事例是面向残疾学生的支持性教育政策项目。作为一种实务工作的延伸，由于在情境层面中社会系统和正式系统的评估资料具有一定的稳定性，实务工作者可以通过系统收集形成资料库并不断更新，以提高实务工作的效率。

由于处于基础地位，社会政策的不完善或缺失，将会对社会工作实务的有效实施造成障碍。这些障碍包括资源的缺乏、方案设计的不周和不同社会政策之间存在相互冲突等。其中资源不足可进一步划分为内部资源不足和外部资源不足：内部的资源不足一般包括实务工作者、财政支持或工作设备的欠缺，而外部资源不足则主要是指在社会问题的建构和相应的社会政策制定时所预设存在的资源实质上并不存在，如社会上能提供给残疾人的工作岗位可能明显少于政策制定时所预期的。当应对这些案主困难的现行项目或服务无法满足需求时，社会工作者就需要去倡导提供更多的项目或更合适的服务。这时，社会工作者就需要参与政策执行过程，从而促成更多的资源支持以向案主提供更多或更合适的项目或服务。研究社会政策，是专业社会工作者的一项重要的工作。在美国全国社会工作协会的伦理守则中，明确指出了社会工作者应当推动大众的社会福利：①社会工作者应当采取行动确保每个人都可以接近他们所需要的资源、服务和机会；②社会工作者应当采取行动以扩大每个人的选择机会，尤其是对于处于不利情况或受到压迫的群体或个人；③社会工作者应当改善社会环境，鼓励和尊重建构美国社会文化的多元性；④在公民危急事务上，社会工作者应当提供适当的专业服务；⑤社会工作者应当倡导改变政策和立法，以改善社会环境和增进社会正义；⑥社会工作者应当鼓励社会大众非正式地参与对社会政策和制度的修正。

在社会工作和社会政策的整合中，社会服务机构（以下简称为机构）是一个关键的场域，是国家和个人二者之间的重要媒介；而将政府的政策具体转变为实际的服务（将服务提供给个人）是社会工作实务工作者和社会政策相连接的脉络环境。社会工作实务的工作机构，可以分为首要社会工作场所和次要社会工作场所两种。在首要社会工作场所，机构的主要目的是提供社会工作专业服务，而且社会工作是其中的主要职业类别，如儿童福利机构、家庭咨询机构和妇女保护中心；而在次要社会工作场所中，社会工作者与其他职业的工作者一同工作，其他职业的工作才是机构的主要目的，同时机构由这些职业的人来主导，如医院、学校和法律援助机构。在次要社会工作场所中，社会工作者需要在应对社会工作专业和机构中的主导专业之间所存在的价值和目标差异以及其自身的从属位置，一方面有责任和案主建立关系以解决问题，另一方面又要维护机构的目标和规范，实现二者的一致化。在社会工作与社会政策的整合范畴内，首要和次要社会工作场所的划分意义，在于可进一步明确社会工作与社会政策的具体整合模式：在首要社会工作场所中，社会工作者在很大程度上是对社会政策的直接执行，而在次要社会工作场所中，由于主导职业和社会工作的目的和价值观等方面可能存在一定的距离，社会工作者往往需要进一步承担社会政策的宣传，并将其融入该次要机构的目标和具体方案中。

在中国，面向残疾人的主要服务机构是中央和地方的残疾人联合会。依据1990年的《中华人民共和国残疾人保障法》，残疾人联合会的法定职责是：代表残疾人共同利益，维护残疾人的合法权益，团结教育残疾人，为残疾人服务；承担政府委托的任务，开展残疾人工作，动员社会力量，发展残疾人的事业。这些职责，尤其是“承担政府委托的任务”的职责，充分体现了残疾人联合会及其工作人员在残疾人社会政策执行中的关键功能。

二、社会政策领域的整合

从微观到宏观，社会政策的制定和完善需要综合考虑多方面的因素，其中最为主要的是政策受益人群的需求。这种需求可以通过多种途径去得到科学的认识，如统计资料、系统的社会研究等。在社会工作实务中，其面向案主的评估过程中直接收集了与案主问题相关的第一手资料。出于社会工作伦理中对案主资料保密的原则，这些资料不能单个呈现，但在做整体的统计分析和研究时，以及这些资料只用于内部的政策制定而不公开的情况下，这些资料是社会政策评估研究中的重要依据。这些个案资料的科学化汇总和理论化提升，是完善社会政策的重要途径之一。

作为宏观层面的制度设置，社会政策的制定或发展，常常受到政策制定过程中各种因素的影响。这些因素当中就包括了政策所影响的群体（包括受益群体和受损群体）的行动。在国外，社会工作参与政治的历史由来已久，但同时，社会工作者及其案主在现时环境中对政策制定可以起到的影响比较小。在美国，社会工作者由于一般在机构开展服务工作，其参与社会政策的制定过程与普通公民相比存有一定的限制，但仍可通过以下方式发挥自己的作用：

（1）以书面或口头的形式和议员沟通，陈述自身观点以促使议员支持或反对某一法案；

（2）游说，即以一种组织化的方式开展行动，与议员保持联系并向所在机构提供相关信息，形成群体影响力；

（3）参加听证会，在听证会上议员和政府官员将尽量了解民众对某一议题的建议或意见，社会工作者可以在其中让政策的决策者知道社会工作者及其案主在这些议题上面的立场；

（4）社会工作者可通过记者招待会、报社、电视或电台，即利用媒体的影响力影响政策的形成；

（5）支持政治候选人，即通过竞选活动资讯、政治民意调查等途径了解候选人在某一特定议题的立场和观点，发动社会群体直接通过投票选举议员或政府官员；

（6）到法庭改变政策，即当无法对政策制定者产生有效影响时，在考虑清楚的情况下通过诉讼与相关机构或组织抗衡。

在当前中国，残疾人政策的制定实行广泛咨询社会意见的方式。在2005年正式开始启动的《中华人民共和国残疾人保障法》修改中，中国残联办公厅成立了专门的《中华人民共和国残疾人保障法》修改工作领导小组，向各专门协会发出征求残疾人保障法修改草案修改意见的通知，通过其信息中心在中国残联网站上发布信息，并将修改草案第一、二稿（征求意见稿）在网上全文公布，公开征求社会各界对残疾人保障法的修改意见。中国残疾人服务领域的社会工作者，可以采取适当的方式反映残疾人的需求和所面对的问题，使该法的修订更加能代表残疾人的意愿和权益。

第五节　案例分析：台北市残疾人服务机构评估

台湾地区相关政府部门按照相关的法律制定和公布了残疾人福利服务机构的设施标准、残疾人福利服务机构评估办法，规范残疾人福利服务机构的服务形态和设施标准，并作为福利服务机构设置以及奖励监督的依据。台北市“政府社会局”（以下简称“社会局”）除了积极筹备各类型残疾人福利机构外，还对福利服务机构作深入的了解和监督，在2000年开展了第一次机构评估。评估由台湾地区相关领域的理论和实务界的专家学者组成评估小组，研究拟定机构评估指标，制定评估作业手册对残疾人福利服务机构进行评估。评估的具体内容主要包括专业服务、权益维护、设备设施、安全卫生、健康维护、财务管理、行政管理、员工管理等8大项及212个子项；所采取的评估方式是各机构针对评估内容进行自评，并准备相关的书面材料供评估委员翻阅查询；评估结果分为特优、优等、中等、辅导等级，针对特等及优等机构，给予奖励及机构参观，对于中等及辅导机构则要求其加以改善并给予适当的协助。

一、台北市残疾人福利机构服务现状

依据台北市“社会局”的资料显示，到2000年为止，台北市共有残疾人福利机构40家，其中公立机构3家、私立机构22家、公设民营机构15家。同时，台北市“社会局”在未来的计划方案中，小型、社区化的服务模式继续发展，进一步拓宽服务对象，并陆续在每个行政区继续发展残疾人福利机构，以便更全面地惠及每一个残疾人。按照相关的划分标准，对服务机构进行功能划分，可以分为住宿机构（又区分为全日

制住宿机构及夜间住宿机构)、日间服务机构、庇护机构、福利服务中心。

(1) 全日制住宿机构　在日间提供教育培训服务，内容包括职业技能培训、生活技能培训、医疗康复等，夜间则提供生活自理服务、社区适应活动及住宿服务，同时有部分机构以医疗照顾为主，提供全日型的住宿服务。

(2) 夜间住宿机构　向日间在外就业或接受教育培训的残疾人提供夜间的住宿服务。

(3) 日间服务机构　包括提供早期医疗、教育培训及职业技能等服务的机构，部分机构以提供早期医疗服务为主，部分机构则提供综合服务。

(4) 庇护机构　以餐饮服务、糕饼制作、清洁打扫、成衣制作、礼品包装、陶艺制作等职业为主，部分独立，部分附设在住宿型机构内。

(5) 福利服务中心　提供个案管理服务、咨询服务、就业辅导、休闲就业活动等多元化服务。

二、机构评估结果分析

评估指标的计分统计结果显示：在八大项目的评估中，专业服务、权益维护以及健康护理是最需要加强的，而从评估等级来看，特优机构的财务管理和行政管理应当作为有待加强的重点，而优等则为专业服务和权益维护，中等机构为专业服务、权益维护、健康护理以及员工管理，辅导机构则除了行政管理外都需要改善。具体项目的分析如下：

(1) 在专业服务方面，残疾人服务机构以具有整合的团队服务以及完整的个别服务计划最具特色，需要加强的部分是增加职业培训的种类，以及拟定适宜的个别服务目标，同时转介服务和社区融入措施都有待强化。

(2) 在权益维护方面，相关机构的家长会组织十分完善，需要加强的是成立申诉委员会以保障成员权益并强化成员的生活空间及尊重其隐私权。

(3) 在设施设备方面，专业人员的诊断辅助器材比较充足，而机构无障碍设施则有待加强。

(4) 在安全卫生方面，其中以膳食管理和定期消防演习最佳，而为成员拟定的特殊菜单以及厨房的卫生管理、为交通工作人员办理急救培训以及落实消防演练则有待加强。

(5) 在健康护理方面，以设立紧急医疗转介系统以及为成员办理休闲活动最为完善，而有待加强的部分则为药品管理以及健康检查资料的建立，其中药品管理需要注意急救箱的内容及药物期限，并应当有完整的药物记录。

(6) 在财务管理方面，独立账户及收支明细表最为完善，而有待加强的部分则为资产管理以及账目记账不清。

(7) 在行政管理方面，具有较为完善并有着健全的组织，下一步应当加强的部分是建立成果评估指标、增强团队成员的配备以及拟定中长期计划。

(8) 在员工管理方面，机构有着完善的督导制度和服务手册的引导，但机构的专业人员数量和员工的申诉制度有待加强。

三、建议

（一）服务品质的提升

1. 依据评估结果进行相应改善

首先，依据评估结果进行参观学习以及辅导改善。对特优机构及优等机构，除了给予奖励之外，还需进一步开展相互间参观学习以促进机构之间的相互学习；对中等及辅导机构则分别提出要求并提出改善计划，由该机构依据其不足，自行选择相应的专家学者对机构工作人员提供有针对性的在职培训。

其次，开展持续的评估以确认改善结果。依据评估手册的规定，特优机构在三年内免接受评估，优等机构两年内免接受评估，并可以优先接受政府委托业务；而中等机构则需要每年接受评估，机构按自身所需接受培训；辅导机构或单项总分在 70 分以下则必须于评估结果公布后三个月内接受追踪培训，并接受追踪评估。这些机构如果在一定期限内未能取得显著改善，将予以警告或终止契约或依法撤销解散。对改善取得良好成果的机构，鼓励其总结创新方案并成为参观学习的典型。

2. 服务品质提升方向及改进的地方

依据评估分析结果，拟定的提升方向及改进的地方如下：

（1）专业服务。改进的地方包括加强家庭辅导，增加职业培训项目的类别和服务方案，制定合适的服务目标以及转服务和转介指标，加强社区融合等。虽然大多数机构均为个案制定了个别化计划进行辅导，但其中教学课程设计、教学目标拟定、成果评估等方面的切实性和可用性较低。每个残疾人都有其个别性，相互差异性大。为确实执行个别辅导计划所制定的项目需要花费大量人力以及经费，这样会超过机构的应对能力。同时，机构中工作人员的专业背景不同，素质存在差异，工作效果也存在差异。另外，目前针对残疾人家庭的服务大多为经济辅助，有关家庭成员身心方面的服务仍是空白；虽然社会大众对残疾人的认识和接纳有较大改善，但仍有不足，应当加强宣传使社会大众了解残疾人。

（2）权益维护。提升方向包括加强保护成员的隐私权和生活空间，成立申诉委员会，组织家长团体，规范成员上课时间等。机构中的老师为了方便管理，常把全体学生看作一个整体，采取类似军事化的管理，较少顾及每位学生的个别差异。针对隐私权问题，有关文件资料上的保密能够完善处理，但对个体隐私权维护则较为困难而有待改进。同时，家庭团体的成立，除了可作为机构和家长之间的沟通桥梁外，还可以为家长提供缓解自身压力的去处。

（3）设施设备。提升方向包括无障碍设施的加强，设置紧急呼叫设备，添加教具教材等。对机构空间、相关设施，均有明文规定，但对法律公布前成立的机构，这些规定可能存在一些问题，政府部门对这些机构应当切实协助其改善。

（4）安全卫生。改进的地方包括加强膳食管理以及厨房卫生、交通工作人员急救训练、落实消防演练、储物空间扩大等。膳食管理方面，除了有部分机构有专任营养师为残疾人设定菜单外，其余机构都有兼职人员制定或由家长自行准备。由于是团体伙食，应当依据个别差异落实膳食管理。另外，紧急救护训练应该得到加强，同时其范围应当扩展至机构中所有工作人员及残疾人家中成员。

（5）健康护理。改进的地方包括加强卫生教育课程、药品管理（如急救箱规划、药物期限、用药记录），建立健康检查资料库、意外伤害处理流程和医疗机构合作模式，增聘专职护理人员等。这部分的改进涉及机构的经费、人员编制、主管的认识和重视程度。目前除了公立以及公设民营机构的医疗保健工作较为完善外，其余机构对于成员的医疗问题均由家长自行就医处理，遇到紧急情况才送至附近医院处理。机构中仅备有简单的急救药物，对残疾人的病历也只作简单的记录，有关残疾人医疗的资料不够齐全。这些地方都应当得到完善。

（6）财务管理。缺点包括政府辅助资产未列入资产账目，未划分行政管理及目的事务支出，固定资产平衡表不清楚，未设立独立的平衡表及收支报表。这些缺点都需要改进。公立及公办民营机构，其组织人员编制内有专职的会计人员，对财务管理部分一切按政府规定办理。而私立机构，其财务管理的工作人员可能是兼职或外聘的，且其财务管理的主管单位是基金会或董事会，因此各个机构的相关会计程序不太一致，需要加强力度落实统一。

（7）行政管理。改进的地方包括发展中长期计划，建立成果评估指标及制度，增加专业人员和整合专业团队等。为了达到这些目标，公立机构需要协助私立机构，使残疾人得到更全面的服务。

（8）员工管理。改进的地方包括强化督导和授权，建立员工申诉制度，增聘社会工作专业人员以及护理人员，加强人员培训等。组织编制完整有助于促进工作目标的达成，并减少员工的抱怨。员工在职训练部分，各个机构都应当鼓励工作人员参加。在日常也应在需要时邀请专家学者到机构为工作人员进行相关指导，或更多地安排工作人员到相关的机构参观学习，交流经验。

（二）增加和扩充机构服务的形态和内容

1. 增加夜间住宿机构，促进残疾人的独立与自主

目前提供此类服务的机构只有 3 家，与残疾人的住宿需求有较大差距，因此应当按照机构社区化、小型化的导向，继续规划和发展此类机构。

2. 扩大残疾人服务机构的功能，建构社区服务网络

目前残疾人服务机构中，提供多元化服务的仅有公立机构 2 家、私立机构 6 家，需要更多的团体加入残疾人的服务行列，增加服务的内容。针对居住在家中的残疾人，服务机构应当是社会支持网络的一员，成为社区资源的中心，开展残疾人的居家服务，使在家居住的残疾人能充分运用社区资源，解决家庭照顾的困难。

思考题：

1. 残疾人社会政策的制定存在哪些基本政策取向？
2. 残疾人社会政策与社会工作实务如何相互整合？

参考文献

[1] 陈新民．残疾人权益保障——国际立法与实践［M］．北京：华夏出版社，2003.
[2] 陈云英．中国特殊教育学基础［M］．北京：教育科学出版社，2004.
[3] 崔乃夫．民政工作的探索［M］．北京：人民出版社，1989.
[4] 广州市社会科学界联合会，广州市残疾人联合会．残疾人社会保障研究［M］．广州：广东人民出版社，2004.
[5] 广州市社会科学界联合会，广州市残疾人联合会．残疾人就业保障研究［M］．广州：广东人民出版社，2003.
[6] 郭建模．残疾人工作基本知识读本［M］．北京：华夏出版社，2002
[7] 关信平．社会政策概论［M］．北京：高等教育出版社，2004.
[8] 何青．职业康复概论［M］．北京：华夏出版社，1995.
[9] 李迎生．社会工作概论［M］．北京：中国人民大学出版社，2004.
[10] 李楚翘．香港弱智服务文集［M］．香港：香港弱智服务工作人员协会编印，1991.
[11] 李江涛，蔡国萱．文明的尺度［M］．广东：广东人民出版社，2005.
[12] 吕新萍．小组工作［M］．北京：中国人民大学出版社，2005.
[13] 刘全礼．特殊教育导论［M］．北京：教育科学出版社，2003.
[14] 林胜义．社会工作概论［M］．台北：五南图书出版公司，2002.
[15] 卢连才．残疾人社会保障研究［M］．北京：华夏出版社，1997.
[16] 马洪路．社会康复学［M］．北京：华夏出版社，2003.
[17] 莫藜藜．医务社会工作［M］．台北：桂冠图书股份有限公司，1998.
[18] 民政部法制办公室．1995 年民政部工作文件选编［M］．北京：中国社会出版社，1996.
[19] 潘一．特殊教育学基础［M］．北京：高等教育出版社，2006.
[20] 孙金富．社区服务与社会工作［M］．上海：百家出版社，1991.
[21] 汤盛钦．特殊教育概论［M］．上海：上海教育出版社，1998.
[22] 唐钧．中国城市贫困与反贫困报告［M］．北京：华夏出版社，2003.
[23] 王思斌．社会工作概论［M］．北京：高等教育出版社，1999.
[24] 谢建社．社区工作教程［M］．南昌：江西人民出版社，2006.
[25] 殷晓清．当代社会工作［M］．北京：中国时代经济出版社，2003.
[26] 熊斌，董志强．残疾人力资源开发——一般分析以及基于重庆的实证研究［M］．成都：四川大学出版社，2002.
[27] 杨罗观翠．以社区工作手法推行康复工作［M］．香港：商务印书馆，1992.
[28] 张宝林主编．中国残疾人事业理论与实践研究——人道卷［M］．北京：华夏出版社，2007.
[29] 张乐天．社会工作概论［M］．上海：华东理工大学出版社，2003.
[30] 张乐天．社会工作基础知识［M］．上海：上海社会科学院出版社，2003.
[31] 张淇，吴江．中国残疾人就业与保障问题研究［M］．北京：中国劳动社会出版社，2004.
[32] 中国社会工作教育协会．中国社会工作研究（第一辑）［M］．北京：社会科学文献出版社，2002.
[33] 中国社会工作教育协会．中国社会工作研究（第二辑）［M］．北京：社会科学文献出版

社，2004.
[34] 中国文化大学社会福利学系．社会福利策划与管理［M］．台北：扬智文化，2002.
[35] 扎斯特罗，孙唐水．社会工作与社会福利导论［M］．北京：中国人民出版社，2005.
[36] 迈克姆·皮特．广州市残疾人联合会翻译．社区康复［M］．广州市残疾人联合会编印，2003.
[37]［美］特恩布尔．今日学校中的特殊教育［M］．方俊明译．上海：华东师范大学出版社，2004.
[38] 威廉姆·法利．社会工作概论（第9版）［M］．北京：中国人民大学出版社，2005.
[39] 迈克尔·奥立弗．残疾人社会工作［M］．谢子朴，谢泽宪译．北京：华夏出版社，1990.
[40] McInnis-Dittrich，K．胡慧荣等译．整合社会福利与社会工作［M］．台北：扬智文化，1997.
[41] Maleolm Payne．现代社会工作理论［M］．何雪松译．上海：华东理工大学出版社，2005.
[42] 邱卓英．《国际功能、残疾和健康分类》研究总论［J］．中国康复理论与实践，2003（9）.
[43] 何静杰．国际功能、残疾和健康分类——认识一种新的国际分类系统［J］．中国临床康复，2005（20）.
[44] 奚从清．论两种不同的残疾人观［J］．浙江大学学报（人文社会科学版），2000（2）.
[45] 冬雪．试论新残疾人观及其对残疾人工作的启示［J］．中国特殊教育，2005（7）.
[46] 胡陈红．上海市社区服务现状调查与分析［J］．//孙金富．社区服务与社会工作．上海：百家出版社，1991.
[47] 苏巧平．社会工作实务在社区残疾人工作中的应用［J］．安徽农业大学学报（社会科学版），2006（3）.
[48] 谢泽宪．80年代以来中国本土城市社区服务的发展——以上海市卢湾区社区服务为例［J］．//中国社会工作教育协会2003—2004论文集．北京：社会科学文献出版社，2006.

后　记

本教材从构思到完成历时两年多，其中的酸甜苦辣一言难尽，此刻，心中涌现出很多值得我尊敬和感激的人，今借这小小的空间来表达我对他们的敬意和谢意！

首先，我要特别感谢华南农业大学公共管理学院院长张兴杰教授（也是华南农业大学社会工作系的第一任系主任）。他忘我的工作作风和严谨的治学态度，一直令我尊敬和佩服。正是在他的大力支持和鼓励下，我才有勇气承担该教材的主编。期间，我也多次产生过放弃的念头，但在他的积极推动和督促下，我没有退路，只好勇往直前。

其次，我非常感谢广东省残疾人联合会宋卓平理事长（原广州市残疾人联合会理事长）和广州市残疾人联合会梁左宜理事长及其他工作人员。宋卓平理事长是一位敢于创新、雷厉风行的实践家，他很重视残疾人服务的专业化，并积极推广社会工作理念和方法，大胆实践和创新，使广州市残疾人社会工作走在全国前列，并积极支持我们编写这本教材，在教材编写过程中给予我们很多宝贵的建议和启发。梁左宜理事长是一位善于思考、作风稳健的行动家，他很重视在实践中总结、反思、探索及前进，对本书的关键内容和重要观点提出了宝贵建议，激发了编写者的灵感。此外，广州市残疾人联合会下属的广州市才华职业技能培训学校盛敏双校长也是我不能不提及的感谢对象。盛校长已是我多年的老朋友了，我们经常就残疾人工作交换思想和观点，从本书构思到定稿再到出版他给予了极大的关心和帮助。广州市残疾人联合会也是华南农业大学、中山大学、广东商学院、广东工业大学、广州大学五所高校社会工作专业的实习基地，其属下的康复中心、康复学校、就业中心、培训中心、展能中心、利康家属资源中心等服务机构，经常接待社会工作专业实习学生。五校学生在实习期间得到相关领导和工作人员的悉心指导，并获得大量的实践机会，学习和积累了大量残疾人社会工作案例，为本教材的编写提供了宝贵的资源和素材。

再次，我非常感谢广东商学院社会工作系主任谢泽宪副教授。谢老师是一位对社会工作教育事业充满激情的学者，对学生充满爱和关心，她的阅历丰富，却始终保持一颗纯真的心和朴实的态度。我是谢老师的后辈和追随者，她却没有任何等级观念，愿意屈尊做我的助手，协助我主编该教材，并从构思、分工、资料收集到定稿都给了我很多帮助和支持。

最后，我非常感谢参与本教材编写的其他作者。他们分别是中山大学社会学与社会工作系的夏志红老师，广东工业大学社会工作系的冯博雅老师、谢珺老师，华南农业大学社会工作系的罗天莹老师、唐晓容老师、肖小霞老师，南开大学社会学系吴伟东博士生，广州市残疾人职业培训中心肖海主任，广州市社区服务中心社区服务部周爱明部长。这是一群非常富有创新精神的年轻学者，在他们的积极配合和支持下才使本教材得以顺利完成。

需要感激的人还有很多很多，在此无法穷尽。我将用无私的心、博大的爱、坚定的信念去实践我的理想：爱所有人，尤其是社会弱势人群，来回报所有爱我、支持我的人！

卓彩琴

2008 年 6 月 27 日

于华南农业大学